AF559548

भोजपुरी संस्कार गीत और प्रसार माध्यम

वैदिक ग्रन्थों में उल्लिखित लोकगीत और संस्कारों से लेकर अद्यतन भोजपुरी लोकगीतों में प्रचलित संस्कारों का पुस्तक में विशद विश्लेषण किया गया है। इन लोकगीतों के भेद-प्रभेद, इनकी विशेषताएँ, इनका भौगोलिक विस्तार, इनके लक्षण, उपलक्षण का शैलेश ने बहुत विस्तार से वर्णन किया है।

–डॉ. शान्ति जैन

आवश्यकता आज भी है कि लोकगीतों, विशेषतः प्रायः गाए जानेवाले लोकगीतों का व्यापक संरक्षण किया जाए और उनको प्रमुख संगीत विधा के रूप में प्रसारित किया जाए, जिससे उन्हें सुन-सुनकर नई पीढ़ी भी आकर्षित हो तथा लोकगीतों की महान परम्परा मिटने से बच जाए। यह सन्तोष का विषय है कि इस दिशा में यह कृति एक चिर अनुभूत रिक्तता की पूर्ति करती है।

–डॉ. शम्भू नाथ

आज एक अभियान की आवश्यकता है जब लोक-साहित्य एवं संस्कृति के अध्ययन क्रम को गम्भीरता से आगे बढ़ाते हुए जिला स्तर पर प्रसारण केन्द्रों का जाल बिछे जहाँ से स्थानीय आवश्यकता अनुरूप लोकभाषा में लोकगीतों का प्रसारण ही न हो बल्कि उसे संग्रह, सम्पादन, संरक्षण की व्यवस्था सुनिश्चित की जाए। इस सन्दर्भ में महत्त्वपूर्ण दिशा-निर्देश और भावभूमि प्रस्तुति हेतु डॉ. शैलेश श्रीवास्तव को साधुवाद देना चाहिए।

–मदन मोहन सिन्हा 'मनुज'
पूर्व निदेशक, आकाशवाणी

आज मीडिया भी ग्लैमर के पीछे ही भाग रहा है। संस्कृति और लोक की ओर किसी का ध्यान नहीं है।

ऐसे में जहाँ हमारे संस्कार व संस्कृति तथा लोकगीत हाशिये पर हैं, शैलेश की पुस्तक 'भोजपुरी संस्कार गीत और प्रसार माध्यम' इस दिशा में एक सार्थक प्रयास है।

–ख़य्याम
–जगजीत कौर

भोजपुरी संस्कार गीत और प्रसार माध्यम

डॉ. शैलेश श्रीवास्तव

ISBN : 978-81-8361-309-5

भोजपुरी संस्कार गीत और प्रसार माध्यम

पहला संस्करण : 2009
This book is printed on **Print on Demand** Technology : 2026
मूल्य : ₹795

प्रकाशक
राधाकृष्ण प्रकाशन प्राइवेट लिमिटेड
जी-17, जगतपुरी, दिल्ली-110 051
शाखाएँ : अशोक राजपथ, साइंस कॉलेज के सामने, पटना-800 006
पहली मंजिल, दरबारी बिल्डिंग, महात्मा गांधी मार्ग, प्रयागराज-211 001
1, अनमोल सोराबजी संतुक लेन, धोबी तलाव, मरीन लाइंस, मुम्बई-400 002
वेबसाइट : www.radhakrishnaprakashan.com
ई-मेल : info@radhakrishnaprakashan.com

BHOJPURI SANSKAR GEET PRASAR MADHYAM
by Dr. Shailesh Shrivastva

स्नेहमयी ममता की मूर्ति
माँ (स्व. कालिन्दी देवी)
एवं
परम पूज्य पिता (स्व. लल्लन बी.ए.)
जिनकी अनुकम्पा से मैंने इस
पृथ्वी नक्षत्र को जिया
को
श्रद्धा सुमन असीम आदर
सहित सादर समर्पित

आभार

सर्वप्रथम मैं संगीत नाटक अकादमी का आभार अभिव्यक्त करना चाहूँगी जिसके चलते मेरा यह कार्य आप सब तक पहुँच सका। हम सब जीवन में जो कुछ जीते हैं, वही समाज को देते हैं। हमारा देश जो अनुभवों तथा श्रव्य परम्परा का धनी देश है। उसी क्रम में मेरे आस-पास के व्याप्त परिवेश से जो कुछ मुझे मिला उसी को आप सबके समक्ष परोसने का मेरा यह प्रयास है। इसलिए मैं उन सभी की आभारी हूँ, जिसने प्रत्यक्ष, अप्रत्यक्ष रूप से मुझे प्रभावित किया। इस कार्य हेतु प्रेरणा दी शिवानी शर्मा ने मैं उनकी आभारी हूँ। इस पुस्तक के आवरण को अपनी परिकल्पना से सजीवता दी श्री अनिल टाटो जी, ने मैं उनकी आभारी हूँ। मेरे विषय को सौन्दर्यात्मक स्वरूप प्रदान किया दीदी कमलिनी दत्त जी ने (वर्तमान में निदेशक दूरदर्शन अभिलेखागार, दिल्ली), मैं उनकी हृदय से आभारी हूँ। मेरे शोध का मार्गदर्शन किया प्रोफेसर नीरा ग्रोवर ने (एस.एन.डी.टी. विश्वविद्यालय, मुम्बई), मैं उनकी आभारी हूँ। मेरे लोकगीतों को स्वरलिपिबद्ध किया भाई श्री सुनीलकान्त जी ने, जो जाने-भाने बाँसुरीवादक हैं, मैं उनका आभार अभिव्यक्त किए बिना नहीं रह सकती। लोकगीतों के ध्वनिमुद्रण में संगीत संयोजन दिया संगीतकार नरेन्द्र निर्मल जी ने, मैं उनकी आभारी हूँ। मेरे अनुज शैलेन्द्र श्रीवास्तव, अभिनेता जिन्होंने अपने सृजनात्मक दृष्टिकोण प्रदान कर इसके कई पक्ष को सँवारने में मेरी सहायता की, मैं उनकी आभारी हूँ जिनके सहयोग से मैं मेरे इस कार्य को पूर्णता प्रदान कर सकी। मेरे सहकर्मी, शशीकान्त कुलकर्णी ने शोध में एवं अमर गावडे जिन्होंने मेरे कार्य को कम्प्यूटर पर टंकण किया की मैं अत्यन्त आभारी हूँ। अन्ततः मैं उन सभी का आभार अभिव्यक्त करना चाहूँगी। जिन्होंने अपने शब्दों की अभिव्यक्ति से मेरे कार्य को सम्मानित किया।

बधाई

आजकल पश्चिम से कुछ ऐसी हवा चली है कि हमारी यादों की टहनियों से ना जाने कितने लोकगीतों के फूल टूट के बिखर रहे हैं। कभी-कभी तो हमारी युग-युग पुरानी संस्कृति और परम्परा का घना पेड़ भी इन हवाओं में हिलता-सा दिखाई देता है। मगर हम हैं कि इसकी चिन्ता करना तो दूर खुद ही अपनी जड़ों से टूट के, इन हवाओं में उड़ने को बेचैन हैं। कहाँ जाके गिरेंगे, ये कौन सोचता है?

ऐसे समय में वो तमाम कलाकार जो इन आँधियों के विरुद्ध चलने की हिम्मत रखते हैं, जो इस तूफान में भी 'लोकगीतों के दीये' को अपनी कला की हथेलियों से बचाने का प्रयत्न कर रहे हैं, हमारी प्रशंसा के योग्य हैं।

मैं शैलेश जी को सलाम करता हूँ, कि उन्होंने उन भोजपुरी लोकगीतों को हम तक पहुँचाने का काम किया है, जिनमें इस देश की मिट्टी की सुगन्ध है, गंगा की पवित्रता है, सावन की रिमझिम है, शादी-ब्याह की भोली-भाली रस्में हैं, हमारे आँगन और चौबारों की बातें हैं। हिन्दुस्तान और हिन्दुस्तानियों के सुख-दुःख की अनगिनत तस्वीरें हैं। ये गीत हिन्दुस्तान हैं और इन्हें गाके शैलेश जी हिन्दुस्तान की आवाज़ बन गई हैं।

जावेद अख़्तर 11-7-09

11.7.2009 (जावेद अख़्तर)

शोध की नई दिशा

'भोजपुरी संस्कार गीत और प्रसार माध्यम' डॉ. शैलेश श्रीवास्तव की प्रथम प्रकाशित पुस्तक है। संगीत के क्षेत्र में उन्हें पहले ही काफी ख्याति मिल चुकी है—देश और विदेश—दोनों में। उनके प्रशंसकों के लिए यह देखकर सुखद आश्चर्य होगा कि वे सिर्फ गायक नहीं—एक गम्भीर शोधकर्त्री और विचारक भी हैं। प्रायः यह मान लिया जाता है कि रूपंकर कला और विचारपूर्ण शोध-कार्य का कोई सीधा सम्बन्ध नहीं है। सुश्री शैलेश की यह पुस्तक इस बनी-बनाई धारणा का खंडन करती है। इससे पता चलता है कि पूर्वांचल की यह जानी-मानी गायिका सिर्फ स्वर-साधिका नहीं, शोध-साधिका भी है और यह एक ऐसा तथ्य है जो इस पुस्तक को अतिरिक्त वैशिष्ट्य प्रदान करता है।

भोजपुरी लोक-काव्य पर अनेक पुस्तकें प्रकाशित हुई हैं। पिछले कुछ वर्षों में देश-विदेश के अनेक विद्वानों का ध्यान भोजपुरी भाषा और लोक-साहित्य की ओर गया है। इतने सारे अध्ययनों और शोध-कार्यों की श्रृंखला में इस पुस्तक का आना केवल एक और पुस्तक का आ जाना नहीं है। खास बात यह है कि यहाँ पहली बार भोजपुरी गीतों के विकास-क्रम को एक ऐसे सन्दर्भ में रखकर देखा गया है, जिसकी एक समकालीन प्रासंगिकता है। कहने की आवश्यकता नहीं कि हमारा समय मीडिया के व्यापक प्रचार-प्रसार का समय है और यह स्थिति लगभग एक सांस्कृतिक प्रभुत्व का रूप ले चुकी है। यह एक ऐसी वास्तविकता है, जिससे वैचारिक मुठभेड़ किए बिना आज के किसी कला-रूप पर बात करना असम्भव है। सुश्री शैलेश ने यही किया है और उन्होंने इसके लिए केवल प्रसार-माध्यम के क्षेत्र को चुना है। इससे इनके अध्ययन में एक सहज विश्वसनीयता आ गई है, जिसका आधार उनका इस क्षेत्र में अर्जित अपना अनुभव है। कोई कहना चाहे तो कह सकता है इस शोध में अनुभव-मूलक पद्धति का अवलम्बन किया गया है। वस्तुतः यह एक कलाकार का अनुभव है, जिसे वैचारिक निष्कर्षों तक ले जाया गया है और यह बात पुस्तक को सहज सुपाठ्य बनाती है। शोध-ग्रन्थों में यह विशेषता कम पाई जाती है।

यहाँ यह बताना अप्रासंगिक न होगा कि शैलेश श्रीवास्तव पूर्वी उत्तर प्रदेश के ऐसे परिवार से आती हैं, जिसे एक साहित्यिक या सर्जनात्मक परिवार कहा जा सकता है। इनके पिता स्व. लल्लन बी.ए. उस क्षेत्र के एक लोकप्रिय कवि थे, जिन्होंने अपने जीवन का उत्तरार्द्ध दिल्ली में बिताया था। उनके आकस्मिक निधन से, ऐसा बहुत कुछ जिसे पूर्णता तक ले जाया जा सकता था, आधा-अधूरा छूट गया। उनकी स्मृति-चिह्न के रूप में उनका एक प्रकाशित संकलन हमारे सामने है। मैं डॉ. शैलेश श्रीवास्तव और उनके छोटे भाई शैलेन्द्र श्रीवास्तव को उस दिवंगत रचनाकार की सजीव कृति के रूप में देखता हूँ। प्रस्तुत पुस्तक पिता की शब्द-परम्परा को जहाँ आगे बढ़ाती है, वहीं भोजपुरी गीतों के अध्ययन की परम्परा को भी एक नई दिशा की ओर अग्रसर करती है। मुझे विश्वास है, यह पुस्तक भावी शोधकर्ताओं को नए तथ्यों और सूचनाओं से परिचित कराएगी। यह निस्संकोच कहा जा सकता है प्रस्तुत शोध-कृति से भोजपुरी लोकगीतों के अध्ययन की परम्परा का विस्तार होता है।

मैं सुश्री शैलेश को इस पुस्तक के लिए बधाई देता हूँ।

(केदारनाथ सिंह)

प्राक्कथन

भारत की सांस्कृतिक सम्पदा की समृद्धि में वाचिक साहित्य का विशेष महत्त्व है। वाचिक साहित्य मानवीय संवेदनाओं को सघनता से पारदर्शी रूप में प्रतिबिम्बित करता है, और उसकी सम्प्रेषणीयता को बढ़ाता है। भूमंडलीकरण के इस दौर में जहाँ मानव जीवन तनावग्रस्त होता जा रहा है वहाँ ये भावभीनी संवेदनाएँ साहित्यिक अभिव्यक्ति पाकर मानव मन को उदात्त बनाती हैं।

हिन्दी एक बहुत बड़े भू-भाग की भाषा है। इसका क्षेत्र लगभग आधा देश है। हिन्दी क्षेत्र में 17 प्रमुख बोलियों की गणना होती है। इन 17 बोलियों में भोजपुरी का विशेष महत्त्व है। भोजपुरी केवल इस देश में ही नहीं वरन् फीजी, मोरिशस, सूरिनाम, त्रिनिदाद और दक्षिण अफ्रीका में बसे हुए प्रवासी भारतीयों में भी बोली जाती है। भोजपुरी का वाचिक साहित्य अति समृद्ध है। वाचिक साहित्य में संस्कार गीतों का महत्त्व कई दृष्टियों से है। संस्कार गीत विविध अवसरों पर गाए जानेवाले वे पारम्परिक गीत हैं जो एक समाज के मानवीय सम्बन्धों को तो व्यक्त करनेवाले हैं ही, उनके रीति-रिवाजों को भी अपने में सँजोए हुए हैं। सुख और दुख के अवसर पर एक भारतीय इन गीतों को गाकर एक सन्तुष्टि का अनुभव करता है, वे चाहे जन्म के अवसर पर गाए जानेवाले सोहर हों या विवाह के अवसर पर गाए जानेवाले गीत। इन गीतों में जहाँ एक ओर मानव मन का उत्साह दिखाई पड़ता है वहीं दूसरी ओर जीवन की मिठास और वेदना भी दिखती है। यही कारण है कि हर देश के, और हर भाषा के, संस्कार गीतों का समाजशास्त्रीय महत्त्व भी है।

खेद का विषय है कि जहाँ विश्व के अनेक देश अपने समृद्ध वाचिक साहित्य के संरक्षण में लगे हुए हैं और अनेक दृष्टियों से उनका विश्लेषण कर समाज का विभिन्न कोणों से अध्ययन करते हैं, वहीं भारत में आज भी इन महत्त्वपूर्ण लोक-साहित्यिक अभिव्यक्तियों के संरक्षण की बात व्यवस्थित ढंग से सोची ही नहीं गई। मुझे प्रसन्नता है कि डॉ. शैलेश श्रीवास्तव ने अपने शोध का विषय 'भोजपुरी संस्कार गीत और प्रसार माध्यम' चुना है। उन्हें अपने शोध प्रबन्ध पर

विश्वविद्यालय ने पी-एच.डी. की उपाधि भी दी है। यह संयोग है कि मेरा आकाशवाणी और दूरदर्शन से निकट का सम्बन्ध रहा है। आकाशवाणी और दूरदर्शन की शक्ति देशव्यापी है। इनके अभिलेखागार में अनेक ऐसी बहुमूल्य अभिव्यक्तियाँ आज भी सुरक्षित हैं जो भारतीय समाज के, अन्तरंग पक्ष को उद्घाटित करती हैं। लोक संस्कृति के विविध पक्षों का देश में यह सबसे अधिक समृद्ध संग्रहालय है। इस अभिलेखागार में सुरक्षित सामग्री के 'डिजिटाइजेशन' के काम का श्रीगणेश मेरे सामने ही हुआ था। मुझे लगता है कि वे इस दिशा में आज भी सक्रिय हैं। अगर ये अभिव्यक्तियाँ सुरक्षित रहीं तो कालान्तर में भारत के अन्तरतम को समझने में इनकी महत्त्वपूर्ण भूमिका होगी।

डॉ. शैलेश श्रीवास्तव प्रसार माध्यम से सीधे जुड़ी हुई हैं और लोकगीतों के संरक्षण में उन्होंने अपना बहुमूल्य योगदान दिया है। पुस्तक के साथ संलग्न ओडियो सी.डी. भी अनूठा प्रयोग है, जो लोगों को वहाँ की लुप्त हो रही धुनों से भी पाठक को अवगत कराएगा। मैं डॉ. शैलेश श्रीवास्तव को इस महत्त्वपूर्ण और उपयोगी कार्य के लिए बधाई देता हूँ।

(ओ.पी. केजरीवाल)
सूचना आयुक्त
केन्द्रीय सूचना आयोग

ब्लॉक 4, 5वाँ तल,
पुराना जे.एन.यू. परिसर,
नई दिल्ली-110067

शुभकामना

आपकी क़िताब बहुत अच्छी है। आज जो चल रहा है, उसे अपनी पुस्तक में आपने अच्छे तरीक़े से लिखा है। एक ज़माना था जब गाने के बोलों को बहुत ही ध्यान से लिखा जाता था और संगीतकार भी इस बात का ध्यान रखते थे कि बोल कैसे हैं? फिर गानेवाले भी उन्हें उतने ही ध्यान से बोलों को पढ़ते थे, उसके बाद उन्हें वे सुनते थे। उर्दू के बोल मसलन ख़, ग़, ज़ इन्हें ध्यान से सुनते थे। चन्द्रबिन्दु, आख़िर का शब्द सुनाई देता है कि नहीं ये विशेषकर देखते थे।

आज गाना सुनते समय बोल ही समझ नहीं आते जो कि गाने की जान होते हैं। क्योंकि शब्द ही अगर समझ नहीं आएगा तो आप गाएँगे कैसे? और वो लगेगा कैसा? पहले भी गाने कैबरे के होते, तवायफ़ के होते और क़व्वाली भी। इन सबको फिल्माते समय नृत्य (डांस) और उनके कपड़ों पर ध्यान दिया जाता था। हालाँकि ये गाने उस समय की बड़ी ख़ूबसूरत औरतों पर यानी हेलन, पद्मा खन्ना और जयश्री टी. पर फ़िल्माया जाता था। वे स्किन कलर के कपड़े पहनती थीं और उसमें हमारी सभ्यता व संस्कृति का ध्यान रखा जाता था कि कैसे अंग का प्रदर्शन किए बगैर गाना ख़ूबसूरत लगे।

आजकल के गाने हैं जिसमें 'इश्क़' को 'कमबख़्त', 'साला' बताते और ऐसे तोड़कर बोल पेश करते हैं जिसे हम बच्चों के साथ सुन नहीं सकते।

ये बिजनेस, फ़िल्म का बिजनेस, कामर्शियल है फिर भी लोग पहले बहुत कुछ सँभालते थे।

मैं बहुत पुराने ख़्याल की नहीं हूँ, मैं भी मॉडर्न हूँ। मैं मॉडर्न की अच्छी चीज़ों को लेती हूँ, जो लेनी चाहिए। जो हमारे संस्कार की बातें हैं उसे मैं कभी नहीं छोड़ती, भूलती।

एक ज़माने में फ़िल्मों में 'लोरी', 'रक्षाबन्धन' के गाने हुआ करते थे। माँ, बहन, दादी को दिखाया जाता था। मेरा एक मशहूर गाना, 'दादी अम्मा दादी अम्मा मान जाओ', जो सब आज मैं क़हीं मिस करती हूँ। आज बच्चों को संस्कार कौन देगा?

दादी, नानी, चाचा, मामा का प्यार जो बच्चों को मिलता था वह नहीं मिलता। क्योंकि सभी अलग-अलग हो गए हैं।

मैंने बचपन में गाँव देखा है, हमारे गाँव का जीवन किस तरह का होता है उसे जिया है। परन्तु आजकल के मॉडर्न बच्चों को इन बातों का बिल्कुल पता नहीं है। पूजा-पाठ, त्यौहार, बड़ों के पैर छूना ये सारी बातें आज की पीढ़ी भूलती जा रही है। क्योंकि सिखानेवालों को ही लोग भुलाते जा रहे हैं। अंग्रेजी सीखना ये नहीं कहता कि आप अपने संस्कार भूल जाएँ।

आज की फ़िल्मों में बड़ों का पैर छूना देख मुझसे एक बच्चे ने पूछा कि ये नीचे झुककर क्या कर रहे थे? तो मैंने कहा, वे अपने से बड़ों का पैर छूकर आशीर्वाद ले रहे थे, क्योंकि अपनों से बड़ों का पैर छूना, उनसे आशीर्वाद लेना हमारे संस्कार हैं। हमारी सभ्यता है। 'गुरु' जो ज्ञान देता है, उसका स्थान माँ-बाप से बड़ा होता है। जब गुरुजी आते हैं तो हम झुककर उन्हें प्रणाम करते हैं, उनकी बताई बातें ध्यान से सुनते हैं। परन्तु आज के बच्चे उन्हें 'सर' कहते हैं। मैं अपने घर में इन बातों पर ध्यान देती हूँ और सिखाती हूँ कि 'गुरुजी' कहो, झुककर नमस्कार करो।

मेरी माँ कहती कि वैसे तो सभी इन्द्रियों पर आदमी को नियन्त्रण करना चाहिए परन्तु अगर एक इन्द्रिय 'जिह्वा' (जीभ) पर नियन्त्रण कर लो तो जीवन सफल हो जाएगा। यानी 'स्वाद' और 'बोल'। क्योंकि यही जुबान तुम्हें नाज़ करवाएगी और यही बर्तन भी मँजवा सकती है।

अब आज ये सारी बातें बच्चों को कौन सिखाए और कैसे? ऐसे में शैलेश का इस विषय-वस्तु को चुनना और उस पर गहराई से लिखना निश्चय ही एक सार्थक प्रयास है। उन्हें इसके लिए डॉक्टरेट की उपाधि भी मिली है। उन्होंने पं. राजन साजन मिश्रा से संगीत की शिक्षा ली है। शैलेश के उज्ज्वल भविष्य की मैं कामना करती हूँ। मेरी बहुत-बहुत शुभकामनाएँ।

(आशा भोंसले)

102, प्रभु कुंज, पैडर रोड,
मुम्बई-400 026

निवेदन

ना मैं बादल हूँ, ना पुरवाई हूँ।
एक लघु बूँद हूँ, धरती पर उतर आई हूँ।।

आज से कुछ वर्ष पूर्व शहर और देहात में जितना अन्तर होता रहा, अब उतना नहीं रहा। विकास के इस कम के चलते हम एक-दूसरे से जुड़ गए। गाँव शहर में तथा शहर महानगरों में विलीन होते जा रहे हैं। आधुनिकीकरण के इस युग में हमारे लोकसंगीत तथा साहित्य का क्षरण हमें प्राय: देखने को मिल रहा है। आज की शिक्षा पद्धति ने श्रद्धा और विश्वास के अर्थ को कहीं भुला-सा दिया है। सम्मिलित परिवार प्रणाली की प्रथा एकल परिवार में परिवर्तित हो गई है। अब बड़ी उम्र में विवाह होने लगे हैं, पर्दा उठ गया है, स्त्री जो घर के काम-काज देखती थी अब बाहर निकलकर नौकरी कर परिवार का निर्वहन करने लगी है। सम्मिलित परिवार प्रथा जर्जर होने लगी है। यही कारण है कि पिछले 62 वर्षों में सास, ससुर, देवर, ननद आदि के सम्बन्ध ढीले पड़ गए हैं। इसीलिए आज की लड़कियों को ससुराल का कुलाचार कम आता है। बहुत सारे पूजा-पाठ, पर्व, उत्सव, संस्कार उन्हें मालूम ही नहीं हैं और ना ही वह उसे जानने की इच्छुक दिखाई देती हैं। इन सारी बातों ने जीवन को कृत्रिम बना दिया है। जिसके कारण लोकगीत तथा लोकसाहित्य हम सबसे दूर हो गया है।

गंगा के तट पर स्थित महर्षि भृगु ऋृषि की तपोस्थली बलिया (उ.प्र.), जो तीन बार बस चुका है, के आँगन में, मेरा बचपन बीता। वहीं मेरी स्कूली तथा कॉलेज की शिक्षा पूरी हुई। मेरे पिता स्व. लल्लन बी.ए. महान साहित्यकार, लेखक, कवि, चिन्तक थे। जिनके आर्शीवाद से आज मैं इस मुकाम पर पहुँची हूँ। राह चलते भी वो हमें कुछ-ना-कुछ बताते रहते थे। अपने साथ बड़े विद्वानों के पास साहित्यिक गोष्ठियों में ले जाते। मैं उनकी बातें सुनती, मुझे

इतना कुछ समझ में नहीं आता, फिर भी कब-कैसे यह बीज मेरे अन्दर अंकुरित होने लगा; मुझे पता ही नहीं चला। **पं. नर्देश्वर चतुर्वेदी, पं. परशुराम चतुर्वेदी, पं. जगदीश ओझा सुन्दर, पं. रूपनारायण त्रिपाठी, गोपालदास नीरज** आदि बड़े-बड़े लोग घर आते और पिताजी के कमरे में चाय, नाश्ता, खाना और चर्चाएँ चलतीं। माँ और मेरी एक सोनारिन बूढ़ी सेविका जिसे हम प्यार से बुढिया कहते थे, सभी पाकगृह से हमसे सामान भिजवाते और मैं जाकर देती और वहाँ बैठ जाती, उनकी बातें उस समय मेरे सिर से निकल जातीं, परन्तु कालान्तर में वे धीरे-धीरे अपना गहरा प्रभाव छोड़ती चली गईं, जिसका आभास मुझे अब हो रहा है। उसी में कभी होता—"बिटिया, बहुत अच्छा गाती है, कुछ सुनाओ," तो मैं कोई फिल्मी गाना सुना देती, बस।

परन्तु मेरे पिता अकसर मुझे रेडियो से शास्त्रीय संगीत तथा बेगम अख्तर की ग़जलें, लोकगीत सुनवाते और कहते, "इसे सुना करो, यही असली है।" मेरी माँ को शास्त्रीय संगीत पसन्द नहीं था, तो मुझे भी बहाना हो जाता था चलो, जान छुटी, सुनना नहीं पड़ेगा। घर में किसी पर्व या त्यौहार पर जब घर में चाची, नानी, दादी, बुआ, और अन्य मुहल्ले की स्त्रियाँ ढोलक बजाकर गातीं तो पापा उसे सुनने तथा सीखने को कहते। मुझे वो कतई पसन्द नहीं आता तो मैं मौक़ा मिलते ही इधर-उधर अल्हड़पने में निकल जाती। जब भी मैं माँ के साथ गंगा स्नान को जाती तो महिलाएँ रास्ते में सम्वेत् स्वरों में गीत गाती जाती। उसमें कहावतें भी, जैसे :

आवत रहनी जात रहनी पइनीं एगो लोटवा
आ शिवजी के जल चढवनी भईल एगो बेटवा

बड़े ही सहज और सरल शब्दों में गाम्भीर्य भरी बात।

आमा के रोवले गंगा बढि अइलीं,
बाबा नयनवा ढरे लोर।।
भइया के रोवले चरण धोती भीजे,
भउजी नयनवा ना लोर।।

मेरे छोटे चाचा **श्री नारायण श्रीवास्तव, गायक, पत्रकार, उद्घोषक,** उस समय **लोकगीत** की उत्कृष्ट पार्टी **(झंकार पार्टी)** चलाते थे। जिसका कार्यक्रम शायद ही **भारत के किसी शहर** में छूटा हो। उनके साथ **गायक मोहम्मद ख़लील** और **ढोलकवादक श्री बालाजी** बैंजो कलाकार होते थे। बालाजी ने ढोलक किसी से सीखी नहीं थी, वे

श्रव्य परम्परा के सशक्त हस्ताक्षर थे। **फिल्मी संगीतकार शंकर जयकिशन** के छल्ले के ठेके को सुनकर अपनी साधना से **महाभारत के एकलव्य** की भाँति बने कलाकार थे। मुझे याद है, जब भी वो घर आते, ढोलक उनके साथ होती और वो छल्ला पहन बजाते। मुझसे फिल्मी गाना गाने को कहते।

लोकगीतों के इन मर्मस्पर्शी भावों और मोहक धुनों ने कब मुझे बरबस अपनी ओर आकर्षित कर लिया, मुझे इसका आभास ही नहीं चला। फिर मैंने चाची, बुआ से इन्हें सीखना शुरू कर दिया और शनैः शनैः इनके संग्रह का ख़जाना बढ़ने लगा। एक दिन **आकाशवाणी गोरखपुर के श्री. ब्रजभूषण शर्मा** ने मेरा लोकगीत सुना और पापा से कहा, "इसे लेकर हमारे आकाशवाणी आइये," फिर वहाँ पर मेरी रिकार्डिंग हुई। पहली बार मैंने 1976 में माईक पर (कार्यक्रम कृषि-दर्शन) में गाया। उसके बाद मेरी आवाज़ को बहुत गुणी लोगों का प्रतिसाद मिला। **स्व. उ. राहत अली ख़ाँ, स्व. नरेन्द्रनाथ शर्मा, स्व. पं. काशीनाथ मिश्रा, स्व. प्रकाशचन्द शर्मा, श्री मदन मोहन सिन्हा 'मनुज', श्री छोटेलाल, स्व. श्री. के. महावीर तथा वर्तमान में मेरे गुरु पद्मविभूषण पं. राजन साजन मिश्रा।** मुझे सँवारने एवं परिस्कृत करने में मेरे जीवन साथी श्री अरुण कुमार का बड़ा हाथ है क्योंकि वे मेरे सच्चे आलोचक हैं।

आज लोकगीत तथा लोकसाहित्य की उतनी चर्चा नहीं है। परन्तु आज के युग में लोकगीतों, नृत्यों, भावों आदि का महत्त्व बढ़ रहा है। श्रृंगार प्रसाधन में—काजल, टिकुली, लहँगा, चूड़ी, सिन्दूर, मेंहदी हमारे समाज में पुनर्जन्म पा रहे हैं। आज पहले जैसे ग्रामीण जीवन नहीं हैं। परिवर्तन जो सृष्टि का शाश्वत नियम है, लोक उससे अछूता नहीं रहा। **क्योंकि परम्पराएँ काल, पात्र व स्थान से जुड़ी होती हैं,** और उसी से प्रभावित होकर लोकसंगीत मुखरित होता है। वह अपनी यात्रा *श्रव्य* के माध्यम से तय करता है। परिवर्तन ही इन्हें गतिशीलता प्रदान करता है। इसीलिए कई दृष्टियों से लोकसाहित्य **वैयक्तिक और सामुदायिक जीवन के बहुत ही निकट होता है। महाकवि जिन विषयों को आधार बनाकर अपनी लेखनी से गढ़ता है, वह प्रायः दैनिक जीवन के ऊपरीय स्तर को दर्शाते हैं। जबकि लोकसंगीत जन्म से लेकर मृत्यु तक की घटनाओं को मुहावरों, लोकोक्तियों में बड़े ही सहज तथा मार्मिक दृष्टि से सजीव चित्रित करते हैं। जैसे "हारिये न हिम्मत बिसारिये न राम।" "राम करे सो होई।" "निर्बल के बल राम।"**

मनुष्य का स्वभाव सर्वत्र एक है। यही कारण है कि विभिन्न देशों के लोकगीतों में भी अकसर साम्य दिखाई पड़ता है। कृत्रिमता के पर्यावरण में लोकसाहित्य नहीं पनप सकता है। इसके लिए स्वाभाविक तौर पर अपनी जड़ों से जुड़े होना आवश्यक है। इस संक्रमण के काल में आवागमन के साधन बढ़ने से तथा **शिक्षा, सिनेमा, टी.वी.** जगह-जगह पहुँचने से परिवेश पहले की अपेक्षा बदल-सा गया है। **आटा** अब घर की बजाय **चक्की** पर पीसता है। **जाँत के गीत** कौन गाए? अस्पताल में बच्चे होते हैं, **सोहर कौन गाए?** क्रेच और घर की नौकरानियों के हाथ में बच्चे पलते हैं, **लोरी कौन सुनाए?** अब **रेल, बस, कार, हवाई जहाज** से लड़की नय्यहर चली जाती है, **डोली में कौन चढे?** जमींदारी गई, राजा गए, सम्मिलित परिवार टूटे, खेती करने से कतराते लोग, ग़रीबों पर उत्पीड़न की कहानियाँ कम हो गईं; इन्हीं कारणों से लोकगीतों का क्षेत्र संकुचित होने लगा। फलत: स्थानिक बोलियों का व्यवहार धीरे-धीरे कम होने लगा और लोकगीतों का क्षरण हुआ। आज जिस तरह से हमारी सामाजिक, राजनीतिक, आर्थिक और सांस्कृतिक परिस्थितियाँ वेग से परिवर्तित हो रही हैं, उसमें भूमि में रचा यह लोकगीत कुछ समय पश्चात् स्मृति मात्र रह जाएगा। यह कहना कठिन है कि भविष्य में लोकगीतों का क्या स्वरूप होगा? इसी हो रहे क्षरण ने मुझे कचोटा और लेखन हेतु इस दिशा में कार्य करने के लिए प्रेरित किया। यदि मैं इस विषय-वस्तु का आज के परिप्रेक्ष्य में सही चित्रण प्रस्तुत कर सकने में लेश मात्र भी सहायक सिद्ध हो सकूँगी तो स्वयं को धन्य समझूँगी और यहाँ अन्त में अपने मनोभावों को व्यक्त करने के लिए अपने पिता स्व. लल्लन बी.ए. की एक रचना उद्धृत करना चाहूँगी—

लिखता हूँ उतना ही
ज़िन्दगी जितनी जीता हूँ
मैं कोई शिव नहीं, जो गरल पान करता हूँ
पर शिव बनने की कामना ज़रूर करता हूँ।

(शैलेश श्रीवास्तव)

(शैलेश श्रीवास्तव)

प्रस्तावना

जगत में नाम एवं रूपमय जो कुछ भी दिखाई देता है, वह **लोक** है। **लोक** शब्द हर साधारण मनुष्य का वाचक होते हुए भी कालक्रम से परिष्कृत, अभिजात्य विशेष बुद्धि, विद्या, वैभव से संपन्न वर्ग से कुछ अलग छूट जाता है। यानी **लोक** शब्द धीरे-धीरे अत्यन्त जनसामान्य का नामकरण बना। सहजता, सरलता, निश्छलता तथा आडम्बरहीनता **लोक** के गुण व स्वभाव हैं। ये ही गुण और स्वभाव आनन्द और सौन्दर्य के आदिस्रोत रहे हैं। **लोक** में हर साधारण व्यक्ति उसी प्रकार गुंथा-विंधा रहता है जैसे माला में अलग-अलग पुष्प, किन्तु वैसे ही, जैसे एक पुष्प से माला नहीं बनती, उसी तरह से एक व्यक्ति **लोक** नहीं कहलाता। यानी बहुत्व या समाविष्ट **लोक** की आत्मा है, अभिव्यक्ति है। एकत्व बोध जहाँ धूमिल पड़ जाए, पीछे छूट जाए और समष्टि अथवा साधारण जनसमाज या जनमानस जितना प्रगाढ़ होता जाए, वही **लोक** की आत्मा का निवास होता है। इसीलिए भारत की आत्मा गाँवों में बसती है, **कविवर सुमित्रानन्दन पन्त** के शब्दों में, **"भारतमाता ग्रामवासिनी है। उसका हृदय गाँवों में धड़कता है। उसकी उदात्त भावनाओं और उसके हर्षोल्लास आशाओं-आकांक्षाओं के स्वर ग्रामवासियों के कोटि-कोटि कंठों से मुखरित होते हैं और इसी से जन्म होता है, हमारी लोक सांस्कृतिक अनुभूतियों तथा सूक्ष्म पारिवारिक मधुर भावनाओं की अभिव्यक्तियों से सम्पूर्ण समाज प्रेरित एवं प्रभावित होता रहता है।"** अक्षर ज्ञान या पुस्तकीय ज्ञानार्जित सुविचार आज के विज्ञान की देन है, अन्यथा पुरानी प्रथाएँ, मान्यताएँ, कहानियाँ आदि निरक्षर जनता को, प्राचीन काल से पर्याप्त ज्ञान देती आ रही है। इस सत्य को देश-विदेश के शिक्षाविदों ने भी स्वीकारा है। नियमित शिक्षा के आभाव में इस **मौखिक यूनिवर्सिटी** ने अपनी परम्पराओं से लोक समुदाय को शिक्षित करने का अद्भुत कार्य किया है, जिससे आज विदेशों से

आनेवाले लोग भी प्राय: **निरक्षर भारतीयों** के संस्कार और सभ्यतापूर्ण व्यवहार को देखकर बहुत प्रभावित होते हैं।

पुरातनकाल की शिक्षा संस्थाओं के विषय में कोई व्यवस्थित वर्णन नहीं मिलता। धर्मसूत्रों, स्मृति और साहित्यों में प्रसंगवश शिक्षा व्यवस्था का वर्णन मिलता है। गुप्तकाल और उसके बाद के बंगाल तथा मगध के अभिलेख में भी इस प्रथा को कहीं-कहीं दर्शाया गया है। कुछ विदेशी यात्री जो शिक्षा प्राप्त करने या भारत भ्रमण के लिए भारत आए, उनके विवरण भी भारतीय शिक्षा संस्था पर प्रकाश डालते हैं।

गुरुकुलों और आश्रमों के अन्तर्गत दी जानेवाली शिक्षा का उद्देश्य धार्मिक भावना का जागरण एवं प्रसारण था। बौद्ध और जैन धर्मावलम्बियों ने भी इस श्रेणी को अपने धर्म के प्रचार व प्रसार का केन्द्र बनाया। बदलते समय के चलते आश्रम की शिक्षा व्यवस्था धीमी होने लगी और इस्लाम युग में जान-बूझकर इसकी नींव हिलाई गई। धर्म और शिक्षा की इतनी दृढ व्यवस्था को विदेशी दस्यू कैसे सह सकते थे? परिणामस्वरूप गुरुकुल शिक्षा की नींव हिलाई जाने लगी और आज जब समाज की शिक्षा संस्था के व्यवस्थित स्वरूप को जानने-समझने की जिज्ञासा होती है तो अध्येता के समक्ष अतीत की धूमिल स्मृतियाँ मात्र ही मिलती हैं।

आज आधुनिकीकरण के युग में रहनेवाले सभ्य लोगों ने भले ही उन्हें कभी सभ्य की संज्ञा ना दी हो, पर वे भी आज उन मूल्यों पर अमल करते हैं। भौतिकवादी होते हुए सर्वत्र आभावों के बीच साँस भरनेवाला यहाँ का जनमानस अशिक्षित होकर भी शिक्षित है और उसकी इस शिक्षा का आधार है मानव जीवन का लोकसाहित्य, लोकगीत, लोकगायक जो उसके जीवन में संगीत का रंग भरते हैं। लोककथाकार उसे साहस एवं ढाढस देता है। लोकोक्तियाँ उसे प्रकाश देती है और पहेलियाँ तथा बुझौवल उसके मस्तिष्क को परिष्कृत करते हैं।

इस तरह लोकसाहित्य ही उनकी पाठशाला है और इसी से सीख-सीखकर अपनी चतुर्दिक अनुभूतियों के रंग के छींटों से अपने को वर्तमान के अनुकूल बनाकर वे सब हँसते-खेलते अपने जीवन यात्रा को तय करते हैं। सदियों पुरानी इस परम्परा का कोई रिकार्ड नहीं है, इसे सिर्फ पीढ़ियों-दर-पीढ़ियों तक सुना व देखा जाता है। पहले लोग इन चीजों को लिखते नहीं थे? कारण कागज नहीं

उपलब्ध था व छिन जाने की आशंका होती थी कि उसे प्रसार व प्रचार करके लोग उनकी रोजी-रोटी को छीन लेंगे। जो आज कहीं किसी हद तक सही परिलक्षित होता है। मसलन गाँवों की इस समृद्ध धरोहर को आधुनिकीकरण के द्वारा उसके रिकार्ड व वीडियो तैयार करना व मंचों द्वारा उनको नया जामा पहनाकर उसका व्यवसायीकरण कर उनका प्रस्तुतिकरण।

शैक्षिक जगत में आज संगीत को शिक्षा के अन्तर्गत स्थान दिया गया है। परन्तु लोकगीतों के लिए औपचारिक या अनौपचारिक रूप से नहीं, जो कि दुखद है। क्योंकि समाज में लोकगीत नैतिक शिक्षा का एक सशक्त माध्यम है। ऐसा **महात्मा गांधी** ने भी कहा है। उनके शब्दों में, **"संगीत की शिक्षा के बारे में हिन्दुस्तान में बहुत कम ध्यान दिया गया है। चित्त के भावों को जाग्रत करने में संगीत बहुत बड़ा साधन है और इस प्रकार सात्त्विक संगीत आध्यात्मिक विकास में महत्त्वपूर्ण कार्य करता है।"**[1] **एडलर** ने तो संगीत को एक व्यक्ति के व्यक्तित्त्व को पूर्ण एकता स्थापित करनेवाला साधन बताते हुए कहा है कि **"संगीत सामाजिक एकता का ज्ञान कराता है।"**[2]

---

1. गांधी विचार दोहन खंड II, किशोरीलाल मशरुवाला
2. द मोरल इन्स्ट्रक्शन ऑफ चिल्ड्रेन : एडलर पलीक्म चाप.

अनुक्रम

अध्याय 1

भोजपुरी भाषा की उत्पत्ति एवं ऐतिहासिक अवलोकन

इस बोली का नाम भोजपुरी, प्राचीन भोजपुर नाम के नगर से लिया गया है। यह शहर शाहाबाद जिले में गंगा के दक्षिण में कुछ मील पर ही बसा था, जिसकी दूरी पटना से 60 मील थी। आज भी यह एक छोटा-सा गाँव है। सन् 1857 में इसके अग्रणी **डुमराव के महाराज** थे जो **क्रान्तिकारी कुँवरसिंह** के अनुगामी थे।

रायल एशियाटिक सोसायटी का जरनल भाग उसव 1968, पृष्ठ सं. 483-508 में भोजपुरी भाषा पर **जानबीन्स** का नोट—"भोजपुरी, भोजपुर की बोली है जो शाहाबाद जिले के पश्चिमोत्तर भाग में बसा है। भारत के भूत में इस राज्य की सत्ता और पराक्रम की धाक अन्य दूर के जिलों तक ही नहीं फैली हुई थी, बल्कि आज से 400 वर्ष पूर्व अकबर की हुकूमत की शान्ति में भी इसके कारण काफी हलचल मची हुई थी।"

जार्ज ए. ग्रियर्सन—लिंगुइस्टिक सर्वे ऑफ इंडिया पार्ट फाइव 'दक्षिण' बिहार और बंगाल में पश्चिमी सरहद के राजाओं ने दिल्ली के बादशाहों को अधिक झंझट में डाला था। अकबर के राज्यकाल में भोजपुर के राजा दलपत पराजित होकर पकड़े गए और जब अधिक नजराने लेकर अकबर ने उन्हें मुक्त किया तो वे फिर सेना तैयार कर विद्रोह कर बैठे। जहाँगीर के समय में उनका विद्रोह चलता रहा और शाहजहाँ ने उनके वारिस प्रताप को फाँसी दिलवा दिया। **ब्लाचमेन** का छोटा नागपुर के मुस्लिम पर नोट—आर.ए.एस.बी.-1871, पृष्ठ 3-129 में इन राजपूतों ने अन्तिम बार सशस्त्र स्वतंत्रता संग्राम किया था।

पं. उदय नारायण तिवारी, एम.ए. कई वर्षों से अध्ययन करके भोजपुरी भाषा और उसके व्याकरण पर एक थीसिस लिख रहे

थे, उसमें भी उन्होंने अंग्रेज विद्वानों और आईने अकबरी तथा बादशाहनामा आदि ऐतिहासिक कागजातों का हवाला देकर यह साबित किया है कि मुगलकाल से लेकर 1857 तक के गदर तक इस जाति ने इस भूभाग पर अपनी सत्ता को अपने पराक्रम के बल से नष्ट नहीं होने दिया और सदैव अपना प्रभुत्व कायम रखा। इसी से यहाँ के निवासी भोजपुरी कहे गए और इस प्रान्त की भाषा का भोजपुरी नामकरण हुआ। **पं बलदेव उपाध्याय** ने भी भोजपुरी ग्राम-गीत की महत्त्वपूर्ण भूमिका में उपर्युक्त बातों को दुहराते हुए स्वीकार किया है कि पिछले समय में राजपुताने (उज्जैन) से राजपूतों ने यहाँ आकर अपना विस्तृत राज्य स्थापित किया और भोजपुर को प्रधान बनाया और इसी भोजपुर के नाम से भोजपुरी भाषा का नामकरण किया।

लोकगीत की परिभाषा : लोकगीत

प्राचीन भारतवर्ष क्या था? उसके निवासियों का सच्चा स्वरूप क्या है? यह अगर जानना और समझना हो तो हमें ग्राम्यजीवन का अच्छा अध्ययन करना चाहिए और इस सबकी जानकारी हम **'लोकगीतों'** के माध्यम से पा सकते हैं, क्योंकि लोकगीत किसी भी देश की जीवन संस्कृति के प्राण हैं। जिसमें धरती की सोंधी गंध एवं अभिव्यक्तियाँ व लोकजीवन का विराट स्वरूप संरक्षित है। संसार में नाम एवं रूपमय जो कुछ भी दिखाई देता है वह **'लोक'** है। **'लोक'** शब्द हर साधारण मनुष्य का वाचक होते हुए भी कालक्रम से परिष्कृत आभिजात्य विशेष बुद्धि, विद्या, वैभव से सम्पन्न वर्ग में कुछ अलग छूट जाता है। **'लोक'** के ये ही गुण, स्वभाव, आनन्द और सौंदर्य के आदिस्रोत रहे हैं। एकत्व बोध जहाँ धूमिल पड़ जाए, पीछे छूट जाए और समष्टि अथवा साधारण जनसमाज या जनमानस जितना प्रगाढ़ होता जाए, अग्रणी होता जाए, वही **'लोक'** की असली पहचान है। इसीलिए **'लोक'** में सबका, सबके लिए सब कुछ मिलता है। यह समष्टयात्मकता जब रसवंती रूप धारण करती है तब **'लोकगीत'** कहलाती है। **विदेशी विद्वान पैरी** के अनुसार, **"लोकगीत आदिमानव का उल्लासमय संगीत है।"** **ग्रिम** ने तो यहाँ तक कहा है कि **"The Poetry of the People, By the People, For the People."**

प्रसिद्ध विद्वान **रॉल्फ विलियम** ने लोकगीतों के लिए कहा है—
"लोकगीत न पुराना होता है और न नया। वह तो उस जंगली वृक्ष की भाँति होता है, जिसकी जड़ें अतीत की गहराइयों में घुसी होती है, परन्तु जिनमें नित नई शाखाएँ, नई पत्तियाँ और नए फल निकलते रहते हैं।"

भोजपुरी लोकगीतों के प्रकार :

लोकगीतों में उस समय न धन था, न प्रतिष्ठा थी, लेकिन जिस मानवीय सच्चाई और रिश्तों की गर्मी का आभास उन गीतों में परिलक्षित होता था, उसकी तुलना इतिहास के उस क्षण से की जा सकती है, जब '**बुद्ध**' को अपनी बात प्रकट करने के लिए '**संस्कृत**' की अपेक्षा '**पाली**' जैसी जनभाषा माध्यम के रूप में ज्यादा उचित लगी थी। **तुलसीदास** ने संस्कृत की अपेक्षा **गँवई** भाषा का उपयोग किया वहीं कबीर ने **सधुक्कडी** भाषा का क्योंकि, लोकगीतों में देहात के नगण्य, दलित और अभावग्रस्त स्त्री-पुरुषों का वह जीवन दर्शन नत्थी होता है, जो किसी भी कला के शास्त्रीय स्वरूप में नहीं होता है।

गाँवों में शिक्षा का आरम्भ माँ की गोद ही से हो जाता है। बच्चों को लोरियाँ, खेलों और कहानियों द्वारा शिक्षा दी जाती है। इन उत्सवों को अत्यन्त हर्षोल्लास के साथ सामाजिक स्तर पर मनाया जाता है। इस प्रकार से भोजपुरी लोकगीतों के निम्नलिखित प्रकार हैं—

1. संस्कारों के गीत
2. व्रतों और त्यौहारों के गीत
3. मन्दिरों मे गाए जानेवाले पद
4. राह के गीत
5. खेत के गीत
6. ऋतुओं के गीत
7. कोल्हू के गीत
8. चक्की के गीत
9. भिन्न-भिन्न जातियों के गीत
10. बच्चों के गीत, खेल व कहानियाँ
11. मेले व तमाशे के गीत
12. मृत्यु के गीत

निम्नलिखित तालिका से लोकगीतों को वर्गीकृत कर सकते हैं—

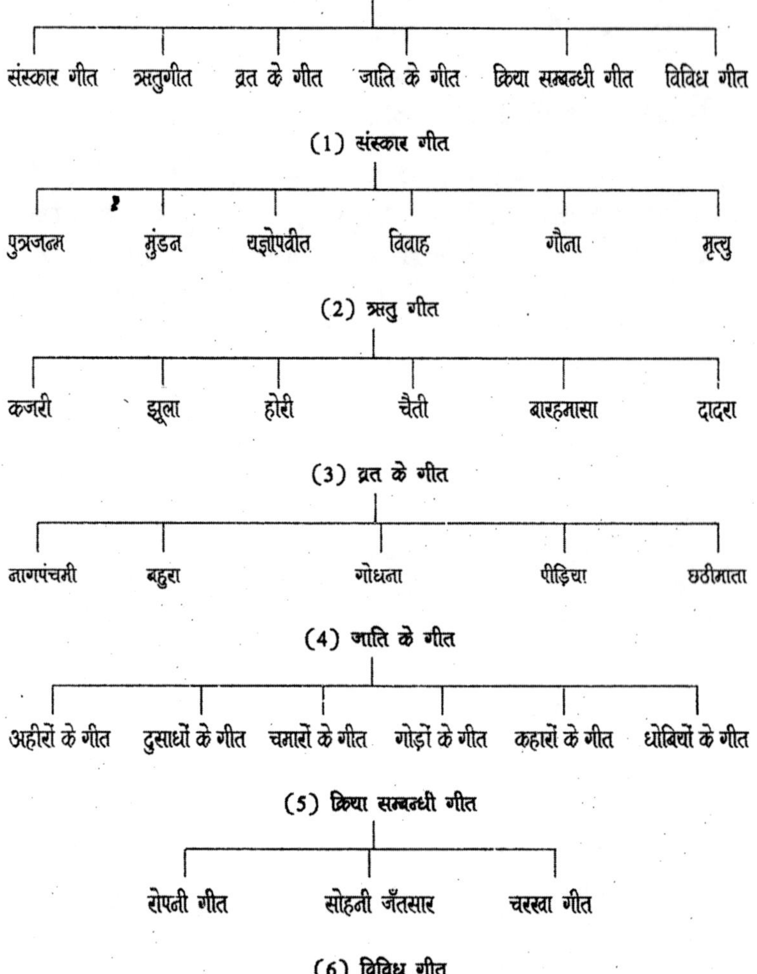

भोजपुरी लोकगीत तथा उसका महत्त्व :

उत्तर प्रदेश (पूर्वी) तथा पश्चिम बिहार के सांस्कारिक उत्सवों में काफी समनीयता है। इसलिए मैंने इन दोनों अंचलों को लिया। वैसे तो लोकगीत हर अंचल के होते हैं। उनके सांस्कारिक उत्सव व परम्पराएँ भी उन्हीं के अनुरूप पाई जाती हैं। उत्तर प्रदेश (पूर्वी) तथा पश्चिम बिहार में बोली जानेवाली भाषा, जिसे '**भोजपुरी**' कहते हैं। उसका हमारे संगीत के क्षेत्र में विशेषकर '**शास्त्रीय संगीत**' में विशिष्ट योगदान है। शास्त्रीय संगीत की बंदिशों में जहाँ ब्रज व अवधी का प्रयोग है, वहीं '**भोजपुरी**' के योगदान को नकारा नहीं जा सकता।

'**भोजपुरी**' एक जीवन्त भाषा है। इसके भाषा-भाषियों की संख्या 3,86,878 (बंगाल लीवर प्राविन्सेज, कलकत्ता 1898 पृष्ठ 83) बतलाई हैं। इस परम्परा की जड़ें बहुत मजबूत हैं। लोकगीतों की परम्परा हजारों वर्षों से चली आ रही हैं, और आज भी वह जन-जन के कंठ में विद्यमान है। लोकगीतों की महत्ता को प्रतिपादित करते हुए **लाला लाजपतराय** ने एक पत्र में कहा था, **"देश का सच्चा इतिहास और उसका नैतिक और सामाजिक आदर्श इन गीतों में ऐसा सुरक्षित है कि इनका नाश हमारे लिए दुर्भाग्य की बात होगी।"** (लोकगीतों की सांस्कृतिक पृष्ठभूमि डॉ. विद्या चौहान, प्रगति प्रकाशन, आगरा)

लोकगीतों के महत्त्व को उद्घाटित करने के लिए इन्हें हम निम्न रूपों में विभाजित कर सकते हैं :

1. ऐतिहासिक महत्त्व
2. सामाजिक महत्त्व
3. भौगोलिक महत्त्व
4. धार्मिक महत्त्व
5. आर्थिक महत्त्व
6. भाषाशास्त्री महत्त्व
7. मनोवैज्ञानिक महत्त्व
8. राजनैतिक व राष्ट्रीय महत्त्व
9. नैतिक महत्त्व
10. साहित्यिक महत्त्व
11. प्रतीकात्मक महत्त्व
12. दार्शनिक महत्त्व

लोकगीतों का महत्त्व :

वैदिक युग में सांस्कारिक लोकगीतों की परम्परावेदों के अन्तर्गत विभिन्न संस्कार और उत्सवों के अवसर पर '**गाथाओं**' में गाने के प्रकरण मिलते हैं। **ऋग्वेद** जो विश्वभर में सबसे पुराना ग्रंथ माना जाता है, के अनेक मंत्रों में '**गाथा**' शब्द का प्रयोग किया गया है। '**गाथा**' जो '**रैवी**'[1] और '**नाराशंसी**' से अलग भाव को दर्शाता है। '**गाथा**' जहाँ मनुष्यता (मानवता) को दर्शाता है, वहीं '**रिग**' परब्रह्म को। मनुष्य धुनें बनाता था। '**गाथा**' जो मंत्रों के लिए कभी प्रयोग नहीं किए गए। राजा, महाराजाओं की प्रशंसा में उच्च स्वरों में गाए जानेवाला गीत '**गाथा**' जाना जाता था। इसका उदाहरण है सतपथ ब्राह्मण 13/1/5 तथा ऐतरेय ब्राह्मण 8/4

गानेवालों के लिए '**गाथिन**' शब्द का प्रयोग किया जाता है, जैसे '**इन्द्रमिद गाथिने बृहत्।**' ऐतरेय ब्राह्मण में गाथा को मानव के द्वारा प्रयुक्त कहा गया है। यानी इसे मानवी दर्शाया है। जिससे यह आभास होता है कि किसी राजा के सत्कर्मों की अभिव्यक्ति मंत्र के रूप में न होकर लोकगीतों के माध्यम से अभिव्यक्त की जाती थी, जो कि जनता के द्वारा गाए जाते थे और '**गाथा**' के नाम से प्रचलित थे।

यास्क के निरुक्त की व्याख्या करते हुए दुर्गाचार्य ने गाथा का अर्थ निम्न रूप से स्पष्ट किया है :

"स. पुर्नारतिहास : ऋगबद्धोगाथा बद्धश्चर्चात्रसक् प्रकार एवं कश्चित गाथे त्युच्यते गाथा: शंसति इति उक्त गाथानां कुर्वातेति।" निरुक्त 4/6 की व्याख्या वैदिक सूक्तों के अन्तर्गत वर्णित ऐतिहासिक तथ्य भी ऋचाओं और गाथाओं में निबद्ध है। शतपथ ब्राह्मण (कांड : 13, अध्याय : 1, ब्राह्मण : 5) तथा ऐतरेय ब्राह्मण (8/4) के अन्तर्गत वैदिक गाथाओं के उदाहरण मिलते हैं। ब्राह्मण तथा आरण्यक ग्रन्थों में भी गाथाओं का वर्णन है। इस आधार पर तत्कालीन गाथा जो जनसाधारण के द्वारा गेय थे, उसे लोकगीत के काफी नजदीक माना जा सकता है। ऐतरेय ब्राह्मण (8/4) के अन्तर्गत यज्ञ गाथा का वर्णन है। जिसमें अश्वमेध यज्ञ करनेवाले राजाओं के उदात्त चरित्र का वर्णन है। पारस्कर के गृह्यसूत्र में विवाह के सम्बन्ध में दो गाथाएँ हैं :

---

1. रैभ्यासी दअदेयी नाराशंसी न्यौचती।
सूर्याया भद्रभिदुसी गाथेयेति परिष्कारम।
—ऋग्वेद 10/25/6

अथगाथा गायतिः

सरस्वति प्रेदभव सुभगे वाजिनी वती।

या त्वा विश्वस्य भूतस्य प्रजाधाभस्यागतः

यस्यां भूर्तसभवद यस्या विश्वमिदं जगत्।

तामद्य गाथां गाष्यानी या सर्वाणामुक्त्तमं यशः।।[1]

वाल्मीकि **रामायण** में रामजन्म के समय और **श्रीमद्भागवत** के दशम् स्कन्ध में कृष्ण जन्म के समय स्त्रियों द्वारा एकत्र होकर गाए जाने का वर्णन है :

जाड़ः कंसं च गन्धर्वः न नृतुश्चाप्सरो गणा।

देव दुब्दभयो ने दुः पुष्पवृष्टिश्च स्वात्पतत्।।[2]

गोस्वामी तुलसीदास जी ने **रामचरितमानस** में अनेक अवसरों पर स्त्रियों द्वारा मंगल गाने का उल्लेख किया है। जैसे—रामजन्म, सीता का गौरी पूजन, सीता स्वयंवर, सीता-राम विवाह।

सीता स्वयंवर :

चली संग लै सखी सयानी।

गावत गीत मनोहर बानी।।

सीता-राम विवाह :

गावहिं सुन्दर मंगल गीता।

लै लै नाम राम अरु सीता।।

ये गीत इस बात के प्रामाणिक उदाहरण हैं, जिसमें तुलसीदासजी ने भी लोकगीतों की व्यापक महत्ता को इस प्रकार से दर्शाया है।

भगवान बुद्ध के समकालीन रचित **सिंह धर्म जातक** में भी गाथाओं की चर्चा है। विक्रम संवत् की तीसरी शताब्दी के समय में प्रचलित प्राकृत भाषा में भी लोकगीतों का प्रचलन था। तत्कालीन अनेक लोकगाथाएँ लोकगीतों के रूप में थे। डॉ. तेजनारायण के अनुसार वर्तमान समय के सात सौ गीत इस भाषा से प्राप्त हैं।

शालिवाहन द्वारा संकलित प्राकृत भाषा की गाथा सप्तसती 1131811 में उल्लेखित एक विरहिणी का अपने प्रियतम के बाहर जाने के दिनों को दीवाल पर रेखा खींच कर अंकित करने का चित्रण है।

---

1. वेली फुले आधी रात : देवेन्द्र सत्यार्थी, राजकमल प्रकाशन लि., दिल्ली, 1948
2. वृहत वैदेही विवाह संकीर्तन : स्नेहलता, कन्हैयालाल, कृष्णदास, लहेरियासराय

अज्जं गओत्ति अज्जं गओत्ति अज्जं गओत्ति गणरीए।
पढम ध्विअ दिअ हह्रे कुड्डो रेहाहि चिन्त लिओ।।[1]

अपभ्रंश काल में भी लोकगीतों का विकास हुआ। तत्कालीन ग्रन्थों के अधिकांश रचयिता सिद्ध और संत थे। उन्होंने धर्म के प्रचार हेतु अपभ्रंश भाषा का प्रयोग किया। विक्रम संवत् 690 के समीप में **सरह** नामक एक सिद्ध पुरुष हुए थे, जिन्हें सबसे पुराने संतों की श्रेणी में रखा जाता है। उनके रचना के निम्नलिखित अंश में अंतस्साधना पर बल और पंडितों के पोंगेपन की निन्दा के रूप में उद्धरण देखा जा सकता है :

पंडित सअल सत्त बक्खाणइ।
देहहि रुद्र बसंत न जाणइ।।
अभणा गमणणतेन बिखंडिअ।
तोवि जिलज्ज भण्ड हउ पंडिअ।।[2]
जेहि मन पवन न संचरइ रवि ससि नहि पवेस
तहि वट चित्तविसान करु सरेहो कहिअ उदेम।

संवत् 1150-99 में **जैनाचार्य हेमचन्द्र** रचित सिद्ध हेमचन्द्र शब्दानुशासन के अन्तर्गत प्राचीन अपभ्रंश के दोहे हैं। जिसके अन्तर्गत युद्ध के समय मृत पति के प्रति पत्नी के अन्तर्मन में उत्पन्न वीरता और देशभक्ति तथा पति के पौरुष का गुणगान है।

भल्लाहुआ जु मारिया बहिणी महारा कंतु।
लज्जेजं तु वयसिअहु जई भग्गा धरुएंतु।
जई सो न आवर दुइ। धरु काई अहोमुह तज्झु।
वयणु ज खंडइ तउ सहि ए। सो पिउ होइ न भज्झु।।[3]

संवत् 1361 में मेरुत्तुंग की पुस्तक **"भोज प्रबंध"** में भी अपभ्रंश पद हैं।

बाँह विछोड़बि जहि तुहुँ, हुउं तेवइं का दोसु।
हिअपट्ठिय जइ नीसरहि जाणउं मुंज सरोसु।।[4]

सूरदास की इन पंक्तियों में भी इसी तरह के भाव निहित हैं। :

बाँह मरोड़े जात हों निबल जानि के मोहि
हृदय में जब जाईहो सबल सराहों तोहि

---

1. भारतीय समाज व संस्कृति : शम्भूरत्न त्रिपाठी, किताब महल, इलाहाबाद
2. भारतीय सामाजिक संस्थाएँ : रविन्द्रनाथ मुखर्जी, सरस्वती सदन, मसूरी
3. भारत की सामाजिक संस्थाएँ : डॉ. जियाउद्दीन अहमद, मोतीलाल बनारसीदास, पटना
4. भारतीय लोकसाहित्य : डॉ. श्याम परमार, राजकमल पब्लिकेशन लिमिटेड, दिल्ली, संस्करण 1954

संवत् 1225-49 में देशभाषा में रचित **चंदबरदाई** ने **'पद्मावती समय'** में अपने अनुपम लेखनी का परिचय दिया है :

मनहु कला ससमान कला सोलह सो बन्निय।
बाल बैस ससिता समीप अम्मिनत रस पिन्निय।
बिगसि कमल-स्त्रिग, भ्रमर बेनु खंजन मृग लुट्टिय।
हरि करि अरु बिम्ब मोति नख सिख अहि घुट्टिय।[1]

इन उद्धरणों के आधार पर इन गाथाओं के निम्न लक्षण हैं—

1. ये गाथाएँ राजसूय यज्ञ, विवाह एवं सीमन्तोन्नयन के शुभ अवसरों पर गाई जाती थी।
2. ये प्राचीन काल से पारम्परिक रूप से चली आ रही थी।
3. राजसुय यज्ञ के अवसर पर ऐतिहासिक गाथाओं का गायन मुख्य रूप से होता था।
4. विवाहादि के अवसर पर देवता विषयक प्रचलित गाथाएँ गाने का नियम था।

उपर्युक्त ग्रन्थ के अतिरिक्त परवर्तित काल की कृतियों में भी गाथाओं की परम्परा मिलती है, जिसका विवेचन डॉ. कृष्णदेव शर्मा ने किया है।[2]

वैदिक गाथाओं के समय पारसियों की धर्म पुस्तक 'अवेस्ता' में उपलब्ध गाथाएँ 'अवेस्ता' के अन्य भागों की अपेक्षा विद्वानों द्वारा अधिक प्राचीन कही गई है। इन गाथाओं में पारसी धर्म के मूल सिद्धान्तों का प्रतिपादन बड़ी ही सरल और सुन्दर शैली में किया गया है।

पाली जातकों के अनुशीलन से पाली भाषा में उपनिषद् गाथाओं का परिचय मिलता है। प्राचीन काल में प्रचलित इन गाथाओं में तत्कालिक विख्यात और लोकप्रिय कथाओं का सारांश उपस्थित किया गया है। भगवान बुद्ध के पूर्वजन्म से सम्बद्ध कथाएँ जिन्हें **'जातक'** कहा जाता हैं—इन्हीं गाथाओं के पल्लवीकरण से अविमूर्त हुई हैं। ये गाथाएँ भगवान बुद्ध के समसामयिक प्रतीत होती है। प्रसिद्ध **सिंह धर्म जातक** में भी कई मनोरंजक कथा गाथाओं के रूप वर्णित हैं।

भोजपुरी लोकगीतों की परम्परा व व्याप्ति :

जैसा कि लोकगीत लोकजीवन की सहज स्वाभाविक अभिव्यक्ति है। जीवन की मौलिक अभिव्यक्ति के साथ ही किसी-न-किसी रूप में इसका प्रारम्भ हो गया था। इसकी प्राचीनता स्वयंसिद्ध है। किसी भाषा के

---

1. भोजपुरी लोकसाहित्य : सांस्कृतिक अध्ययन : डॉ. श्रीधर मिश्रा, 1971
2. मिथिला का इतिहास, कामेश्वर सिंह संस्कृत विश्वविद्यालय, दरभंगा द्वारा प्रकाशित।

लोकसाहित्य के सांस्कृतिक मूल्यांकन के सम्बन्ध में वैचारिक भिन्नता की संभावना तो रहती है, और यह बनी रहेगी भी। परन्तु इसकी प्राचीनता ही है जो इसे विवादों के घेरे से परे रखती है। क्योंकि कोई भी युग लोकाभिव्यक्तियों से शून्य नहीं रहा, यह प्राचीन ग्रन्थों से प्रमाणित हो चुका है। यह बात अलग है कि इस शैली की पताका पर ध्यान देनेवाले कम रहे। क्योंकि इनके संकलन पर ध्यान बहुत देर बाद दिया गया।

भोजपुरी भाषा का क्षेत्रफल इतना विस्तृत है, जिसमें प्रकृति से लेकर मानव जीवन की हर संवेदनाओं व रिश्तों की पकड़ का दर्शन हम बड़े ही सहज रूप से कर सकते हैं। इनकी अभिव्यक्ति में जहाँ सहजता है, वहीं गूढ जीवन दर्शन भी है। कहावत है कि प्रत्येक भारतीय एक दार्शनिक है, चाहे वह निरक्षर हो साक्षर। पारम्परिक व सामयिक रचनाओं ने लोकधुन के आधार पर एक अलग पहचान बनाई है, जिनमें प्रमुख नाम हैं, **भिखारी ठाकुर, महेन्द्र मिश्र** की रचनाएँ, जो इतनी प्रचलन में रहीं कि लोग उन्हें परम्परागत लोककवि की श्रेणी में रखते थे। **प्रोफेसर मनोरंजन प्रसाद, रघुवीर सहाय** जिन्होंने **बटोहिया, फिरंगिया, बिदेसिया** पर आधारित रचनाएँ बनाई हैं, जो कि उनके द्वारा रचित गीत हैं। जिन्हें हम सब आज भी परम्परागत लोकगीत की समझते हैं। उदाहरणस्वरूप निम्नलिखित **'बटोहिया गीत'**—

सुन्दर सुधर भूमि भारत के देसवा रे।
मोरे प्राण बसे हिम खोह रे बटोहिया।।
गंगा रे जमुनवा के झगमग पनिया।
सरजु झमकि लहरावे रे बटोहिया।
जाऊ जाऊ भईया रे बटोहि हिन्द देखी आऊ।
जहाँ ऋषि चारो वेद गावे रे बटोहिया।। **-रघुवीर सहाय**

सन् 1887 ई. में भोजपुरी के इतिहास में ऐसा युग रहा जिसमें **भिखारी ठाकुर** जैसे अनमोल गीतकार, नाटककार और वाग्येकार का जन्म हुआ। जिसने पश्चिमी बिहार में बिदेसिया नाटक को जन-जन तक पहुँचाया जो अपने आप में भोजपुरी भाषा के क्षेत्र में एक अद्वितीय देन है। **'बिदेसिया'** नाटक में एक विरहिणी के पास पूरब देश जानेवाला बटोही आता है, जिससे वो अपना संदेश पति के पास भिजवाती है। उसी से बटोहिया गीत का प्रादुर्भाव हुआ होगा, ऐसा अध्ययन से पता लगता है। उदाहरणस्वरूप **'बटोही'** नायिका से उसके बिदेसिया पति की पहचान पूछता है, तो नायिका कहती है—

हमार बलमु जी के बड़ी बड़ी आँखिया से
चोखे चोखे बारे नयना कोर रे बटोहिया।।

भिखारी ठाकुर ने सामाजिक समस्याओं के उन चित्रों को हमारे सामने बड़ी बारीकी से परखा व अपने नाटकों में प्रस्तुत किया, जिन्हें हम और आप रात-दिन घर-घर में देखते हैं। जैसे : गरीबी की बलिवेदी पर लड़कियों की भावनाओं को कुचलना, बेटी वियोग, विधवा-विलाप, शराबी पति द्वारा दिए जानेवाले दुख, धन के लोभी माँ-बाप द्वारा बेटी को बूढ़े को बेच देना इत्यादि। उनके कृत्यों को देखते हुए अगर हम उन्हें जनकवि, लोककलाकार कहें तो कोई अतिशयोक्ति नहीं होगी। क्योंकि सही मायने में राय साहब '**भिखारी ठाकुर**' भोजपुरी के गौरव थे, विभूति थे, प्राण थे। उनके द्वारा रचित एक '**बिदेसिया**' गीत की झलक देखें, जिसमें किस तरह से नायिका के विलाप को दर्शाया गया है :

> **"केकरा से लिखि के मैं पतिया पठइबो से।**
> **केकरा से पठइबो सनेस रे बिदेसिया।।**
> **तोहरे कारन सैया भभूती रमइबो से।**
> **धरबो जोगिनिया के भेस रे बिदेसिया।।"[1]**

ताल : कहरवा, दुन लय, आठ यात्रा

1	2	3	4	5	6	7	8
X	सा-	रेरे-	म	$म_{प}$	प	प	प
X	केऽ	करा	ऽकें	लि	खि	के	मैं
X	पध	पध	$प_{म}$	म	ग	रेग	सा
X	पति	ऽया	ऽप	ठ	इ	बोऽ	से
X	सासा	रेम	-म	म	मग	रे	रेग
X	केक	रासे	ऽप	ठ	इऽ	बोऽ	सऽ
$रे_{सा}$	सा	सारे	रेग	(सा)	सा	सा	-
न	स	रेऽ	ऽबि	दे	सि	या	ऽ
X	सां	सांसां	-सां	सां	सांनी	नीध	प-
X	तो	हरे	ऽका	र	नऽ	सैऽ	याऽ
X	प-	धप	-म	म	ग	रेग	सा
X	भऽ	भूती	ऽर	म	इ	बोऽ	से
X	सा-	रेम	-म	म	मग	रे	रेग
	धऽ	रबो	ऽजो	गि	निऽ	या	केऽ
$रे_{सा}$	सा	सारे	रेग	(सा)	सा	सा	-
मे	स	रेऽ	ऽबि	दे	सि	या	-

---
1. मिथिला का इतिहास, कामेश्वर सिंह संस्कृत विश्वविद्यालय, दरभंगा द्वारा प्रकाशित।

भोजपुरी लोकगीतों का स्वरूप एवं विभिन्न मत :

विद्वानों ने लोकगीतों के स्वरूप के सन्दर्भ में अपने अलग-अलग विचार व्यक्त किए हैं। जैसे :

"सुख-दुख की भावा-वेशमयी व्यवस्था का विशेषकर गिने-चुने शब्दों में स्वर साधना के उपयुक्त चित्रण कर देना ही गीत है।" —**श्रीमती महादेवी वर्मा**।[1] **महादेवीजी** ने गीत की विदुषी के नजरिए से एकदम अक्षरश: सही परिभाषा दर्शायी है। परन्तु एक धरतीपुत्र जो अपने मनोभावों को इतना परिष्कृत करके नहीं व्यक्त करता जितना एक पढ़ा-लिखा गीतकार, तभी लोकगीत के नायक-नायिका उससे भिन्न होते हैं।

"लोकगीतों का इतिहास उतना ही पुराना है, जितना मानव विकास की कहानी। आदिकाल में प्राकृतिक शक्तियों पर विजय पाने के उद्देश्य से मानव ने पारस्परिक सहयोग को सर्वाधिक प्रश्रय दिया था। मानव के सहयोग की भावना ने प्राकृतिक विपदाओं पर विजय पाई। तब से मानव हृदय ने पारस्परिक स्नेह, सौहार्द और सहयोग का मूल्य जाना और ये ही भावनाएँ लोकगीत की उन्मुक्त अभिव्यक्ति के अनिवार्य उपादान बन गए। विभिन्न ऋतुओं एवं पर्वों पर गाए जानेवाले लोकगीत मानव के सामूहिक श्रम, उल्लास एवं संघर्ष की कथाएँ हैं।"

"लोकगीत हमारे जीवन विकास के इतिहास हैं।"[2]

—डॉ. तेज नारायण लाल

"लोकगीत मानवीय कृतित्व की वह सामान्य धरोहर है जो विश्व मानव की भूमि पर प्राप्त हुई है।"[3]

—डॉ. सत्येन्द्र

"आदिम मनुष्य के हृदय के ज्ञानों का नाम लोकगीत है।"
"मानव जीवन की, उसके उल्लास की, उसकी उमंगों की, उसकी करुणा की, उसके रुदन की, उसके समस्त दुख-सुख की कहानी इसमें चित्रित है।"

—सूर्य किरण पारीक व नरोत्तम स्वामी[4]

---

1. अभिनव शिक्षाशास्त्र : श्री सत्यनारायण लाल, नवीन संस्करण-1970
2. मैथिली साहित्यिक रूपरेखा, चेतना समिति, पटना, प्रथम संस्करण-1974
3. लोकगीतों की सामाजिक व्याख्या : श्री कृष्णदास, साहित्य भवन संस्करण-1976
4. लोकगीतों में समाज : पूर्णिमा श्रीवास्तव, मंगल प्रकाशन-1975

"लोकगीत मानव हृदय की, प्राकृत भावनाओं की तन्मयता की तीव्रतम अवस्था की गति है। जो स्वर और ताल की प्रधानता न देकर लय या धुन प्रधान होते हैं।"

—शान्ति अवस्थी

इस तरह से इन परिभाषाओं के आधार पर हम अगर यह कहें तो कोई अतिश्योक्ति नहीं होगा कि लोक-जीवन वाले लोग ग़रीबी में सोते थे, परन्तु कितने सच्चे रहे, जो उनके गाने धरती से जुड़े। जीवन के यथार्थ से, तभी तो वे धरतीपुत्र कहलाए, जो प्रकृति की गोद में धरती के आशीर्वाद पर जीवन जीते थे। आज इस कम्प्यूटरीकरण के युग में हम इन सारी भावनाओं से दिनोंदिन दूर होकर कृत्रिमता की ओर अग्रसर हो रहे हैं। जिससे ऐसा प्रतीत होता है कि काल हमें अपने इस विनाशकारी दाँतों से चबा-चबाकर खा रहा है और हम अन्दर-ही-अन्दर अपनी मूल संवेदनाओं, मासूमियत, भावनाओं व रिश्तों की खूबसूरती से परे खोखले होते जा रहे हैं।

लोकगीतों के विषय में कुछ **पाश्चात्य के विद्वानों** ने भी अपना मत व्यक्त किया है और कहा है :

"A Folk song is neither new or old it is like a forest tree with its roots deeply burried in the past, but which continually puts forth new branches new leaves new fruits."

–Raiph V. Williams[1]

"A Folk songs composes greem itself."

"This primitive, sponteneous music has been called folk songs."

–Precy[2]

भारतीय विद्वान **देवेन्द्र सत्यार्थी** ने लिखा है :

"Its seed lies in community singing."

---

1. राम कथा : रेवरेंड फादर कामिल बुल्के
2. नैतिक शिक्षा और बाल विकास : डॉ. उर्वशी सूरती, प्रभात प्रकाशन-1974

अध्याय 2

भोजपुरी की भौगोलिक परिधि एवं व्याप्ति

भोजपुरी एक जीवन्त भाषा है। यह भाषा लगभग **50 हजार वर्गमील** में फैली हुई है।[1] **(भोजपुरी क्षेत्र का मानचित्र अन्तिम पृष्ठ पर प्रकाशित है।)** इसकी सीमान्त रेखाएँ किसी एक प्रान्त की राजनैतिक सीमा से सम्बद्ध नहीं है। इस भाषा के क्षेत्र के अन्तर्गत वर्तमान भारतवर्ष के तीन राज्यों के भू-भाग आते हैं। **बिहार** प्रान्त के **चम्पारन, बेतिया, सारन, सिवान, गोपालगंज, शाहाबाद, राँची, छोटा नागपुर** और **पलामू** जिले के अधिकांश क्षेत्रों में भोजपुरी बोली जाती है। **उत्तर प्रदेश** के **गाजीपुर, बलिया, वाराणसी, मिर्जापुर, जौनपुर** के अधिकांश पूर्वी भाग **आजमगढ, गोरखपुर, देवरिया** और **बस्ती** जिले के अधिकांश पूर्वी भाग भोजपुरी भाषा-भाषी हैं। **बस्ती** जिले के उत्तर-पश्चिम **नेपाल की तराई** में स्थित यह सीमा **'जरवा'** तक चली जाती है। यहाँ पर भोजपुरी की सीमा एक पट्टी बनाती है। जिसका कुछ भाग नेपाल की सीमा के अन्तर्गत तथा कुछ भारतीय सीमा के अन्तर्गत आता है। यह सीमा **'बहराइच'** तक चली गई है। इसमें **'थांरू'** बोली जाती है, जिसमें भोजपुरी के ही रूप मिलते हैं। मध्यप्रदेश की सरगुणा रियासत और जसपुर राज्य के पूर्वी क्षेत्र में भी भोजपुरी भाषा का प्रसार है।

हिमालय की तराई में बसनेवाली थारू नाम की आदिवासी जाति, उनकी बोली भी थारू है, जो कि बस्ती जिले की भोजपुरी का विकृत रूप है।

भोजपुरी भाषा-भाषी की जनसंख्या :

अध्ययन के माध्यम के आधार पर हमने भोजपुरी भाषा की परिधि तथा व्याप्ति के बारे में जाना कि भोजपुरी भाषा आज उत्तर भारत

---

1. भोजपुरी साहित्य का इतिहास : डॉ. कृष्णदेव उपाध्याय, पृष्ठ 15

की कम-से-कम **43,000 स्क्वायर मिल्स** में है। जिसमें **45 करोड़ से ज्यादा लोग**, जिसके एक भाग हैं। **ग्रियर्सन** ने ब्रिटिश भारत के 32 जिलों में निवासित भोजपुरी भाषा-भाषियों की संख्या **3,86,878** बतलाई है।[1] आज इस आँकड़े में वृद्धि का अनुमान सहज ही लगाया जा सकता है। क्योंकि आज **भारत** के अतिरिक्त **मॉरीशस, फिजी, लीबिया व ट्रिनीडॉड, टोबागो, सूरीनाम द्वीपों** में प्रवासित **70 प्रतिशत** लोगों की **जनसंख्या** भोजपुरी भाषा-भाषियों की है। **दक्षिण अफ्रीका, केनिया** तथा **गुआना** में भी भोजपुरी भाषा व्यवहृत होती है।

इस प्रकार, बिहार और उत्तर प्रदेश के अतिरिक्त भारत के अन्य प्रदेशों में तथा विदेशों में भी भोजपुरी भाषा-भाषियों की कुल संख्या **साढे पाँच करोड़** से भी अधिक ठहरती है। जबकि **भोजपुरी** की अन्य बहिनें **मैथिली** और **मगही** बोलनेवालों की संख्या **दो करोड़** से भी कम है। इतना ही नहीं, हिन्दी की अन्य बोलियाँ **अवधी, ब्रज, बघेली, बुन्देलखंडी** और **छत्तीसगढी** के भाषा-भाषियों से भी कहीं बहुत अधिक है **भोजपुरी**।[2] इस तरह से भोजपुरी अन्तर्राष्ट्रीय भाषाओं की पंक्ति में आ जाती है।

भोजपुरी की विभाषाएँ :

भोजपुरी क्षेत्र के पूर्व में **मैथिली** और **मगही**, दक्षिण में **उड़िया**, पश्चिम में **छत्तीसगढी** और अवधी तथा उत्तर में **नेपाली** भाषा के क्षेत्र हैं। **ग्रियर्सन** ने भोजपुरी को चार भागों में विभाजित किया है।[3]

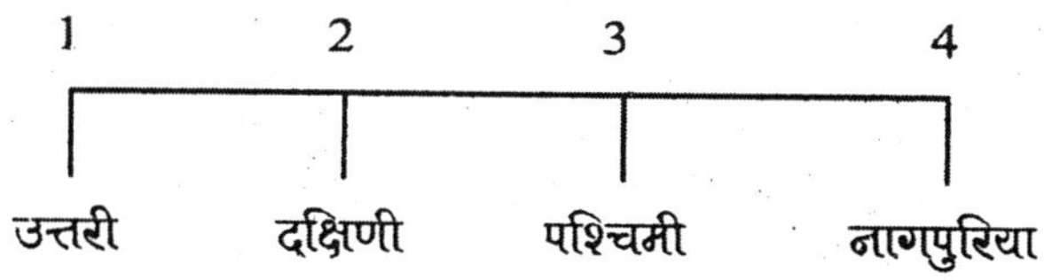

1. फोक कल्चर एंड पीजन्ट सोसायटी इन इंडिया : इन्दिरा बरुआ-1989 व लिंग्विस्टिक सर्वे ऑफ इंडिया, रफ लिस्ट ऑफ लैंग्वेजेस बंगाल लोवर प्राविन्सेज, कलकत्ता, 1898, पृष्ठ 83
2. भोजपुरी लोकसाहित्य का अध्ययन, डॉ. कृष्णदेव उपाध्याय, पृ. 26
3. लिंग्विस्टिक सर्च ऑफ इंडिया, जिल्द-1, भाग-1, पृष्ठ 149-150, कलकत्ता, 1927

डॉ. उदय नारायण तिवारी ने उत्तरी भोजपुरी को दो विभाषाओं में वर्गीकृत किया है।[1]

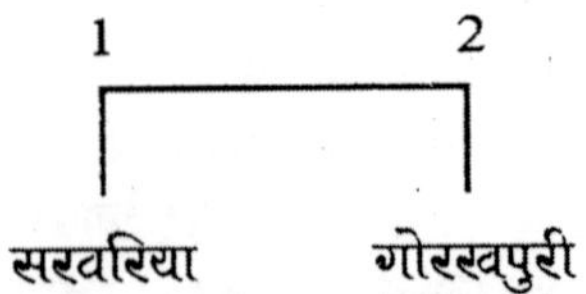

भोजपुरी भाषा की व्याप्ति और उसकी जनसंख्या तथा विभाषाओं पर दृष्टिपात करने से पता चला कि इस भाषा का क्षेत्रफल विस्तृत हैं। भोजपुरी लोकगीतों के लक्षण और उपलक्षण भी अनेक हैं, जो निम्नलिखित हैं—

लोकगीतों के लक्षण :

फ्रेंच विद्वान **मोशिए आप रे** ने सन् 1853-54 में लोकगीत संग्राहकों के समक्ष विचार व्यक्त करते हुए कहा है :

1. अत्यानुप्रास के स्थान पर ध्वनि साम्य का प्रयोग।
2. पुनरुक्ति (कथानोपकथन में)।
3. तीन, पाँच, सात आदि संख्याओं का बार-बार प्रयोग।
4. दैनिक व्यवहार के वस्तुओं को सोने-रूपों को कहना।

डॉ. कुलदीप के अनुसार :

1. अकृत्रिमता
2. सामूहिक भावभूमि
3. परम्परात्मकता
4. रूढ़िवादिता
5. संगीतात्मकता

डॉ. तेजनारायण

1. लोकगीत का कोई विशेष गीतकार नहीं होता, लिपिबद्ध नहीं, सामूहिक रचना, परिवर्तनशीलता।

---

1. भोजपुरी भाषा और साहित्य प्रवेश, पृष्ठ 9-10

2. कविता की भाँति वह ज्यों-का-त्यों नहीं रहती।
3. ठीक रचना काल का मालूम नहीं होना, बाद में और पद उसमें जुड़ जाते हैं।
4. लोकगीतों का मौखिक प्रचार अधिक होता है। इसी से उसे '**श्रुति**' कहते हैं। वेदों और लोकगीतों में यही समानता है।
5. लोकगीतों की शैली, सहज होती है। इसे सभी गा सकते हैं।

भारत के जैसे, अन्य देशों में भी उत्सवों तथा त्यौहारों के अवसर पर अपनी संस्कृति के अनुरूप विभिन्न भाषाओं में उनकी धुनों में उच्चारण कर लोकगीत गाए जाते हैं। उनमें भी लोक प्रवृन्ति का ही चित्रण मिलता है। अध्ययन तथा श्रुतियों के आधार पर हम ये कह सकते हैं कि संसार के सभी लोकधुनों में हर्ष-विषाद, उल्लास, नैराश्य आदि के भाव ही पाए जाते हैं।

डॉ. कुलदीप ने अपनी पुस्तक '**लोकगीतों का विकासात्मक अध्ययन**' में लोकगीतों की निम्नलिखित विशेषताएँ बताई है :

1. अकृत्रिमता
2. सामूहिक भावभूमि
3. परम्परात्मकता
4. रूढ़िवादिता
5. संगीतात्मकता

डॉ. कुलदीप के अनुसार एक **पाश्चात्य लेखक** का कहना है—"फ्रांस के गीत सुन्दर या नाटकीय होते हैं, जर्मनी के गीत बोझिल एवं हृदयस्पर्शी होते हैं, सामान्य यूरोपीय गीत गेय गुनगुनाने योग्य, पुष्ट एवं असम्बद्ध, रूसी गीत उदास और अनपढ़, स्पेनी मन्द और स्वप्निल तथा हिन्दुगीत आध्यात्मिक और प्रभावशाली होते हैं। अमरीकी नीग्रो गीत विलक्षण, सुन्दर एवं अत्याधिक धार्मिक होते हैं।"

(**विद्यापति पदावली श्री रामवृक्ष बेनीपुरी**; पटना)

अध्ययन एवं शोध के दौरान मैंने पाया कि, **ब्राजिलियन लोकगीत** बहुत ही **जीवन्त** और **हृदयस्पर्शी** होते हैं। **मेक्सिकन लोकगीतों** में **मधुरता** व **दिल को छू जानेवाली बात** होती है। जबकि **अफगानी** व **पर्शियन** लोकगीतों में इनका आभाव होता है।

लोकगीतों के उपलक्षण एवं समीक्षा :[1]

लोकगीतों के लक्षण तथा उपलक्षण पर विचार करते हुए डॉ. **तेजनारायण लाल** ने लिखा है :

1. **लोकगीत** का कोई **विशेष गीतकार** नहीं होता, वह **सामूहिक रचना** होती है। जब तक कोई रचना लिपिबद्ध नहीं होती, तब तक लेखक का महत्त्व नहीं होता और वह रचना परिवर्तित होती रहती है।
2. **लोकगीत** का कोई परिणित स्वरूप नहीं है। कविता की भाँति वह ज्यों-का-त्यों नहीं रहती बल्कि बदलती रहती है।
3. प्रत्येक **लोकगीत** का ठीक रचना काल मालूम नहीं हो पाता है, बाद में और पद भी उसमें जुड़ जाते हैं।
4. **लोकगीतों** का मौलिक प्रचार ही अधिकार होता है। संभवत: वेद को लिखकर पढते तो स्वर भंग हो जाता और अर्थ भंग भी। इसी से उसे **'श्रुति'** कहते हैं। वेदों और लोकगीतों में यह बड़ी समानता है। वेद भी लिखित नहीं आया और न लोकगीत ही।
5. **लोकगीतों की शैली** सहज होती है। सभी लोकगीत गाने योग्य होते हैं।

उपलक्षण :

(1) आशुरचना (2) पुनरावृत्ति (3) परिचित वस्तुओं का प्रयोग।

समीक्षा :

मैंने बचपन से भोजपुरी लोकगीतों को सुना है और मेरे पास अनेक प्रकार के भोजपुरी लोकगीतों का संग्रह है तथा अध्ययन व शोध कार्य के आधार पर मेरी समझ से उपर्युक्त लक्षणों के अलावा लोकगीतों में कुछ विशेषताएँ आज भी परिलक्षित होती हैं, जो इस प्रकार हैं—

---

1. विद्यापति पदावली : डॉ. शुभांकर कपूर, पर्वतीय पुस्तक सदन, लखनऊ, प्रथम संस्करण-1978

1. मौखिक परम्परा
2. पुनरावृत्ति
3. वस्तु, नाम, गणना
4. स्वाभाविकता
5. स्वछन्दता
6. रसात्मकता व लयकारी
7. भावों की अभिव्यक्ति
8. मानवीय रिश्तों का वर्णन
9. नैतिक शिक्षा
10. समय व काल का चित्रण
11. सशक्त प्रचार माध्यम
12. समसामयिकता
13. भूत से वर्तमान को जोड़ने की कड़ी

अध्याय 3

भोजपुरी लोकसंगीत व हिन्दुस्तानी शास्त्रीय संगीत

लोकसंगीत को वस्तुतः प्राकृत-कला कहना चाहिए। **'प्राकृत'** शब्द का अर्थ **'अपरिष्कृत'** या **'अपरिमार्जित'** है। अशिक्षित अथवा असंस्कृत व्यक्ति को **'प्राकृत'** कहा जाता है, जिस कला को सीखने के लिए किसी विशिष्ट शिक्षा अभ्यास या साधना की आवश्यकता नहीं होती; वह **'प्राकृत-कला'** है।

जो व्यक्ति अन्य शास्त्रों में शिक्षित परन्तु संगीत में अशिक्षित है, वह संगीत की दृष्टि से **'प्राकृत'** ही कहलाएगा। अतएव उनके द्वारा गाए जानेवाले गीत **'प्राकृत-गीत'** ही होंगे। भारत के महर्षि वनवासी रहे हैं। **महर्षि वशिष्ट** जैसे राजगुरु भी नगरवासी न बनकर आश्रमवासी रहे। **श्रीमती सुमित्राकुमारी जी** के लेख में संकेत है कि अनेक लोक प्रचलित धुनें अपने सौन्दर्य के कारण गायकों का कंठहार बनी और उन दरबारों में भी समादृत हुई, जहाँ भारतीयता को गँवारूपन समझा जाता था। इसका अर्थ यह है कि लोककला या प्राकृत-कला अपने स्वास्थ्य या गुणों के कारण उन राजदरबारों में भी पूजित हुई, जहाँ के लोग ख्याल को इस्लाम की देन समझते थे। **भैया गनपतराव** का हारमोनियम वादन प्रसिद्ध है। वे ठुमरिया व दादो बजाते थे जो दिलों को छूता था, उनका मूल स्रोत था लोक में नटनियों और कंजरियों द्वारा गाई जानेवाली चीजें, जिसमें एक सारल्य व भोलेपन का दर्शन था। **अल्लाहबन्दे खाँ** जैसे आलाप के सम्राट लोक प्रचलित धुनों पर विचार करते और उसके राग ढूँढते थे। स्वयं **पं. अच्छन महाराज** जब हाथ में ढोलक लेकर बजाते थे तो कहरवा अनन्त लग्गियों के रूप में मचलने लगता था। **'कहरवा'** कहारों के साथ बजनेवाला ठेका है। लोकगीतों के ठेके अत्यन्त गुदगुदाने वाले हैं। जिन पर हर व्यक्ति थिरकने लगता है।

आचार्य बृहस्पति ने अपने लेख '**चारबैत**' में भारतीय रूप की चर्चा करते हुए कहा है कि "अफ़गानों का यह लोकगीत **अब्दुल करीम** नामक गीतकार की कृपा से भारतीयता के रंग में रँग रहा था और मुस्लिम साहित्य के रकीब का स्थान हमारे लौकनियों ने ले लिया था, कि भारतीयता को गँवारूपन समझनेवाले कठमुल्लाओं ने मजाक उड़ाना आरम्भ कर दिया। संगीत के क्षेत्र में भी, ऐसे कठमुल्लाओं की कमी नहीं।"

दरबारों में सुहाग, बन्नड़े, घोड़ियाँ और गालियाँ भी रागों में गाई गई तथा संगीतजीवी बिना किसी जातियों की कोकिल कंठियों के माध्यम से लोक भावना के अन्तः सुरों में पहुँची और इस प्रकार लोक की दृष्टि दरबारों में समाहित हुई। दाम्पत्य, वात्सल्य संयोग-वियोग, विवाह इत्यादि अवसरों का सम्बन्ध मानव मात्र से है।

लोकगीत शब्द अंग्रेजी के '**Folk-Song**' शब्द का अनुवाद है। चैम्बर्स डिक्शनरी में Folk-Song का अर्थ "Any song or ballad originating among the people and tradionally handed down by them" है।

संगीत पर लोक के इस प्रभाव के विषय पर 19वीं शती के लेखक **मुहम्मद करम इमाम** का ध्यान भी गया है, उनका कहना है कि धोबी, चरवाहे इत्यादि प्रत्येक प्रदेश में अपने-अपने ढंग से गाते-बजाते हैं। कभी-कभी उनके गाने से हमें भी आनंद प्राप्त होता है। स्वर तो वही है इसलिए उनके गाने में रागत्व भी उत्पन्न होता है।

इसी विचारधारा को **महात्मा गांधी** ने अपने शब्दों में इस प्रकार व्यक्त करते हुए कहा है—"लोकगीतों में धरती गाती है, पहाड़ गाते हैं, नदियाँ गाती हैं, फसले गाती हैं, उत्सव और मेले, ऋतुएँ और परम्पराएँ गाती हैं।"

उदाहरणस्वरूप, एक ऋतु गीत की छवि देखें जो प्रकृति व मानवीय भावनाओं से जुड़ा है।

कजरी (ऋतु गीत)[1]

घेरि घेरि आई सावन के बदरिया ना
पानी बरसे बड़ी जोर सूझै नाही चारों ओर,
जिया काँपे मोरा चमकेला बिजुरिया ना
जबसे गईले हो विदेस भेजे एको ना संदेश,
काहे लीन्हीं नाहीं हमरी खबरिया ना
बोले दादुर बन मोर, सुनके पपीहा करे सोर,
जिया नाही लागै सुनी बा अटरिया ना

1. लोकसंगीत पत्रिका, जनवरी, 1966

जो न अईहै मोर सँवरिया फीकी लागै मोहे कजरिया,
नाही पहिरबे हम धानी रे चुनरिया ना

संस्कारों का नूतन स्पर्श पाकर जनजीवन के सभी आयाम मौखिक धर्म से ओत-प्रोत हैं।

देशी संगीत : देशी संगीत के विकास की पृष्ठभूमि **लोकसंगीत** है। किसी देश या जाति का संवेदनशील मानव जिस समय अपने हृदय के भावों को अभिव्यक्त करने के लिए उन्मुख हुआ, उसी अवसर पर स्वयम्भू स्वर, लय प्रकृत्या उसके मुख से उद्भूत हुए और उन्हीं स्वर, गीत और लय को नियमबद्ध कर उनका जो शास्त्रीय विकास किया गया, वही '**देशी संगीत**' बना। मतंग-रचित '**बृहदेशी**' ग्रन्थ देशी संगीत का प्रामाणिक और पुरातन ग्रन्थ है। आज भी यदि शोध किया जाए तो प्रचार में गाए जानेवाले रागों का उत्पादक '**लोकसंगीत**' ही सिद्ध होगा।

लोकसंगीत में प्रेम, भक्ति, अनुराग, धर्म आदि मानव जीवन के सभी अवयवों का समावेश है। आधुनिक प्रचलित **गुर्जरी सोरठे, सौराष्ट्र टंक, गान्धारी, भोपाली, मुल्तानी, बंग-भैरव, कान्नड़ा** आदि राग अपने नाम व्याख्या भेद के अनुसार तत्फल पदों और देशों के लोकसंगीत का प्रतिनिधित्व करते हैं।

अनेक धुनों में भारतीय रागों का ईरानी मुकामों का सादृश्य है। **करम इमाम का कथन** है कि क़व्वाल (क़व्वालिये) और कलावन्त (ध्रुवपद गायक) धुनों के रहस्य से परिचित नहीं। **प्यारे ख़ाँ रबाबिए** जैसे उस्ताद एक ऐसी धुन को '**तिलक कामोद**' कह बैठे, जिसमें गन्धार और धैवत झिंझौटी की लगती थी। **तिलक कामोद** का मेल तो अवश्य था। **सैय्यद मीर अली** और **बाबू राम सहाय** जैसे विचारशील व्यक्तियों ने धुनों पर अवश्य विचार किया था।

अनेक धुनों के नाम, प्रदेश विशेष से सम्बन्धित हैं। सुन्दर धुनें गायकों के व्यवहार में भी आकर प्रसिद्धि पा गई।

'**खमाज**' या '**खमाच**' का मूल '**खम्भात**' नामक प्रदेश में है। '**बिहाड़ा**' का सम्बन्ध '**बिहार**' में है। '**अहीर भैरव**' का सम्बन्ध '**आमीर**' प्रदेश से है। **टोड़ी कांजीवरम्** के विकास का क्षेत्र है। '**कालिंगड़ा**' का सम्बन्ध '**कलिंग**' से रहना संभव है। '**सौरठ**' सौराष्ट्र का प्रसाद '**गौड़सारंग**' पर '**गौड़**' प्रदेश का प्रभाव है।[1]

—सुमित्रा आनन्दपाल सिंह

1. सम्मेलन पत्रिका के सौजन्य से, लेखिका—सुमित्रा आनन्दपाल सिंह

कुमार गंधर्व के शब्दों में : यदि वास्तव में किसी प्रकार की प्रगति संगीत क्षेत्र में अपेक्षित है, तो वह लोकधुनों के सहारे नया सृजन होना चाहिए। यह बात सर्वविदित है कि हमारे शास्त्रीय संगीत की उत्पत्ति इसी लोकसंगीत से हुई है। कैसे? यह आजतक किसी ने जानने का प्रयत्न नहीं किया। यदि इस जिज्ञासा की पूर्ति पहले की गई होती तो आज हमारा संगीत बहुत ही आगे बढ़ा होता। दुर्भाग्य की बात है कि हमारे संगीताचार्यों ने केवल पुरातन काल से प्राप्त पूँजी को ही सम्हालने का प्रयत्न मात्र किया है।

वस्तुतः यह प्रयत्न भी बिना सोचे-समझे किया गया, अतः व्यर्थ ही रहा।

पं. रविशंकर के अनुसार : देश-विदेश में घूमने के बाद मैं इस नतीजे पर पहुँचा हूँ कि विश्व में लोकधुनों का मेल है, योग है। वे एक-दूसरे से मिलती-जुलती हैं। **मैक्सिकन** धुन सुनने पर **तमिलनाडु** के लोकगीतों की याद आ जाती है। **जॉर्जियन** धुनें हमारी **महाराष्ट्र** की लोकधुनों से बहुत मिलती-जुलती हैं। केवल नीति, धर्म और चलन में फर्क होता है। पर वह वही 30-40 मुख्य बानगियों पर आधारित होती हैं।

मुझे बचपन से ही लोकधुनें आकर्षित करती रही। बंगाली होने के कारण मैं बंगाली लोकधुनों को काफी अच्छी तरह जानता हूँ। लेकिन मेरा जन्म **बनारस** में हुआ। मेरा ननिहाल था **'नसरथपुर'** जो **'गाजीपुर'** जिले में है। उसी समय से मैं लोकधुनों की ओर खिंचा-सा चला आया हूँ।

पंडितजी के विचार से लोकधुनों को तीन भागों में बाँटा जा सकता हैं। एक भाग, जिसका मूल शास्त्रीय राग पर आधारित है। जिसका मूल सूत्र भक्ति रस है। इसमें हरि कथा से लेकर रामायण तक गाई गई है। **महाराष्ट्र दक्षिण भारत** के लोकगीत इसी तरह के होते हैं। ये धुनें किसी-न-किसी एक राग पर अवलम्बित होती है। लोकगीतों में अधिकतर **दुर्गा, पीलू, काफी, भैरवी, गौरी, कलिंगड़ा** का उपयोग होता है।

दूसरे भाग में आते हैं, हमारे गाँव के गीत जो अलग-अलग अवसरों पर गाए जाते हैं। इनमें **हिमाचल** और **गढवाल** के पहाड़ी इलाकों में गाए जानेवाले गीत भी सम्मिलित हैं। ये लोकगीत रागों पर आधारित तो होते हैं, किन्तु उनके अनुयायी नहीं होते हैं। इन

गीतों में प्राय: **दुर्गा, भूपाली, पहाड़ी, सारंग, पीलू, गौरी** और **झिंझोटी** का उपयोग होता है।

इन दोनों शास्त्रीय संगीतकारों ने अपने-अपने मतों के द्वारा शास्त्रीय संगीत के क्षेत्र में लोकगीत के योगदान को अभिव्यक्ति प्रदान कर लोकसंगीत के महत्त्व को दर्शाया है। यही कारण है कि **पं. कुमार गंधर्वजी** ने मालवा की लोकधुनों का प्रयोग अपने शास्त्रीय संगीत में कर एक नया आयाम स्थापित किया, जिसे संगीत जगत ने ही नहीं अपितु जन-मानस ने भी स्वीकारा और सराहा। इसी दिशा में **पं. रविशंकर जी** ने भी अनेक प्रयोग किए और विश्व स्तर पर अपने संगीत को स्थापित किया। इस आधार पर हम यह कह सकते हैं कि इन दोनों विद्वानों ने लोकसंगीत के शास्त्रीय संगीत की उपादेयता का बखूबी निर्वहन किया।

शोध करते समय मुझे भी कुछ संगीत के विद्वानों से मिलने का व उनसे साक्षात्कार करने का अवसर मिला, जिनमें मुख्य हैं, **पं. हरिप्रसाद चौरसिया, स्व. उस्ताद बिसमिल्लाह ख़ाँ, पं. भजन सोपोरी, पं. रामनारायण, पं. शिवकुमार शर्मा, स्व. नौशाद साहब, ख़ैय्याम साहब।** जिन्होंने इस बात को माना और कहा कि यह सत्य है कि लोकसंगीत पहले आया और शास्त्रीय संगीत उसके बाद और लोकसंगीत से हमने कई रागों को लिया है, बनाया है। आज भी जब हम लोकसंगीत से उत्पन्न रागों को गाते-बजाते हैं तो जन-समुदाय उसे ज्यादा सराहता है, आज हमारा फिल्म संगीत भी इससे छूटा नहीं। इनका इतना गहरा प्रभाव है कि आज भी जो धुनें प्रचलन में आती हैं या जिनके रिकार्ड ज्यादा संख्या में बिकते हैं वे धुनें कहीं-न-कहीं के लोकगीतों पर ही आधारित होती हैं।

उक्त वक्तव्यों के आधार पर अगर हम यह कहें तो अतिश्योक्ति नहीं होगा कि **"लोकसंगीत से जनित राग या उस पर आधारित धुनें ही लम्बे समय तक जीवित रहती हैं।"**

भोजपुरी लोकगीतों में राग व ताल :

प्राय: ऐसी धारणा होती है कि गाँववालों में शिक्षा का आभाव होता है, यह सर्वांश में सत्य नहीं है। हम यह मानते हैं कि उनको अक्षरज्ञान नहीं होता और इसी से आँख द्वारा मिलनेवाली शिक्षा से वे वंचित होते हैं। परन्तु कान द्वारा मिलनेवाले ज्ञान से वे वंचित नहीं

होते हैं। वे ऐसे पूर्वजों के प्रतिनिधि हैं, जिन्होंने किसी दिन सारी पृथ्वी पर अपनी सभ्यता का प्रसार किया था और अपने ज्ञान के आलोक से मनुष्य जीवन को चमत्कृत कर दिया था।

इसीलिए अगर हम गाँव की इस शिक्षा को एक अद्‌भुत **'मौखिक यूनिवर्सिटी'** कहें तो अतिशयोक्ति नहीं होगी।

लोकगीतों में जो राग पाए जाते हैं, मुख्यत: वे हैं : **भैरवी, पीलू, माँड़, पहाड़ी, मारूविहाग, विहाग, विहागकान्हड़ा**। इसमें जिन तालों का प्रयोग प्राय: देखने व सुनने को मिलता है, वह है **कहरवा, दादरा, चाँचर (चौताल) खेमटा, धमार और सूलताल**।

यहाँ पर कुछ भोजपुरी लोकगीतों की स्वरलिपि प्रस्तुत हैं :

सोहर (7/8)

राग—पीलू **ताल—दीपचंदी**

स्थाई :- सूतल रहलीं अटरिया, सपन एक देखीले हो
सासू सपन देखीले बड़ **अजगूत**
सपन बड़ सुन्दर हो।

अन्तरा :- धनवा त देखीले टूँडारल
मनवा ढेमारल हो, बडवरि गजहाथी
ठाढ़ दुअरवा, चढ़ल राजा दसरथ हो।
सूतल ....

स्थाई :

सू त ल र ह लीं अ
।। - - - । म - । ग म ।। प प - । प - । प - ।।
ट रि या स प न ए क
।। ध ध - । प - । प म ।। रे म - । प - । प - ।।
दे खी ले हो सा सू
।। ध - - । प म । प म ।। ग रे सा - । रे म । म - ।।
स प न दे खी ले ब ड़
।। ग रे सा । रे - । सा नि ।। सा सा - । रे म । म - ।।
अ ज गू त स प न ब ड़
।। ग रे सा । रे - । सा नि ।। सा सा - । रे म । म - ।।
सुं द र हो
।। ग रे सा । रे - । सा नि ।। सा - - । - - । - - ।।

अन्तरा :

धन वात देखी ले टूँ

|| - - - | म म | ग म || प प - | प - | प प ||

डा र ल म न वा ढे

|| ध - - | प - | म - || रे म - | प - | प प ||

मा र ल हो ब ड व र

|| ध - - | प म | प म || ग रे सा | रे म | म म ||

ग ज हा थी ठा ढ़ ढु

|| ग रे सा | रे - | सा नि || सा - - | रे म | म - ||

अ र वा च ढ़ ल रा जा

|| ग रे सा | रे - | सा नि || सा सा - | रे म | म - ||

द स र थ हो

|| ग रे सा | रे - | नि - || सा - - | - - | - - ||

खिलौना (6/8)

राग—पीलू ताल—दादरा

स्थाई :- रुपईया माँगे ननदी लाल की बधईया
रुपईया.............

अन्तरा :- एक रुपईया मोरे सईया की कमाई
चवन्नी ले ले ननदी लाल की बधईया
रुपईया
(ऐसे ही जेठ, ससुर, देवर को लगाकर कहें)

स्थाई :

रु पैया माँगे नन दी लाल की ब धईया

| - - - ऽ सा | सारे सानि सासारे रेसा | निऽसा रेगग रेरेरे सा|

(Repeat)

अन्तरा :

ए क रु पईया मोरे सईया की क माई च वन्नी लेले नन दी

| साऽग ऽम पप पप | गग ममम गऽरे सासा | सारे सानि सासारे रेसा|

लाल की ब धईया

| निऽसा रेगग रेरेरे सा |

घोड़ी (4/4)

राग—मिश्र गारा   ताल—कहरवा

स्थाई :- घोड़ी बंगले से आई
जापे चढ़ा ना उतरा जाय
घोड़ी ....

अन्तरा :- घोड़ी पकड़ बन्ना बाबा चढ़ावे
उलझि उलझि रह जाय
घोड़ी पकड़ बन्ना दादी चढ़ावे
कूदि फाँदि चढ़ि जाय
घोड़ी ....

स्थाई :

घो ड़ी बं ग ले से आ ई जा पे
| - - रेम मग | गरे रेसा रे सानि | सा सा रेम मग |
चढ़ा ना उत रा जाय
| गरे ऽसा रेरे सानि | सा

अन्तरा :

घोड़ी प कड़ बन्ना बाबा च ढ़ा वे उल झि उलझि रह
| पप ऽसा सासा निसा | रेरे ऽरे रेम म | मग गग रेग रेसा |
जा ए घोड़ी प कड़ बन्ना दादी च ढ़ा वे
| सा - - - | मम ऽम मम गम | मप ऽप प प |
कू दिफाँ दि चढ़ जा ए
| पम मम ऽम मम | गऽरेसा

चुभावन गीत

राग—खमाज   ताल—दादरा (लग्गी)

स्थाई :- साठी के चउरा लहालह दूब हो
साठी ....

अन्तरा :- चूमे चलेली अम्मा सुहागिन
बजावत हो कंगना धीरे-धीरे
लुटावत हो रुपया धीरे-धीरे

स्थाई :

सा ठी के चउरा ल   हा ल ह दू ब हो
। पऽम ऽगम पऽप ऽध । निऽसा ऽरेसां निधप पप ।

अन्तरा :

चूमें च लेली   अम्मा सु हा गिन
। पऽम ऽगम पऽप ऽध । निऽसा निसा निधप पध ।
बजा वत हो कंग ना धी रे धीरे लु
। निऽ सा निधप धनि । धपम गम पऽप ऽध ।
टा वत हो रूप या धीरे धी रे
। नि सांसां निधप धनि । धपम गम प प ।

बन्ना (6/8)

राग—मिश्र गारा **ताल—खेमटा**

अन्तरे में कहरवा

स्थाई :- मोती महल से, आया मोरा लाल बन्ना
मोती ....

अन्तरा :- जोड़ा जो दूँ मैं अपने लाल बन्ने को
जामा सँवारे आया मेरा लाल बन्ना
मोती ....

(ऐसे ही जो चीजें दी जाती हैं
लगाकर गाना है ।)

स्थाई :

मोऽ ती म ह ऽ ल सेऽऽ आया मोरा
सानि - ।। सा - - - - नि । सा रे सानि ध - । नि नि ग रे ग सा।
लाल ब न्ना मोऽ
XX सारे नि - । सा - - सा नि -
जो ड़ा जो दूँ मैं अपने लाल ब न्ने को
स - ग - म - । प प - प प । XX म ग म - । ग रे - स - - - - -
जा ऽ
सा नि - ।
कहरवा -

मा सँ वाऽरेऽ आया मोरा लाल ब न्ना जा

सा - नि सारेसा । नि ध रेग - सा रे नि । सा - - सा नि

हल्दी (7/8)

राग—आरभी (South Indian Raag) **ताल—दीपचंदी**

स्थाई :- कोइरीन, कोइरीन तू बड़ी रानी हो।
कवन हरदिया उपरलू तू आजु ।।

अन्तरा :- हमरो कवन बेटी अस सुकुआर हो।
सहलो ना जाला हरदियो के झार हो।।

स्थाई :

को इ रि न को इ री न

।। सा सा - । सा - । सा प ।। प प - । प - । प - ।।

तू ब ड़ी रा नी हो

।। म प - । प - । प - ।। म - - । रे ग । रे सा ।।

क व न ह र दि या उ

।। सा रे - । रे - । म - ।। म म ग । रे ग । रे सा ।।

प ज लू तू आ ज

।। सा रे - । रे - । ग - ।। रे सा - । सा - । - - ।।

अन्तरा :

ह म रे क व न बे टी

।। सा रे - । रे - । रे प ।। प प - । प - । प - ।।

अ स सु कु आ र हो

।। म प - । ध - । प - ।। म म ग । रे ग । रे सा ।।

स ह लो ना जा ला ह

।। सा रे - । रे - । रे म ।। म म ग । रेग - । रेसा सा ।।

र दि यो के झा र हो

।। सा रे - । रे ग । ग - ।। रे सा - । सा - । सा - ।।

बटोहिया (7/8)

राग—तिलक कामोद **ताल—दीपचंदी**

स्थाई :- सुन्दर सुघर भूमि भारत के देसवा हो
मोरे प्रान बसे हिम खोह रे बटोहिया
सुन्दर ....

अन्तरा :- जाऊ जाऊ भईया रे बटोही हिन्द देखि आऊँ
जहाँ ऋषि चारो वेद गावे रे बटोहिया
सुन्दर ....
गंगा रे जमुनवा के झगमग पनिया रे
सरजू झमकि लहराये रे बटोहिया
सुन्दर ....

स्थाई :

सुं द र सु घ र भू मि
|| सा रे - | म - | म - || प प - | प - | प - ||
भा र त के दे स वा हो
|| प ध - | प ध | प म || म म ग | रे ग | रे सा |
मो रे प्रा न ब से हि ऽ म
|| सा रे - | रे - | प म || म म ग | रे ग | रे सा |
खो ह रे ब टो हि या
|| सा रे - | रे - | ग - || रे सा - | सा - | - - ||

अन्तरा :

जा ऊ जा ऊ भै य्या रे ब
|| सा रे - | रे म | म - || प प - | प - | - प ||
टोहि हिं द दे खि आ ऊँ
|| प ध - | प ध | प म || म म ग | रे ग | रे सा ||
ज हाँ ऋ षि चा रो वे द
|| सा रे - | रे - | प म || म म ग || रे ग | रे सा ||
गा वे रे ब टो हि या
|| सा रे - | सारे - | - ग || रे सा - | सा - | - - ||

निर्गुण-भजन (6/8)

राग—मिश्र आरभी **ताल—दादरा (बग्गी)**

स्थाई :- आगि लगे नईहर के टोला
बलम जहिया ले जइहें डोला
आगि..................

अन्तरा :- चारि जना मिलि डोलिया उठावे
ललका ओहरवा ओहि पर ओढ़ावे
हरे राम हरे राम होला
बलम ....
आगि ....

स्थाई :

आगि लगे नईह र के टोला - - ब लम जहिया
।। धधसा सासा सारेरे गगग । रेऽरे सासासा सारेरे गग ।।
ले ज इहें डो ला
।। गगग रेरेरे सा सा ।

अन्तरा :

चारि ज ना मि लि डोलिया उ ठा वे
।। गगग ऽगरे रेगग ऽरेसा । सारेरे ऽरे सा सा ।।
ललका ओ हरवा ओ हिऽपर ओ ढ़ा वे
।। रेगग ऽगरे रेगग ऽसा । सारेरे ऽरे सा सा ।।
ह रे राम हरे राऽम होला ब लम जहिया
।। ध ध सा साऽसा सारेग गगग । रेऽरे साऽसा सारेरे गग ।
ले जइ हें डो ला
।। गगग रेरेरे सा सा ।

लोरी (4/4)

राग—पहाड़ी **ताल—कहरवा**

स्थाई :- हे चंदा मामा आरे आव
पारे आव
नदिया किनारे आव

सोने के कटोरिया में
दूध भात लिहले आव
बबुआ के मुँहवा में घूँटूक
हे ....

अन्तरा :- आव हो उतरि आव
हमरी मुंडेर
कबसे पुकारिला भईल बड़ी देर
भईल बड़ी देर हो
बाबू के लागल भूख
हे ....

स्थाई :

हे चं दा मा मा
। - - ध । धसां ऽनि ध प । म मग रेग सा ।
आ रे आ व पा रे आ व न दि या कि
। रे रेम मसा सा । रे रेम मसा सा । म म मग रेसा ।
ना रे आ व सोने के क टो रि या में
। रे रेम मसा सा । - धप ऽध सा । ध धप मग रेसा ।
दू ध भा त लिह ले आ व बबु आ के
। रे रेम मसा सा । रेरे रेम मसा सा । - सारे रेम म ।
मुँह वा में घूँ टू क
। मम प प मरे । रेम - - - ।

अन्तरा :

आ व हो उ त रि आ व ह म री मुं
। प ध प ध । सां सां सां सां । नि नि ध प ।
डे र क ब से पु का रि ला भ
। ध - - - । प ध म म । प - ध प ध ।
ई ल ब ड़ी दे र भई लब ड़ी
। सां ऽनि धप प । प - - - । - निनि नि नि नि ।
दे र हो बा बू के ला गल भूख
। ध ऽनि धप मप । पध धप मग सारे । रेम

विवाह गीत (बैठकी) (7/8)

राग - "देस" पर आधारित **ताल - दीपचंदी**

स्थाई :- सुन ए शिव, शिव के बिआह
सुन ए शिव, शिव चलले बिआह

अन्तरा :- गौरा काहे मुसकाय, सुन ए शिव
पुरइन पात चढ़ी देखीले कवन देई
शिव के बिआह, सुन ए शिव

स्थाई :

सु न ए शि व
|| - - - | रे - | म - || ग रे ग | रे सा | सा - ||
शि व के बि
|| - - - | - - | - - || सा सा सा | रे - | म - ||
आ ह
|| रे - - | रे - | - - || - - - | - - | - - ||
सु न ए शि व
|| - - - | रे - | म - | ग रे ग | रे सा | सा - ||
शि व च ल ले बि
|| - - - | सा - | सा - || सा सा - | रे - | म ग ||
आ ह
|| रे रे - | रे - | - - |

अन्तरा :

गौ रा का हे मु स
|| - - - || सा - || सा - || सा सा - | रे - | म ग ||
काय
|| रे - - | - - | - - || - - - | - - | - - ||
सु न ए शि व
|| - - - | रे - | म - || ग रे ग | रे सा | सा - ||
|| - - - | - - | - - || - - - | - - | - - ||
पु र इ न
|| - - - | - - | - - || सा रे - | रे प | प - ||

पा त च ढ़ी दे खी ले क

।। प प - । प - । प - । म प - । ध - प । प - ।।

व न दे ई शि व के बि

।। म म ग । रे म । रे सा ।। सा सा - । रे - । म ग ।।

आ ह

।। रे - - । - - । - - ।।

वर खोजने का गीत (7/8)

राग—आनन्द भैरवी **ताल—दीपचंदी**

स्थाई :- वर खोजू, वर खोजू, वर खोजू रे

बाबा हम भईनी बिअहन जोग रे

वर ....

अन्तरा :- हमरो के बाबा अइसन बर खोजिह

हँसे जनि दुअरा के लोग हो

बाबा हम भईनी बिअहन जोग रे

बर ....

स्थाई :

व र - खो - जू - व र - खो - जू -

।। सा सा - । सा - । सा प । प प - । प प । ध प ।।

व र - खो - जू - रे बा - बा -

।। म म - । म - । प म ।। ग रे रेसा - । सा ग । ग - ।।

ह म - भ ई नी बि अ ह - न -

।। रे रे - । रेसा नि । नि - ।। सा - सा । सा ग । ग - ।।

जो - - - - ग - रे

।। रे सा रे । ग रे सा । - - ।। सा - - । - - । - - ।।

अन्तरा :

ह म रो के बा - - बा - अइ

।। प प - । प - । प - सा ।। सां सां - । सां - । - रें ।।

स न - ब र खो जि ह

।। नि नि - । नि नि । ध प ।। पध धसां ध । प - । म - ।।

हँ से - ज - नि दु अ रा के
|| म म प | प - | प - || प ध - | निध पध | प प ||
लो - - ग हो
|| प प - | प - | - - || प - - |
व र - खो - जू - व र - खो - जू -
|| सा सा - | सा - | सा प | प प - | प प | ध प ||
व र - खो - जू - रे बा - बा -
|| म म - | म - | प म || ग रे रेसा - | सा ग | ग - ||
ह म - भ ई नी बि अ ह - न -
|| रे रे - | रेसा नि | नि - || सा - सा | सा ग | ग - ||
जो - - - - ग - रे
|| रे सा रे | ग रे सा | - - || सा - - | - - | - - ||

विदाई गीत (7/8)

राग—आनन्द भैरवी **ताल—दीपचंदी**

स्थाई :- हम तोसे पूछीला गंगा गोसाई
कवन गुने ढ़बईल पानी हो
का तोरे पनिया हो मगरा हिलोरे
का तोरे फटली बेवारि हो
हम ....

अन्तरा :- नाही मोरे पनिया हो मगरा हिलोरे
नाही मोरे फटली बेवारि हो
बिटिया बिआहे कवन सिंह चलले हो
एही गुने ढ़बईल पानी हो
नाहीं मोरे पनिया हो मगरा हिलोरे
नाही मोरे फटली बेवारि हो
हम ....

स्थाई :

ह म तो - से - पू छी ला
| सा सा - | सा - | प - || प - - | प - | प - ||
गं - - गा गो सा ई क
|| प म - | म - | - ग || धप मग म | ग - | ग - ||

व न गु ने ढ़ ब ई ल

।। म म - । म - । म ध ।। प म - । ग - । रे सा ।

पा नी हो

।। रेम ग - । रे ग । रे सा ।। सा - - । - - । - - ।।

का तो रे प नि या हो

।। ग - - । ग - । ग रे ।। सा सा - । सा - । सा ध

म ग रा हि लो रे

। प म - । ग - । रे - - ।। सारे निसा ऽनि । नि - । - -

का तो रे फ ट ली बे

।। ग - रे । ग - । म - ।। ग ग रे । सानि । - नी ।।

वा रि हो

।। ग - - । रे ग । रे सा । सा - - । - - । - - ।।

अन्तरा :

ना हीं मो रे प नि या हो

।। प प । प - । प सां ।। सां सां - । सां - । - रे ।।

म ग रा हि लो रे

।। नि नि - । नि - । ध प ।। पध धसां ध । प - । म - ।।

ना हीं मो रे फ ट ली बे

।। म म प । प - । प - ।। प ध - । नि ध । ध प ।।

वा रि हो

।। प - - । प - । - प ।। प - - । - - । - - ।।

बि टि या बि आ हे क

।। सा सा - । सा - । सा प ।। प प - । प - । प ।।

व न सिं ह च ल ले हो

।। म म - । म - । म - ।। ध प म । म ग । ग - ।।

ए ही गु ने ढ़ ब ई ल

।। म म - । म - । म ध ।। प म - । ग - । रे सा ।।

पा नी हो

।। रेम ग - । रे ग । रे सा ।। सा - - । - - । - - ।।

ना हीं मो रे प नि या हो

।। ग ग - । ग - । ग रे ।। सा सा - । सा - । सा ध ।।

म ग रा हि लो रे

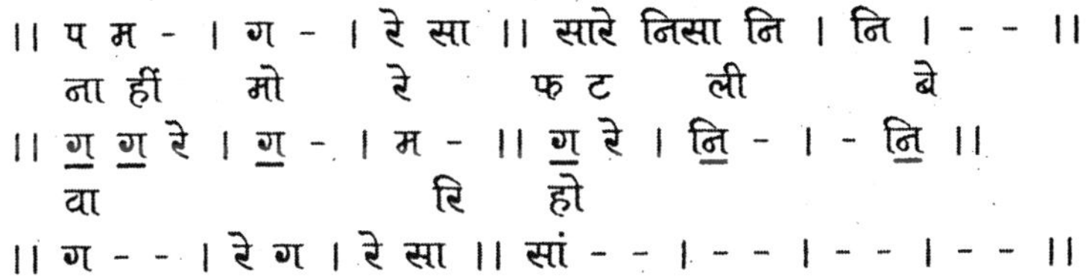

|| प म - | ग - | रे सा || सारे निसा नि | नि | - - ||
ना हीं मो रे फ ट ली बे
|| ग ग रे | ग - | म - || ग रे | नि - | - नि ||
वा रि हो
|| ग - - | रे ग | रे सा || सां - - | - - | - - | - - ||

भोजपुरी लोकसंगीत और वर्णव्यवस्था :

किसी भी देश का लोकसंगीत, उस देश के शास्त्रीय संगीत व संस्कृति से बहुत कुछ सम्बन्ध रखता है। संगीत के सात्विक भाव का निर्देशन लोकसंगीत के द्वारा ही भली-भाँति किया जा सकता है। लोकसंगीत को सहज संगीत भी कहा जा सकता है। क्योंकि यह अनुकरण मात्र से ही सीखा जा सकता है। किसी भी प्रकार का शास्त्रीय बन्धन व नियम न रहने के कारण यह जनसाधारण को सहज ही सुलभ है।

प्राचीन काल से ही मानव का प्रकृति के साथ घनिष्ठ सम्बन्ध रहने के कारण उसकी हर क्रिया प्राकृतिक थी। वह प्रत्येक परिस्थिति में प्रकृति को ही देखा करता था। वही प्रभाव उसके संगीत पर भी था। उस समय के संगीत में स्वाभाविकता अधिक थी, अलंकारिता कम। धीरे-धीरे मानव प्रकृति के आश्रय में उतना नहीं रहा, जितना पहले था। अतः उसकी प्रकृति के साथ घनिष्ठता कम होने लगी। अब मानव स्वाभाविकता को छोड़ कृत्रिमता की ओर जाने लगा। इसका प्रभाव उसके संगीत पर भी पड़ा। उसने इसे ही अलंकृत करने का प्रयास किया और अपने को स्वतन्त्र घोषित करना चाहा। इस प्रकार के परिवर्तन ने कई दिशाओं व नई धाराओं को जन्म दिया।

इस प्रकार के परिवर्तन का प्रभाव शास्त्रीय संगीत पर भी देखा जा सकता है। पहले संगीत के द्वारा **जनसाधारण** के अलावा **पेड़, पशु, पक्षी, आग, पानी** इत्यादि को वश में कर आनंद देना प्रायः पाया जाता था। **तानसेन** ने दीप जलाए, वह आज तक उदाहरण है। परन्तु मानव का अब प्रकृति के साथ इतना सम्बन्ध न रहने के कारण ऐसी बातें केवल किंवदंतियों के रूप में रह गई हैं। प्राचीन खंडहरों की भाँति इस प्राचीन संगीत की परम्परा का संग्रह यदि कहीं देखने को मिल सकता है तो वह केवल लोकसंगीत ही है। आज भी

पर्वों तथा सामाजिक अवसरों पर गाए जानेवाले गीतों में प्राकृतिक वस्तुओं का ही उल्लेख मिलता है। औरतें वही गाती हैं जो उस अवसर पर होता रहता है। जैसे विवाह के समय '**दाल-धोय धोय दाल पकवलों, गिरे छोड़ धारी राम इहे जनकपुरी**।' वैदिक युग में भी पर्वों के अवसरों पर मनोहर गाथाओं के गाने का निर्देश मिलता है। इस प्रकार, हम कह सकते हैं कि लोकसंगीत का हमारे जीवन में प्रत्येक पक्ष पर कितना प्रभाव है।

अध्याय 4

भोजपुरी लोकगीतों का महत्त्व (बृहद् दृष्टिकोण)

लोकगीत हमारे जीवन के हर पक्ष—सामाजिक, आर्थिक और नैतिक—को उजागर करते हैं। इसीलिए लोकगीतों का हमारे जीवन में महत्त्वपूर्ण स्थान है। लोकगीतों के महत्त्व को दर्शाते हुए **लाला लाजपतराय** ने एक पत्र में कहा था कि **"देश का सच्चा इतिहास और उसका नैतिक और सामाजिक आदर्श इन गीतों में ऐसा सुरक्षित है कि इनका नाश हमारे लिए दुर्भाग्य की बात होगी।"**[1] परन्तु आज जब हम संक्रमण काल से गुजर रहे हैं, में लोकगीतों का महत्त्व ज्यादा बढ़ जाता है। क्योंकि आज के इस सूचना-प्रौद्योगिकी के युग में बढ़ते हुए परिवहन एवं प्रसार माध्यमों के चलते शहर से गाँव की खाई सिर्फ 40% ही रह गई है। जिसकी पुष्टि पहाड़ी इलाकों को छोड़कर अध्ययनों से भी की जा सकती है। ऐसे समय में अपनी इस हजारों वर्षों से चली आ रही परम्परा—जो जन-जन के कंठ में विद्यमान है—के महत्त्व को चरितार्थ करना आवश्यक प्रतीत होता है।

इसके लिए इन्हें हम निम्न रूपों में वर्गीकृत कर सकते हैं :

1. ऐतिहासिक एवं पौराणिक महत्त्व
2. सामाजिक महत्त्व
3. भौगोलिक महत्त्व
4. आर्थिक महत्त्व
5. धार्मिक महत्त्व
6. भाषा तात्त्विक महत्त्व

1. साहित्य परिचय 'प्रौढ़ शिक्षा विशेषांक', विनोद पुस्तक मंदिर, आगरा संस्करण, अक्तूबर-दिसम्बर, 1978

7. मनोवैज्ञानिक महत्त्व
8. राजनैतिक व राष्ट्रीय महत्त्व
9. नैतिक महत्त्व
10. साहित्यिक महत्त्व
11. प्रतीकात्मक महत्त्व
12. दार्शनिक महत्त्व

1. ऐतिहासिक एवं पौराणिक महत्त्व : वैसे तो लोकगीतों का आंचलिक व स्थानीय रंग होता है। परन्तु उसके साथ उसमें हमें ऐतिहासिक पुट भी मिलते हैं। सामान्य लोकगीतों में इतिहास अप्रत्यक्ष अथवा लोक भावना द्वारा परिष्कृत रूप में परिलक्षित होता है, किन्तु प्रमुख पेशेवर गायक-जातियों द्वारा सुरक्षित गीतों में इतिहास के अंश अनेक मायनों में विश्वासयोग्य होते हैं।

गीत पौराणिक कथाओं के रूप में ही सुरक्षित नहीं होते हैं। अपितु गाथिन के द्वारा पूर्व काल में जब ये गीत रचे गए थे, उनमें उस समय के तत्कालीन समाज की स्थितियों का आभास देखने को मिलता है। जहाँ उन गीतों में ऐतिहासिक झाँकियों का वर्णन मिलता है, वहीं दूसरी तरफ अत्याचारों का भी चित्रण उद्धृत है।

यद्यपि यह कहना प्रामाणिक नहीं होगा, क्योंकि इसका कुछ अंश ग्रामीणों की कल्पना की उपज है। फिर भी हम इसे तत्कालीन समाज के हृदय और मस्तिष्क का प्रामाणिक इतिहास कह सकते हैं।

माइकेल हिल्स के अनुसार, "गीतों का महत्त्व केवल इसलिए नहीं है कि वे केवल जीवन के अंग हैं, अपितु इससे भी अधिक उनका महत्त्व इसलिए है कि उनसे विभिन्न युगीन जातियों का अध्ययन हो सकता है।" (अनुवाद)[1]

2. सामाजिक महत्त्व : गिडिंग्स के अनुसार, "समाज वह संगठन है जिसमें भाग लेनेवाले व्यक्ति एक-दूसरे के साथ व्यावहारिक सम्बन्धों में बँधे रहते हैं।"[2] भोजपुरी समाज का जो रूप इसके लोकसाहित्य में चित्रित हुआ है, वह पूर्ण रूप से एक सामुदायिक समाज का रूप प्रस्तुत करता है। क्योंकि गाँव का मुख्य पेशा खेती है, इसलिए कभी दलों की, कभी बीज की, कभी अधिक आदमी की आवश्यकता पड़ती रहती है। इसलिए गाँव के लोग बैलों की

---

1. हिन्दू परिवार-मीमांसा, हरिदत्त विद्यालंकार, सरस्वती सदन, मसूरी
2. समाजशास्त्र के मूल तत्त्व, सत्यव्रत विद्यालंकार, पृ. 23

साझेदारी, निराई-कटाई में 'पर्यटी' तथा बोझ ढोने में एक-दूसरे का साथ देते हैं। इनकी चर्चा लोककथाओं में उल्लेखित है। यदि किसी के घर कोई नई चीज बनती है या बाहर से आती है तो उसे दिखाने, बताने या खिलाने के लिए '**बायन**' दिया जाता है, बाँटकर खाया जाता है। इससे कहावत बन गई कि "**सीधे आदमी की भैंस ब्याये तो गाँवभर के लोग दूध के लिए बर्तन लेकर दौड़े।**"

"सोझिया के भइसि बियाइलि, सँबसे गाँव घूँचा ले ले दउरल।"

भोजपुरी क्षेत्र का बहुत बड़ा भाग बाढ़ पीड़ित है। वहाँ केवल छप्पर होते हैं। छप्पर दो-तीन व्यक्ति तो उठा नहीं सकते, उसके लिए पन्द्रह-बीस आदमियों की आवश्यकता पड़ती है। यदि गाँव के लोगों से झगड़ा है तो छप्पर कौन चढ़ाएगा? इसलिए भी लोगों को मिलकर रहना पड़ता है।

हमारे यहाँ गाँव में किसी के शादी-ब्याह या मरनी-जीनी होता है, तब भी सब लोग मिलकर यथाशक्ति सहायता करते हैं। चाहे वह किसी जाति-वर्ण का हो। इस तरह से मांगलिक कार्य में भी हर जाति के लोगों के योगदान का अपना अलग-अलग महत्त्व है, चाहे वह तेलीन हो, मालिन हो, कुम्हार हो या नाई। यहाँ तक कि गंगामाई, कालीमाई, डीहबाबा सभी देवी-देवताओं, सिल-लोढा, साँप-बिच्छू तक को नेवता दिया जाता है।

ए स्थानहि बइठेली कालीय भइया उनहूँ के नेवता देउ आजु
ए उनके सरीखवा बहुआरी देइ, उनहूँ के नेवत देउ आजु
ए सँपवा, गोजरवा, बिच्छिया त चिउटवा, चिउटिया, माटवा
ए उनहूँ के नेवता देऊ आजु
ए अन्हिया, पनिया, बरखवा त ओही छकवादरि
उनहूँ नेवत देउ आजु
ए उनके सरीखवा पितर लोग उनहूँ के नेवत देऊ आजु।[1]

परिवार, समाज का एक अहम अंग है, इसलिए भोजपुरी लोकसाहित्य में इसका विस्तृत वर्णन है, यानी पिता-पुत्र, माता-पुत्री, सास-ननद, जेठानी-जेठ, देवर-देवरानी, सौत इत्यादि का होना इसलिये भी आवश्यक हो जाता है कि गाँव के लोग अपने आस-पास के समाज के लोगों से मिलकर रहें, जिससे उनके जीवन की व्यवस्था आनन्दमय हो।

---

1. भोजपुरी लोकसाहित्य : सांस्कृतिक अध्ययन, डॉ. श्रीधर मिश्र, पृ.सं. 172

पहले समाज के नियमों का पालन करना जनता के लिए आवश्यक होता था, और जो उसे तोड़ता था या छोड़ता था, तो समाज भी उसे दंड देता था। सबसे पहले लोग उसका हुक्का-पानी बंद कर देते, फिर दाल-रोटी का सम्बन्ध। अगर इतने पर भी वह नहीं मानते थे तो उसे देश निकाला देते थे। परन्तु फिर भी समाज में कुछ उच्छृंखल लोग होते ही हैं। उनके लिये भोजपुरी में कहावत है कि, **"हम अपने छप्पर पर होरहा फूँकी दूसरे क का।"**[1]

परन्तु आज के इस संक्रमण युग में इतना कुछ नहीं है, जिसका परिणाम है समाज में फैली हुई अराजकता व एक-दूसरे को ठगने की चाल और रिश्तों की पकड़ का ढीला पड़ना। आज यह व्यक्ति विशेष पर निर्भर करता है कि चाहे तो वह पारिवारिक आयोजनों में सम्मिलित हो या ना, जबकि पहले ऐसा नहीं था। पहले तो गली-मुहल्ले की लड़की भी अपनी बहन-बेटी हुआ करती थी, परन्तु अब ऐसी भावनाओं का अभाव है।

3. भौगोलिक महत्त्व तथा भोजपुरी नामकरण : जार्ज ग्रियर्सन के अनुसार **'भोजपुरी'** भाषा एक ऐसी बोली है, जो विस्तृत क्षेत्र में बोली जाती है। उत्तर हिमालय की तराई से लेकर दक्षिण मध्य प्रांत के जसपुर राज्य तक तथा पूरब मुजफ्फरपुर के उत्तरी पश्चिमी भाग से लेकर पश्चिम बस्ती तक इसका विस्तार है। इसका क्षेत्रफल करीब पचास वर्ग जमीन है। इसे ही भोजपुरी क्षेत्र कहते हैं, जिसकी आबादी करीब पच्चीस करोड़ से अधिक है।

स्वतंत्रता की लड़ाई में इस क्षेत्र की अपनी एक अहम भूमिका रही है, इसका प्रमाण भोजपुरी के ही एक **'फाग'** गीत में परिलक्षित होता है।

> **"भोजपुर अइसे होरी मचाई**
> **गोली बारूद के रंग बनाये तोपन के पिचुकारी**
> **बीच भोजपुर में फाग मचलबा, खेले कुँवरसिंह भाई।**
> **भोजपुर अइसे होरी मचाई।"**[2]

सन् 1857 में इस क्षेत्रभर में **बाबू कुँवरसिंह** तथा उनके संग्राम की धूम मची हुई थी।

---

1. पिताजी से सुना हुआ।
2. भोजपुरी लोकगीतों के विविध रूप, डॉ. श्रीधर मिश्र, पृ. सं. 160

'**भोजपुर**' नामकरण क्यों और कैसे पड़ा? इस विषय में विद्वानों में मतभेद है। उस सम्बन्ध में विशेष रूप से चार मतों का उल्लेख मिलता है।

1. मालवा के **राजा भोजदेव** के नाम पर **भोजपुर—शाहाबाद गजेटियर ग्रियर्सन** तथा **दुर्गाशंकर सिंह** के मतानुसार, मालवा के राजा '**भोजदेव**' ने इस क्षेत्र को जीता और उन्होंने '**भोजपुर**' की स्थापना की, इसीलिए उनके नाम पर इस क्षेत्र को '**भोजपुर**' कहा गया।
2. गुर्जर प्रतिहार मिहिर भोज के नाम पर भोजपुर—**पृथ्वी सिंह** का कथन है कि **गुर्जर प्रतिहार मिहिर** ने अपने नाम से भोजपुर किले की स्थापना की। मालवा के **राजा भोज महमूद गजनवी** का समकालीन था और बिहार से उसका कोई सम्बन्ध न था।
3. उज्जैन के भोजों के नाम पर भोजपुर (किन्तु वह व्यक्ति विशेष का नाम नहीं)—डॉ. उदय नारायण तिवारी तथा **डॉ. कृष्णदेव उपोध्याय** मानते हैं कि मालवा के उज्जैन भोजों के नाम पर भोजपुर कहलाया। किसी व्यक्ति विशेष के नाम पर नहीं। प्राचीन काल में इन्हीं लोगों ने इस क्षेत्र पर अधिकार करके यहाँ शासन आरंभ किया था।

विश्वामित्र के यजमान भोजों के नाम पर भोजपुर

डॉ. ए. बनर्जी शास्त्री का कथन है कि "भोजपुर का नामकरण मालवा के राजा भोज के नाम पर नहीं हुआ है, जैसा कि शाहाबाद गजेटियर में उल्लेख है, बल्कि **विश्वामित्र** के यजमान भोजों के नाम के आधार पर भोजपुर कहलाया।"[1]

इनका मत विशेष विचारणीय है। जैसा कि **डॉ. ए. बनर्जी शास्त्री** का कथन है कि, विश्वामित्र जिन लोगों के बीच अपने यज्ञ करते थे, उन्होंने उन्हें '**इसे भोजा**' कहा है। ऐतरेय ब्राह्मण में राजपरिवार द्वारा '**भोज**' उपाधि धारण करने का उल्लेख मिलता है। (ऐतरेय ब्राह्मण 8, 12, 14, 17)। उनका निवास स्थान भोजपुर में था, जो शाहाबाद जिले के उत्तर-पश्चिम बक्सर सबडिवीजन में एक

1. प्रोसिडिंग्स एंड ट्रांजीक्शन ऑफ दी सिक्स्टींथ ऑल इंडिया ओरियंटल कांफ्रेंस, पटना, 1930

परगना है। जिसका नाम **विश्वामित्र** के भोजों के आधार पर नहीं, जैसा कि शाहाबाद गजेटियर में लिखा हुआ है। **(शाहाबाद गजेटियर, पृ. 132)**।[1]

डॉ. शास्त्री का मत **ऋग्वेद** के 3, 53, 7 श्लोक पर आधारित है—"इमे भोजा अंगिरसी विरूपा दिवस्पुत्रासी असुरस्य विश्वामित्र ददती मघानि सहस्रसावे प्रतिरन्त आयुः।" ऋग्वेद के अर्थों में बड़ा मतभेद है। विद्वान अपने-अपने विचार से अर्थ करते हैं। श्रीराम शर्मा ने इसका अर्थ लिखा है, विश्वामित्र इन्द्र से कहते हैं—"हे इन्द्र। यह भोज और सुदास राजा की ओर से यज्ञ करते हैं। यह अंगिरा, मेधातिथि आदि विविध रूप वाले हैं। देवताओं में अत्यन्त बली, रुद्रोत्पन्न, मरुद्गण अश्वमेध यज्ञ से मुझ विश्वामित्र को महान धन दे और अन्न बढ़ावे।"

ऐसा माना जाता है कि बहुत से वैदिक मंत्रों के रचयिता बक्सर में निवास करते थे। "इसके प्राचीन नाम वेदगर्भ-पुरी, विश्वामित्र का आश्रम, सिद्धाश्रम, व्याघ्रसर और व्याघ्रपुर मिलते हैं। यहाँ (बक्सर) विश्वामित्र ऋषि का आश्रम है। ताड़का वन इसी स्थान पर था और यहीं रामचन्द्र ने ताड़का को मारा था। जब **विश्वामित्र** के यज्ञ में राक्षस विघ्न उत्पन्न करने लगे, तब वे अयोध्या जाकर **राम** और **लक्ष्मण** को अपने यज्ञ की रक्षा के लिए **राजा दशरथ** से माँगकर ले गए। **रामचन्द्रजी** ने **विश्वामित्र** के यज्ञ की रक्षा सिद्धाश्रम में की थी।"[2]

"भोजपुरी क्षेत्र में प्राचीन मल्ल, वज्जि, काशी, कारूप आदि जनपद सम्मिलित हैं।"[3] वज्जि भी एक प्राचीन जनपद है, "प्राचीन सोलह जनपदों में वज्जि भी थे, जिन्होंने बुद्ध के समय से पहले ही अपने आपको 8 संघों (अट्ठकुल) के एक समूह में संग्रहित कर लिया था, जिनमें विदेह ज्ञातुक और लिच्छवि और स्वयं वज्जि प्रधान थे।"[4]

अध्ययनों के द्वारा जैसा कि हमने जाना कि जिसे हम भोजपुर क्षेत्र कहते हैं, वह प्राचीन काल से ही प्रसिद्ध, धनधान्यपूर्ण, वीर

---

1. प्रोसिडिंग्स एंड ट्रांजीक्शन ऑफ दी सिक्स्टीथ ऑल इंडिया ओरियंटल कांफ्रेंस, पटना, पृ. 186
2. तपोभूमि, राम गोपाल मिश्रा, पृ. 211
3. हिन्दी-साहित्य का वृहत इतिहास, भाग 1, सं. डॉ. राजबली पांडेय, खंड 1, पृ. 32
4. हिन्दू सभ्यता, राधा कुमुद मुकर्जी, अनु. वासुदेवशरण अग्रवाल, पृ. 197

आदि विशेषणों से युक्त रहा है, तथा करुश और मलद का तो विश्वामित्र से और भी घनिष्ठ सम्बन्ध रहा है। हाँ, वहाँ किसी भोज नामक राजा का उल्लेख नहीं मिला।

डॉ. ग्रियर्सन ने लिखा है कि भोजपुरी उस शक्तिशाली, स्फूर्तिपूर्ण और उत्साही जाति की व्यावहारिक भाषा है। जो परिस्थिति और समय के अनुकूल अपने आपको बनाने के लिए सदा प्रस्तुत रहती है और जिसका प्रभाव हिन्दुस्तान के हर भाग पर पड़ा है।"[1]

भोजपुरी कहावत है : "जो हमरा के जानी, ओकरा के जान देई देबि, बाकिर जे—आँखि देखाई ओकर आँखि निकालि लेबि।" **संभव है कि विश्वामित्र के ये यजमान भोज कहलाए हों और उनका निवास स्थान 'भोजों की पुरी' कहलाई हो और उसी से 'भोजपुर' हो गया हो।**

इस तरह से हम यह कह सकते हैं कि इस क्षेत्र का नाम **'भोजपुर'** इसकी चारित्रिक एवं सांस्कृतिक विशेषताओं के कारण है, ना कि किसी व्यक्ति विशेष के नाम पर। क्योंकि इसकी पुष्टि विभिन्न विद्वानों के मतों व अध्ययनों द्वारा स्वयं ही दर्शाई जा चुकी है।

4. आर्थिक महत्त्व : लोकगीतों में प्रायः ग्रामीण भाइयों की आर्थिक स्थिति का यथार्थ सजीव चित्रण सुन्दर ढंग से देखने को मिलता है। जैसे : **धानी रंग की चुनर, रेशम की साड़ी, सोने-चाँदी के बर्तन, आभूषण।** हम कह सकते हैं कि उस समय हमारा देश कितना धन-धान्य से पूर्ण व समृद्ध था।

यह कहना उचित होगा कि लोकसाहित्य समाज के चित्रण का दर्पण रहा है, समाज के विकास का पत्रक है। मनुष्य के आर्थिक-संगठन **'भोजन'** तथा **'सम्पत्ति'** से किसी-न-किसी रूप में सम्बद्ध होते हैं। मानव पहले भोजन के लिए शिकार करता था। फिर चरवाहे का जीवन व्यतीत करने लगा, उसके बाद फिर खेती करने लगा और अब कल-कारखाने चलाने लगा है।

जिसके पास कुछ नहीं होता था, उसे समाज में पहले भी कोई नहीं पूछता था। आज ही नहीं, पहले भी ऐसा था। उससे सम्बन्धित एक लोकोक्ति देखें :

ए छूँछा तोके के पूछा?

---

1. भोजपुरी के कवि और काव्य, दुर्गाशंकर प्रसाद सिंह, पृ. 11

आर्थिक सम्पन्नता और विपन्नता की खाई लोकोक्ति में बखूबी दर्शाई गई है। जैसे :

"पइसा ना कउड़ी, बीच बाजार में दउड़ा-दउड़ी।"

"**जेकर खाइबि ओकर गाइबि।**" यह कथन आज भी कितना शाश्वत है कि जिसका खाएँगे, उसी का गाएँगे, अन्यथा नहीं।

भोजपुरी लोकसाहित्य व गीतों में यह भी बतलाया गया है कि हमें धन किन साधनों से कैसे प्राप्त करना चाहिए तथा कैसे इसकी रक्षा करनी चाहिए। बिना परिश्रम के जो पैसे-रुपए मिलते हैं, वे व्यर्थ ही खर्च हो जाते हैं। लोक का कहना है कि जो रुपया पानी की तरह आता है, वह पानी में ही चला जाता है। **"पानी के पइसा, पानी में जाला।"** इसीलिए भोजपुरी में कहावत है कि धन और इज्जत कैसे बचानी चाहिए। **"धन का इज्जत जोगवला के ह।"**

5. धार्मिक महत्त्व : मध्यकालीन साहित्येतिहास के परिप्रेक्ष्य में एक बात स्पष्ट नज़र आती है कि इस काल में भक्ति का प्राधान्य रहा है। गाँव तथा कस्बे का समाज सत्ता, व्यवस्था एवं सामाजिक अंध-विश्वासों से ग्रस्त है। इस काल में लोक कवि ने निर्गुण-सगुण ब्रह्म की भक्ति रचना की इसीलिये किसी भी प्रदेश में रहनेवाले लोगों का धार्मिक जीवन कैसा है? उसका पता लोकगीतों से लगाया जा सकता है। लोकगीतों में हमारे विभिन्न व्रत, उपवासों व त्योहारों के गीत हैं, जिन्हें सुनकर ग्रामीणों की आस्तिकता और उनकी धर्मपरायणता का परिचय मिलता है। ऐसे अनेक गीत हैं, जिनमें भजन की महत्ता प्रकट की गई है। ईश्वर को प्राप्त करने का मार्ग कठिन बताया गया है। निर्गुण भजन भी लोक भजन में हैं। जैसे :

आगि लगे नइहर के टोला।
बलम जहिया ले जइहें डोला।।
चारि जना मिलि डोलिया उठावे।
ललका ओहरवा आहिपर ओढावे।।
हरे राम, हरे राम होला।
बलम जहिया ले जइहें ड़ोला।।[1]
धन दौलत कोठा अटारी भाई बंधु
और बाप महतारी संगवा मे केहू ना होला
बलम जहिया ले जइहें डोला।।

---

1. निजी संग्रह से

प्राय: राम, कृष्ण, गणेश, शिव, पार्वती देवी आदि को सम्बोधित करके लोकगीत गाए जाते हैं। लोकगीतों के ये सभी आदर्श हैं। **गंगा** और **तुलसी** का महत्त्व भी इन गीतों में उल्लिखित है। अनेक पौराणिक कथाओं का उल्लेख भी इन लोकगीतों में देखने व पढ़ने को मिलता है। जन्माष्टमी, शिवरात्रि और रामनवमी के गीत भी लोकगीतों में पाए जाते हैं। जिन्हें विशेषकर महिलाओं ने मौखिक दान से प्रचारित किया है।

6. भाषा तात्त्विक महत्त्व : डॉ. कृष्णदेव उपाध्याय ने भाषाशास्त्र सम्बन्धी महत्त्व पर बहुत सुन्दर विवेचन प्रस्तुत किया है। अनेक शब्दों की ऐतिहासिक परम्परा को जानने के लिए साहित्य का अध्ययन आवश्यक है। उदाहरण के लिए, '**जुगवत**' शब्द का प्रयोग लोकगीतों में बड़ी सावधानी के साथ किसी वस्तु की रक्षा करने के अर्थ में हुआ है। लोकगीतों में सौभाग्यवती स्त्री के लिए '**सुहवा**' या '**सधवा**' शब्द का प्रयोग पाया जाता है। भाषाशास्त्र के विद्वानों से यह बात छिपी हुई नहीं है कि यह शब्द संस्कृत के '**सुभगा**' का तद्‌भव रूप है। लोकगीतों में जो विशाल शब्द सम्पत्ति छिपी पड़ी है, वह भाषा शास्त्रियों के लिए अमूल्य निधि हैं। वह एक ऐसा अक्षय स्रोत है, जिसका प्रवाह कभी सूख नहीं सकता। डॉ. **ग्रियर्सन** ने भोजपुरी लोकगीतों की महत्ता को प्रतिपादित करते हुए एक स्थान पर लिखा है—"ये लोकगीत उस खान के समान हैं, जिसे खोदने का कार्य अभी प्रारम्भ नहीं हुआ है। इन गीतों की प्रत्येक बात में ऐसी विशेषता है, जिससे भाषाशास्त्र सम्बन्धी अनेक समस्याएँ हल की जा सकती हैं।"[1]

7. मनोवैज्ञानिक महत्त्व : लोकगीतों में अध्ययन के आधार पर हम अगर नजर डालें तो उसमें मनोविज्ञान के अंश भी पाए जाते हैं। मानवीय रिश्तों की प्रताड़ना विशेषकर **सास-बहु, ननद-भौजाई, नायक-नायिका** के व्यवहार को लेकर। इसके अलावा **झाड़ना, फूँकना, जादू-टोना** उतारना आदि प्रक्रिया एवं **भूत चढ़ जाना और उतर जाना, देवी-देवताओं का मानव शरीर पर आना,** जिनका चित्रण लोकगीतों में देखने को मिलता है, जो इस बात का भी परिचायक है कि पहले लोग या आज भी लोग कितने अन्धविश्वासी हैं। कुछ लोगों की तो यह कमजोरियाँ भी बन जाती हैं।

देवेन्द्र सत्यार्थी का कहना है कि "भारतवर्ष का कोई भी चित्र भारतीय प्रथाओं, रीति-रिवाजों और हमारे आन्तरिक जीवन की

---

1. भारुचि, वीर मित्रोदय, संस्कार प्रकाशन, भाग-1, पृ. 334 पर उद्‌धृत

मनोवैज्ञानिक गहराई को इतने स्पष्ट तथा सशक्त ढंग से व्यक्त नहीं कर सकता, जितना कि लोकगीत कर सकते हैं।"[1]

8. राजनैतिक तथा राष्ट्रीय महत्त्व : यद्यपि राजनीति और राष्ट्रीयता को लेकर हमारे देश में लोकगीत बहुत ही कम संख्या में रचे गए, परंतु फिर भी लोककथाओं में इसका उल्लेख मिलता है कि राजा के मंत्री होते थे, जिनका काम राजा को सलाह देना था। मंत्री पद पर योग्य व्यक्ति को रखा जाता था। राजा जिसकी बुद्धि से प्रभावित होता था, उसे ही वह पद देता था। लोककथा में उल्लेख है कि **"राजा भोज ने एक जुलाहे के बुद्धि-विवेक से प्रभावित होकर उसे अपना मंत्री बनाया था।"** इस कहानी से यह स्पष्ट होता है कि भारतीय राजनीति कभी भी साम्प्रदायिक नहीं रही है। वह कुशल और योग्य व्यक्तियों का आदर करती रही है। **भोजपुरी में सत्यवादी दानी राजा की कथा का अपना विशेष महत्त्व है। गलत काम करने पर गदहा पर बिठाकर काली हाँडी सिर पर रखकर राज्यभर में घुमाने का दंड भी था। दोषी को गड्ढे में दबवा देना, उसके सिर पर दही-चीनी छिड़ककर कुत्ते से चटवाना, नोंचवाना आदि-आदि।** वहीं पर अच्छे कृत्यों के लिए पुरस्कृत भी किया जाता था।

पर आज इसका उल्टा ही हमें परिलक्षित होता है। आज हमारी राजनीति साम्प्रदायिकता पर आधारित है और दोषी को दंडित करना राजनीति में कम ही देखने को मिलता है। अब दंड की जगह पर पूजनीय बना दिया जाता है। अगर ऐसा कहें तो इसमें कोई अतिश्योक्ति नहीं होगी। आगे चलकर समाज में उसे आदर्श व्यक्ति का दर्जा दे दिया जाता है।

पहले के राजा त्यागी, सबके साथ समभाव रखते थे। अपने कुटुम्बजनों से ऊपर प्रजा को समझते थे, **राजा गोपीचन्द्र** बावन जिले की बादशाही, छप्पन कोस का राज्य तथा तिरपन करोड़ की तहसील छोड़कर योगी बन गए। राजाओं के यहाँ कुटनी तथा जासूस रखने का भी उल्लेख लोकसाहित्य में मिलता है, जो गुप्त बातों का पता लगा लेते थे।[2]

मध्ययुगीन राजनीतिक जीवन का चित्रण लोकगाथा मुख्यत: **'आल्हा'**, **'उदल'**, **'परि'**, **'परमाल'** की वीर कथाएँ हैं। लोरिकी लोकगाथा में अगीरी के राजा मलयगित और लोरिक के युद्ध का

---

1. भारुचि, वीर मित्रोदय, संस्कार प्रकाशन, भाग-1, पृ. 334 पर उद्धृत
2. भोजपुरी लोकगीतों में करुणरस, दुर्गाशंकर प्रसाद सिंह, पृ.26

वर्णन है। **डॉ. सत्यव्रत सिन्हा** ने ठीक ही लिखा है कि "लोरिक की वीरता भारतवर्ष की मध्ययुगीन वीरता है, जिसमें विवाह, उसके लिए युद्ध, शृंगार और उसके लिए वीरता का विधान हुआ करता था।" [1]

सामंतशाही जमींदारी के अत्याचार और विवेक का चित्रण भी भोजपुरी लोकसाहित्य में वर्णित हैं। जैसे जनता का सीधा सम्पर्क तो सामंत और उम्मीदवारों से रहता था। गाँव की जनता उन्हें राजा से कम नहीं समझती थी। वे जनता से बगार लेते, मनमाना लगान वसूल करते।[2] भोजपुरी लोकगीतों में एक बड़ा ही प्रसिद्ध करुण गीत है। जिसमें दिखलाया गया है कि कौशल्या रानी राम की छठी के लिए हिरण को मरवाती हैं। हिरणी विधवा हो गई है और वह व्याकुल हो कौशल्या से प्रार्थना करती है कि यदि आप मेरे पति का चमड़ा दे दें तो, उसे देखकर मैं धीरज धरूँगी, किन्तु वह नहीं देती। कहती है, **"मैं इस चमड़े से खजड़ी मढाऊँगी जिससे मेरे राम खेलेंगे।"**

हिरना, आजु राजा के छठिहार तुहै मारि डरिहइ।
मचियहि बइठेली कोसिला रानी, हरिनी अरज करे हो। रानी।
मसुआ त सीझेला रसोइया खलरिया हमे देतु न हो।
पेड़वा से टाँगबि खलीरया त मनवा समुझाइबि हो।

भोजपुरी क्षेत्र वीर वसुन्धरा है। वीरता तथा देशभक्ति इसकी सांस्कृतिक विशेषता है। इसी के कारण इसका नाम भोजपुर पड़ा। **डॉ. ग्रियर्सन** ने लिखा है कि "भोजपुरी उस शक्तिशाली, स्फूर्तिपूर्ण और उत्साही जाति की व्यावहारिक भाषा है, जो परिस्थिति और समय के अनुकूल अपने को बनाने के लिए सदा प्रस्तुत रहती है और जिसका प्रभाव हिन्दुस्तान के हर भाग पर पड़ा है। हिन्दुस्तान की सभ्यता फैलाने का श्रेय बंगालियों और भोजपुरियों को ही प्राप्त है। इस काम में बंगालियों ने अपनी कलम से काम लिया और भोजपुरियों ने अपनी लाठी से।"[3] हमारे देश में देशभक्ति तथा आजादी की लड़ाई की लहर सन् 1857 से प्रारम्भ हुई। भोजपुरी क्षेत्र की जनता ने अपने स्वभाव के अनुरूप देश के प्रत्येक कार्य में दिलोजान से भाग लिया। इसका सच्चा प्रमाण भोजपुरी लोकसाहित्य है, जो आम जनता का होता है। भोजपुरी

---

1. भोजपुरी लोकगाथा, सत्यव्रत सिन्हा, पृ. 72
2. लोककथा कोश, सं. आचार्य नलिन विमोचन शर्मा, पृ. 3, 'राजा भोज और जुलाहा'
3. भोजपुरी के कवि और काव्य, श्री दुर्गाशंकर प्रसाद सिंह, भूमिका, पृ. 11

लोकसाहित्य ने देशभक्ति, राष्ट्रीयता तथा स्वतंत्रता संग्राम को तीन कालों में बाँटा है, जिसका सम्बन्ध इस क्षेत्र के निवासियों के राजनीतिक जीवन से है।

पहला—वीर कुँवरसिंह काल—सन् 1857-58 (प्रथम स्वतंत्रता संग्राम)

दूसरा—महात्मा गांधी काल—सन् 1920 से 1947 तक

और

तीसरा—नेहरू काल—सन् 1947 से वर्तमान काल

भोजपुरी के दो शेर **शहीद मंगल पांडे** और **शहीद पीरअली**, जो **कुँवरसिंह** के प्रथम स्वतंत्रता संग्राम में कूद पड़े। बिना इनके स्वतंत्रता की लड़ाई अधूरी कही जा सकती है। इनके ओजपूर्ण शब्द, जिसने अस्सी वर्ष के बूढ़े में पुन: नई जवानी भर दी थी या यों कहें, स्वतंत्रता संग्राम में नया प्राण भरने का काम किया। इन वीर बहादुरों ने भोजपुरी लोगों का नेतृत्व किया और एक दिन अंग्रेजी सेना नें तहलका मचा दिया। इसका उदाहरण इस गीत में स्पष्ट है :

कप्तान लिखे कुँवरसिंह,
आरा के सूबा बनाइब ऐ।
तोहफा देबों, इनाम देबों,
तोहके राजा बनाइब ऐ।
बाबू कुँवरसिंह भेजले सनेसवा,
मोसे ना चली चतुराई ऐ।
जब तक प्रान रही तन भीतर,
मारग नाहीं बदलाई ऐ।[1]

ये शहीद आम जनता के योद्धा थे, स्त्रियाँ अपने पतियों को आग्रहपूर्वक उनकी लड़ाई में भेजती थी। अंग्रेजों ने **कुँवरसिंह** के सिर के लिए दस हजार का ईनाम रखा था, किन्तु किसी ने उन्हें धोखा नहीं दिया। एक लोकगीत है, जिसमें जन सैलाब की भावना का जिक्र है।

"बाबू कुँवरसिंह तोहरे राजबितु।
अब ना रंगइबो केसरिया।।"

इन अध्ययनों व उदाहरणों के आधार पर हम कह सकते हैं कि गाँव के लोग मानते हैं कि **'धरती'** और **'महतारी'** बराबर हैं। जिसकी रक्षा हेतु वह अपनी सारी शक्ति लगा, अपने प्राण न्यौछावर कर देते हैं।

---

1. भोजपुरी लोकगीतों के विविध रूप, डॉ. श्रीधर मिश्रा, पृ. 152

9. नैतिक महत्त्व : लोकगीतों में इतनी सहजता के साथ ग्रामीण जनजीवन का परिवेश दर्शाया गया है, जो श्रोताओं के मन पर अनायास ही अपनी अमिट छाप छोड़ता है; मन को अविभूत करता है। इसीलिए इन्हें **रामनरेश त्रिपाठी** ने **'मौखिक यूनिवर्सिटी'** का दर्जा दिया है। खेल-खेल के माध्यम से बच्चों में अच्छी बातें भरना जो आगे चलकर उनके जीवन में मार्गदर्शन करती हैं। **बड़े-बुजुर्गों का लिहाज, अतिथि व अन्य रिश्तेदारों से कैसे व्यवहार करना आदि बातें जिसमें सम्मिलित होती हैं। पड़ोसी व आस-पास के गाँव के लोगों से कैसे बर्ताव बरतना आदि-आदि।** जिन्हें पौराणिक कथा और राजा-महाराजाओं की कथाओं के माध्यम से बताया जाता था। **आज की तरह फिल्मी गानों के द्वारा नहीं जो हमारे ऊपर वे असर नहीं छोड़ते, जो हमारे लोकगीत।**

आज के इस संक्रमण युग में जहाँ परिवार टूट रहे हैं, लोग रोजी-रोटी के चक्कर में अपनों से दूर हो रहे हैं; बच्चों को लोरी व कहानी सुनाने का समय है ही नहीं। वे कार्टून, टी.वी. के सीरियल से अपने दिन की शुरुआत करते हैं। जिससे आज समाज में इतना विघटन आता चला आ रहा है।

10. साहित्यिक महत्त्व : महात्मा गांधीजी कहते थे, **"वही काव्य और साहित्य चिरंजीवी रहेगा, जिसे लोग सुगमता से पा सकेंगे, जिसे वो आसानी से पचा सकेंगे।"**[1] लोकगीतों के साहित्य में सही मायने में ये गुण हैं, उनकी शैली **'आम'** लोगों की है। इसीलिए वह **'लोक'** है और सभी उसके शब्दों के भाव को समझते हैं। इसीलिए इनके रसानुभूति से **वाल्मीकि, कालीदास, सूरदास** व **तुलसीदास** भी अछूते नहीं रह पाए थे। यह लोकगीत हमारे साहित्य को काफी समृद्ध बना सकते हैं। हमारे भाषा विज्ञान को अनेक नए शब्द दे सकते हैं। अगर इन्हें एकत्रित करके लिपिबद्ध किया जाए। इनमें स्वाभाविक रस होता है, इसीलिए यह अपना प्रभाव सभी पर बना लेने में सफल होते हैं। इसकी इसी विशेषता के कारण यह घर-घर के आँगन में गूँजते हैं। जिससे मानव हृदय भावविभोर हो जाता है। यह कहना कतई अतिश्योक्तिपूर्ण नहीं होगा कि यदि लोकगीतों के साहित्य में यह विशेषता नहीं होती तो, वह हमारे संस्कृति का प्रतीक नहीं बन पाते।

---

1. हिन्दू संस्कार, डॉ. राजबली पांडेय, पृ. 161

भोजपुरी गद्य या पद्य दोनों में मस्तिष्क का मायाजाल नहीं है, कहीं दुरूहता नही हैं; वरन् हृदय की सरल अभिव्यक्ति है। इसका काव्य तो पद्य है ही, गद्य भी उतना ही काव्यमय है। कुल मिलाकर भोजपुरी एक संगीतात्मक भाषा है। जब कोई व्यक्ति विश्वासघात करता है, किसी के काम नहीं आता तो उसे भी भोजपुरिया ढंग से कितनी सहजता से प्रकट किया गया है कि **"जे ना अपना राम कें, से कवना काम कें?"** **भिखारी ठाकुर** ने **'विधवा विलाप'** नाटक में लिखा है, उसका कुछ अंश निम्नलिखित है[1] :

"हमरा मन में मालूम होत जे बाल-वृद्ध-विवाह विश्वासघात बा कि लड़की के मन में असरा लागलबा कि, बाबूजी हमरा के निमन बर खोजिहन। जे आदमी चार पइसा के तरकारी कीने जाला तेकरा के समुझावे परेला, कि चतुर आदमी से किनवइह, ना त तू ठगा जइब। चार पइसा के सउदा में ठगइला के फिकिर बा? जे लड़की के पति खरिदाये जात बाड़न ओह लड़की के ईना कहाई कि बाबूजी हमरा के बर नीमन खोजिह। त इ अनबोलता के सउदा जो जबून खरीदल जाई त बड़ा अधरम बा। चार चीज जोगावे के चाहीं—इज्जत, एकबाल, अकीन (यकीन) और एहवात (सुहाग)। एहतात अइसन चीज खेत में ना मिले! दुआर पर मकान में भी ना मिले। झाँपी में बन्द रहेला। झाँपी खोलला पर भी ना मिले, सिन्होरा में रहेला। लेकिन सिन्होरा खोलला पर भी ना मिले। कागद के पुड़िया कें सेनुर में रहेला।"

एक विधवा नारी की पीड़ा को जितने सहजता से उसके सूक्ष्म से सूक्ष्म भाव को कितनी आसानी से **भिखारी ठाकुर** ने शब्दों का जामा पहनाया, जो भोजपुरी साहित्य की अनूठी शैली व उसके महत्त्व को दर्शाता है।

11. प्रतीकात्मक महत्त्व : लोकगीतों में अभिव्यक्ति के लिए प्रतीकों का प्रयोग प्रायः देखने को मिलता है। **नन्द, दशरथ** पिता के प्रतिरूप हैं, **यशोदा** और **कौशल्या** माता के प्रतीक हैं। राम और कृष्ण पुत्र के। यही नहीं, भारतीय लोकगीतों में चन्द्रोदय आशा के प्रतीक हैं, अंधकार निराशा का प्रतीक है, मन में बसे फूल का सुगन्ध पा जाना प्रेम की सफलता का प्रतीक है। सपने में कुछ देखना, उसके अर्थ और मायने आज भी महत्त्व रखते हैं। एक सोहर भोजपुरी में है, जिसमें बहू अपने सपने का जिक्र सासु से करती और सास उसका मतलब बताती हैं :

1. जनकवि भिखारी ठाकुर, लेखक : महेश्वर प्रसाद, पृ. 103

"सूतल रहली अटरिया सपन एक देखील हो।
सासु सपन देखीले बड़ अजगूत सपन बड़ सुन्दर हो।।
धनवा न देखील टुंड़ारल मनवा ढेमारल हो।
तिरबेनी जे पईठी नहालो त कोरवा गजाधर हो।।
धनवा त हवै तोरे धनवा ओ मनवा संतति तोर हो।
तिरबेनी जे पईठी नहालु त कोरवा भतीज लेले हो।।"

(गोरखपुर)

मुंडेर पर कागा का बोलना, मेहमान के आने का सूचक है जो आज भी शाश्वत सत्य है। बिल्ली का रास्ता काटना, कुत्ते का रोना, जो अच्छे समय का सूचक नहीं है। काम का ना बनना और अशुभ संदेश का प्रतीक है, आज भी मान्य है। भोजपुरी लोकगीत का एक दादरा जिसे **बनारस** के **हरिराम द्विवेदी** ने लिखा है, जिसमें कौवे के बोलने से मन में जो भाव उत्पन्न हो रहे हैं, उसका उल्लेख है :

ताल—खेमटा/कहरवा (राग—पीलू)
मुंडेरवा कागा काहे बोले
का जानी के आवै वाला
तनिको मरम न खोले
मुंडेरवा......................
पुलके पलक नयनवा फरकै
सुधियो रहि-रहि ड़ोले
मुंडेरवा कागा..............[1]

12. दार्शनिक महत्त्व : बड़े बुद्धिजीवी, दार्शनिक जिन बातों को बड़े ही जटिल शब्दों के साथ अभिव्यक्त करते हैं, लोकगीत उन्हें सहजता व सरलता से कहते हैं, इसीलिए वे जन-जन तक पहुँचते हैं। इसीलिए अगर हम इन लोकगीतों की उपेक्षा करेंगे तो यह अत्यन्त ही दुर्भाग्यपूर्ण होगा। किसी भी धर्म का मुख्य तत्व विश्वास होता है, और धर्म के विश्वासों का समग्र रूप ही उसका दार्शनिक विचार होता है, जिसके आधार पर वह धर्म स्थित रहता है। जो धर्म जितना प्राचीन होता है, उसके विश्वास में उतनी ही विविधताएँ होती हैं। भोजपुरी लोकसाहित्य में आस्तिक जनता का चित्रण है, जो ईश्वर की सत्ता तथा उसकी शक्ति पर पूर्णरूप से विश्वास करती है।

राम जी के माया कतो धाम कतो छाँह। यानी प्रभु की इच्छा से कहीं धूप और कहीं छाया होती है। उसकी आराधना करें और

1. कवि श्री हरिराम द्विवेदी द्वारा रचित भोजपुरी गीत

उसकी कृपा हो जाए तो सभी कुछ प्राप्य हो सकता है। प्रत्येक कार्य का परिणाम अच्छा ही होगा। जनता ईश्वर पर इतना विश्वास करती है कि वह विषम परिस्थिति में भी उसके आधार पर साहस नहीं खोती। धैर्य नहीं खोती।

"भगवान के दरबार में देर होला
बाकिर अन्हेर नाहीं।"

अर्थात् ईश्वर के दरबार में भले ही देर हो जाए, किन्तु वहाँ अँधेर नहीं। अंत में वहीं न्याय होता है। हमारी संस्कृति की यह जीवन बूटी है, जो लोगों को धर्म से विचलित न होने से बचा लेती है।

मरते हुए व्यक्ति के प्रति भी आशा बनी रहती है कि शायद अब भी ईश्वर की कृपा हो जाए और व्यक्ति बच जाए, क्योंकि उसकी कृपा से एक से इक्कीस हो जाता है। जनता की सभी चीजें, सभी कार्य, ईश्वर को समर्पित रहते हैं, इसीलिए कभी-कभी वह स्वयं गलत काम करके ईश्वर को ही दोष देता है और एक संतोष-भाव से जीता है। किन्तु यह भाव अच्छा नहीं है।

भोजपुरी में शरीर को माटी का ढेला कहा गया है, जो पानी पड़ते ही गल जाता है। यह शरीर क्षण-भंगुर है। इसीलिए सभी को घमंड छोड़कर ईश्वर में ध्यान लगाना चाहिए।

काहे रे मन भयो दीवाना
मानुख देहि देखि जनि-भूलों, एक दिन माटी में मिल जाना है।
इ देहिया माटी के ढेला
बून पड़त मिटिजाना जी।
एहि-देहिया के मलिमलि धोयलों
चोवा चनन लगाई रे।
एहि देहिया पर कागा भिनके
देखत लोग, डेराई जी।[1]

इस तरह से भारतीय संस्कृति का सांगोपांग चित्रण इन गीतों में परिलक्षित होता है। जीवन के हर क्षेत्र में इन लोकगीतों ने झाँका अवश्य है, चाहे वह राजनीतिक हो, धार्मिक हो या दार्शनिक हो। क्योंकि आज भी दो-तिहाई भारत गाँव में ही बसता है।

---

1. भोजपुरी लोकसाहित्य-सांस्कृतिक अध्ययन, डॉ. श्रीधर मिश्र, पृ. सं. 266

अध्याय 5

भोजपुरी लोकगीतों में सौन्दर्यानुभूति

भोजपुरी लोकगीतों में मन को मोहने की शक्ति ही उसका सबसे बड़ा सौन्दर्य है, कारण हैं गीतों की सरलता, स्वछन्दता और अनुभूतियुक्त अभिव्यंजना। हृदय के भाव बड़े ही स्वाभाविक रूप से दर्शाए जाते हैं। जो हमारे मन के अन्त:करण तक को छू जाते हैं। साथ ही उसकी धुनें व ताल, जिस पर भाषा को न जाननेवाला व्यक्ति भी बिना प्रभावित हुए नहीं रह पाता है। प्रकृति का अनुकरण और अतिक्रमण मानव की सर्वोपरि चेतना है। प्रकृति के रमणीय दृश्य जैसे सूर्योदय, सूर्यास्त मानव मन को आनन्द से भरते रहे हैं। इन दृश्यों का वह स्वत: भी निर्माण करे, ऐसी इच्छा मनुष्य के मन में जागरित हुई।[1] कोकिल के पंचम स्वर ने उसे संगीत की प्रेरणा दी। इसी प्रकार निर्झर ने उसे नृत्य के लिए अग्रसर किया। दुखमय परिस्थिति को कल्पना में डुबाकर जीवन के संघर्षों में उसने रस लिया और हर्ष-शोक, सुख-दुख को रस निष्पत्ति का विषय बनाया। कुछ लोगों का कथन है कि लोक-कला का उदय आदिमानव के श्रम का प्रतिफल है।[2]

यह कहना कतई अतिशयोक्तिपूर्ण नहीं होगा कि जीवन और संगीत का जितना वास्तविक परिचय लोकसंगीत से मिलता है, उतना शास्त्रीय संगीत से नहीं। लोकगाथाओं में भी गेयता रहती है। वास्तव में शास्त्रीय संगीत की उत्पत्ति लोकसंगीत से हुई है। **श्री कुमार गंधर्व** का विचार है कि लोकसंगीत का निर्माण स्वाभाविक है। इसको समझकर जब हम विश्लेषण करके नियमबद्ध करते हैं, तब वह **'लोक'** से हटकर **'शास्त्रीय'** रूप धारण करता है।[3] इनका कहना ठीक है, क्योंकि लोकगीत भावना की हिलोर में स्वछन्द रूप से प्रकट होते हैं। उल्लास के एक आलाप

1. हिन्दी साहित्य कोश, सम्पादक डॉ. वीरेन्द्र वर्मा, पृ. 199
2. वही
3. सम्मेलन पत्रिका, लोक संस्कृति अंक, सं. रामनाथ सुमन, पृ. 312

के साथ शब्द उभरा, पंक्ति बनी और फिर दूसरी पंक्ति बनी और एक गीत रच गया। शब्द और स्वर-रचना साथ होती है। इसीलिए यह हर किसी को मोह लेते हैं। लोकगीत/लोकसंगीत में अकेले गाने की अपेक्षा सामूहिक ढंग से गाने का अधिक महत्त्व है। जबकि शास्त्रीय संगीत अधिकतर अकेले गाया जाता है।

संगीत-कला का सम्बन्ध मुख्य रूप से गायन, वादन और नर्तन तीन कलाओं से है। इन तीनों का समन्वित रूप ही संगीत-कला है। गायन लोकगीतों का प्राण है, वादन इसकी आवाज है और नर्तन चाल है। भोजपुरी लोकगीतों के प्रकार के साथ इसकी धुनें भी अलग-अलग होती हैं। **सोहर, जनेऊ, विवाह के गीत, झूमर, जँतसार, कजरी, होरी, चैता, होली, निर्गुन, रोपनी, सोहनी, निराई** आदि गीतों की धुनें और इसमें प्रयोग में आनेवाले सुर इतने अलग होते हैं कि इनके चलन से आप समझ सकते हैं कि यह किस अवसर का गीत है। इनमें राग छिपे होते हैं। जैसे, विदाई गीत,

"सुरुज के जोति बाहर भईली बिटिया।
गोरे बदन कुम्हलाय हो रामा। गोरे बदन कुम्हलाय।।
पहिले जनइल बेटी तम्बुआ तनइतो
काहे बदन कुम्हलाय हो रामा काहे।
काहे लागी अजी बाबू तमुआ तनइत
काहे बदन कुम्हलाय हो रामा
होत भिनुसरवा बाबा कोइलरि कुहुकिहे
लगबउ सुनर बर साथ हो रामा[1]

श्री कुमार गंधर्व ने लिखा कि "बचपन में मैं ये समझता था कि राग बनाए जाते हैं, किंतु अनुभव से इस निर्णय पर पहुँचा हूँ कि राग बनाएँ नहीं जाते, बन जाते हैं। हम लोकधुनों में रागों को छुपा हुआ पाते हैं। उन्हें पकड़कर जब हम प्रकट कर देते हैं, तो शास्त्रीय पक्ष सामने आ जाता है। लोकधुनें निसर्ग निर्मित हैं। इसीलिए वे निसर्ग की तरह पूर्ण होती हैं। उनमें कोई-न-कोई राग अवश्य होता है। उसके लिए दृष्टि की आवश्यकता है।"

संगीताचार्य ओंकारनाथ ठाकुर भी मानते हैं कि गाए जानेवाले रागों का उत्पादक लोकसंगीत है।[2]

रोपनी, निराई के गीत, जिनके स्वरों की गति शिथिल तथा लय करुण रस से भीगी हुई उदासी के होते हैं। जैसे : **जेठ बइसखवा**

1. निजी संग्रह से
2. सम्मेलन-पत्रिका (लोक संस्कृति अंक), सं. रामनाथ सुमन, पृ. 302 व पृ. 312

के भसुरि लुअरिया उखिया गोड़े बालमा, चूवे तर-तर पसीनवा उखिया गोड़े बालमा।

हास्य के गीतों की लय द्रुत होती हैं। कहीं-कहीं पर शिथिल भी देखने को मिलती है।

जइसन बन में के उकठल काठ
ओइसन भसुरा करिया लुआठ
छिया दुर करु

एक छपरहिया गीत -

नींबू तोड़े गईनी सईया
ओही नींबू गछिया मोरी ननदिया हो
चुनरी अटकि गईली डार मोरी ननदिया हो
चुनरी उतारे गईले भसुर मोरे बड़का हो
मोरी ननदिया हो-टोपिया अटकि गईली डार।[1]

लोकगीतों में अधिकतर कहरवा, दादरा, खेमटा, दीपचन्दी तथा जत-ताल का प्रयोग मिलता है। कुछ गायक गीत के बीच-बीच में अनेक प्रकार के खटके और मुरकियों का प्रयोग करते हैं।

"लोकगीतों के गायक प्रायः अपना नाम अव्यक्त रखते हैं और कुछ में वह व्यक्त भी रहता है। बुन्देलखंडी फागों में उनके रचयिता ईसुरी का नाम मिलता है। वे लोक भावना में अपने भाव मिला देते हैं। लोकगीतों में होता तो निजीपन ही है, किन्तु उनमें साधारणीकरण और सामान्यता कुछ अधिक रहती हैं, तभी वे वैयक्तिक रस की अपेक्षा जन-रस उत्पन्न करते हैं।"[2]

लोकगीतों में कला के भेद-विभेद यथा, अलंकार, छंद, पिंगल आदि के नियमों पर गीतकार बिल्कुल ध्यान नहीं देता। ये कला तत्त्व इन गीतों के प्रवाह में स्वतः आ गए हैं। लोक गीतकार का ध्यान केवल एक ओर रहा है और वह है—रस परिपाक। जो गीत जिस रस से सम्बन्धित है, वे उसी रस से ओत-प्रोत हैं। भले ही उनमें छन्द दोष हो, अलंकार योजना सुव्यवस्थित न हो, परन्तु अपना साधारणीकरण की शक्ति को लिए हुए; अपने रस से आप्लावित ये गीत अत्यन्त मोहक बन जाते हैं। स्वरों के उतार-चढाव का भी इनमें अपना एक स्थान है। गीत काव्य का महत्त्वपूर्ण गुण—संगीतात्मकता कूट-कूटकर भरी है। यही कारण है कि काले बादलों से घिरे आकाश में 'आल्हा'

1. छपरहिया गीत, निजी संग्रह से
2. काव्य के रूप, डॉ. गुलाब राय, पृ. सं. 122

के आलाप के साथ ही **भुजाएँ फड़कने लगती** हैं, कन्या की विदाई की बेला में गीतों के व्यथा से भरे स्वरों से **सबकी आँखें भर जाती हैं। धोबिया** नाच के **नक्कारे** की ताल पर अनायास ही **पैर-हाथ थिरकने लगते** हैं।

वैसे तो भोजपुरी लोकगीतों में सभी रस मिलते हैं। किन्तु **शृंगार, करुण, हास्य, वीर, वियोग** तथा **शांत रस विशेष** रूप से मिलते हैं। शृंगार रस के दोनों पक्ष, संयोग-वियोग का बड़ा ही सुन्दर चित्रण भोजपुरी लोकगीतों में देखने को मिलता है।

भोजपुरी लोकगीतों के निर्गुन में इस नश्वर शरीर तथा मोह-माया की अभूतपूर्व झलक प्रस्तुत की गई है, जो शाश्वत है।

आगि लगे नइहर के टोला
बलम जहिया ले जईहें डोला
चारि जना मिलि डोलिया उठावे
ललका ओहरवा ओही पर ओढावे
हरे राम हरे राम होला बलम......
भाई-बन्धु और बाप महतारी
धन-दौलत और कोठा अटारी
संगवा में केहू ना जाला बलम....[1]

लोकगीतों में अलंकार :

लोकगीत, जो मानव की अपनी सहज भावना से उपज लेते हैं, अलंकार की दृष्टि से उतने सशक्त नहीं होते, क्योंकि वे मन में भावनाओं की उठती हुई हिलोरों व अन्तर्द्वन्दता से जन्म लेते हैं। उनमें अपने आप स्वयं से अनायास ही अलंकार के गुण आ जाते हैं। रीतिकालीन कवियों की भाँति लोककवि अलंकार के पीछे नहीं जाते।

भोजपुरी लोकगीतों में विशेषकर **उपमा, अनुप्रास, रूपक, श्लेष, यमक** आदि अलंकार मिलते हैं। ये अलंकार आम व्यक्ति द्वारा जाने-पहचाने होते हैं, साथ ही उनमें एक अजीब सादगी, मौलिकता और आत्मीयता होती है, जिनका कलात्मक कविता में आभाव होता है।

उपमा अलंकार : लोकगीतों में उपमा-अलंकार का अधिक प्रयोग हुआ है, क्योंकि इससे भाव पूर्णरूप से स्पष्ट हो जाता है। गीतों में **आँख की उपमा—आम की फाँक (फली), नाक की—तोते की**

1. निजी संग्रह से।

चोंच, कमर की—लवंग से, दाँत की—अनार दाने से, होंठ की—कतरे हुए पान तथा मधुर बोली की—कोयल की कूक से दी गई है। ये सारे उपमान, हमारे ग्रामीण जीवन से लिए गए प्रतीक हैं। इनसे स्वयं ही अर्थ-बोध होने लगता है। ये इतने सजीव हैं कि इसके लिए कोई प्रयास नहीं करना पड़ता है। क्योंकि ये उपमा हमारे जीवन के अभिन्न अंग हैं।

उदाहरणस्वरूप, निम्नलिखित गीत इस प्रकार हैं :

(1)

नजरिया, नजरिया, नजरिया, डरवा लागेला मिलावत क नजरिया
एही कारन हम सुरमों न दिहली
अँखिया य हउवे जइसे आम फकिया नजरिया.....
एही कारन हम मिसियो ना दिहली
अरे दँतवा त हउवे जइसे अनार दनवा नजरिया......
एही कारन हम सूरमो ना दहिलीं
अँखिया त हउवे जइसे आम फँकिया नजरिया...
एही कारन हम मिसियो ना दहिलीं
अरे दँतवा त हउवे जड़ल जइसे मोतिया नजरिया...[1]

(ताल खेमटा)

अनुप्रास अलंकार : लोकगीतों में अनुप्रास अलंकार भी मिलता है, क्योंकि वर्णों के बार-बार तथा पास-पास के प्रयोग से भावना में प्रवाह तथा रसमयता आ जाती है और रस ही लोकगीतों का प्राण है। उदाहरणार्थ गीत :

बयरनि बयरनि जनि कर सरहजि,
बयरनि प्रान हमार।
एहि रे बयरनि कारने, देखनी नग्र तोहार।[2]

रूपक अलंकार : हमारे देश को स्वतंत्रता तो मिली, पर हम दो टुकड़ों में विभक्त हो गए। **भारत-पाकिस्तान।** इस बात को लोककवियों ने रूपक अलंकार के माध्यम से प्रकट किया है। लोक-कवि ने इस

1. निजी संग्रह से।
2. भोजपुरी लोक-साहित्य, डॉ. श्रीधर मिश्र

भूमि को एक 'कुँए' का रूप दिया है और आज़ादी को 'गागर' माना है। यह कुँआ ऐसा है, जिसमें एक ही रस्सी लगी है और दो पानी भरनेवाले। एक ओर हिन्दुस्तानी लोग खींच रहे हैं और दूसरी ओर पाकिस्तानी। यहाँ उपमान और उपमेय का परस्पर भेद तिरोभूत हो गया है और इनमें पूर्णरूप से सादृश्य हो गया है।

सिर पर लीहले आजादी के गगरिया
डगरिया सम्हारी के चलीह ना
एक कुँअना पर दू पनिहारिन
एके लागल रसरिया
एक ओर खींचे हिन्दुस्तानी
एक ओर खींचे पाकिस्तानी
डगरिया सम्हारी के चलीह ना।[1]

श्लेष अलंकार : लोकगीतों में श्लेष अलंकार भी मिलता है, किन्तु यह शास्त्रीय अलंकार से भिन्न है। इसमें **'पति'** के लिए सीधे **'पति'** या 'हरि' न कहकर कहीं **'लोभी'**, कहीं **'भौंरा'**, **'कली'**, **'निर्ददी'**, आदि शब्द श्लेषालंकार के रूप में प्रयुक्त हुए हैं। एक स्त्री नायक को भँवरा कहती है और भँवरे के स्वभाव का बखान किया है। इस गीत में देखें :

अरे भँवरा नादान छोड़े ना गुईया दुआरी
भँवरा नादान, भँवरा नादान, भँवरवा अरे भँवरा नादान,
छोड़े ना गुईया दुआरी।
तन क करिआ, मन क करिआ
करिआ कुल करतुत हो दईया रे
करिया कुल करतुत के समझावे मुँह झउसावे
चढल कपारे भूत, भागे ना भगवले
रस पीये ना रसिया जबले छोड़े ना गुईया दुआरी
भँवरा नादान छोड़े ना गुईया दुआरी।[2] **(बेलपरिया गीत)**

यमक अलंकार : यमक अलंकार का एक सुन्दर उदाहरण **'पिड़िया'** गीत में मिलता है। एक बाला पिड़िया के समय अपने मायके में है। उसने पिड़िया तो लगाई किन्तु छुड़ाने के समय उसके ससुर विदाई का **'नियार'** (संदेश) लेकर चले आए। (पिड़िया एक व्रत होता है जो सावन में होता है।) वह विदाई का संदेश सुनकर

1. भोजपुरी लोकगीतों के विविध रूप, डॉ. श्रीधर मिश्र, पृ. सं. 152
2. निजी संग्रह से

दुखी होती है और अपने पिता से कहती है कि वह इस (नियार) संदेश को लौटा दे और इस दिन बाद की कोई दिन निश्चित करें। अंत में उसके पति ही '**नियार**' लेकर चले आते हैं, तब वह कहती है कि इस बार के '**नियरवा**' संदेश को निश्चित कर दीजिए, न हो तो दस दिन '**नियरवा**' (समीप) ही कोई दिन तय कर दीजिए। (नियरवा शब्द जो भोजपुरी का है जिसे अंग्रेजी भाषा से लिया गया है और उसका मतलब भी समीप/नजदीक है।)

पिड़िया गीत[1] :

लावे के लवनी पिड़ियवा ऐ राम, छोड़ावे के बेरिया अब के नियरवा फेरहु मोरे बाबा, की धरी ना दीहीं दिन दस के नियरवा घरी ना दीहीं।

लावे

सइयाँ जी ले अइले नियरवा ए राम

छोड़ावे की बेरिया

अब के नियरवा घरहू मोरे बाबा

मि घरी ता दीहीं

दिन दस के नियरवा कि धरी ना दीही।

उपर्युक्त गीत में '**नियरवा**' शब्द का प्रयोग कई बार हुआ है, परन्तु उसके दो अर्थ हैं। एक का '**संदेश**' से तात्पर्य है और दूसरे का '**समीप**' से।

भोजपुरी लोकगीतों में छंद :

लोककवि **छंद** और **पिंगल** का ज्ञाता नहीं होता, पर उसे रसात्मक बनाने में सफल होता है। क्योंकि वह गीत उसके आन्तरिक मनोभाव से सम्बन्धित होते हैं। इसलिए उसमें तथा छंदों में घनिष्ठ सम्बन्ध स्थापित हो जाता है।

पिंगल शास्त्र के नियम शिथिल—'**बिरहा**', '**झूमर**' तथा '**जँतसार**' के गीतों में भावों के अनुरूप ही छन्द विधान है। **डॉ. ग्रियर्सन** ने बिरहा के छन्द विधान के बारे में लिखा है कि "**पढ़ते समय में बिरहा गीत शायद ही छन्द के नियमों के अनुसार मिलें, जब तक हम यह याद न रखें कि बहुत से दीर्घ स्वर पढ़ते समय लघु कर दिए जाते हैं। इनमें कभी-कभी कुछ ऐसे व्यर्थ के शब्द होते हैं, जो छन्द के**

1. निजी संग्रह से

अंगभूत नहीं होते।"[1] इन्होंने फिर लिखा है कि "**इन गीतों की यह विशेषता रही है कि पिंगल शास्त्र के नियम इनके सम्बन्ध में शिथिल पड़ जाते हैं।"**

कुछ लोगों का ऐसा कहना है कि लोकगीतों में कोई छंद-विधान होता ही नहीं, परन्तु ऐसी बात नहीं है। छंद-विधान को शास्त्रीय परिभाषा में ही बाँधकर आगे बढ़ाना उचित नहीं है। लोकगीतों में भावों के उद्दीपन और शैथिल्य के साथ ही उतार-चढ़ाव बँधा होता है। भावों के अनुरूप ही स्वर गति से चलते हैं। इस गति में शास्त्रीय नियम के अनुरूप छंद का बँधा हुआ रूप भले ही न हों, किन्तु इनमें एक व्यापक '**सम का अंतराल**' तो होता ही है, जो छंद का भास ही नहीं देता, वरन् उसकी योजना का क्रम भी प्रस्तुत करता है।

जिन गीतों में मान, मर्यादा, वीरता और साहस का वर्णन होता है वहाँ '**आल्हा**' छंद प्रयुक्त होता है। भाव चित्रों में पौरुषमय योजना लाने के लिए स्वर्ग, संयुक्ताक्षर तथा कर्णकटु शब्दों का प्रयोग मिलता है।

संघर्ष में मनुष्य 'फूल' नहीं 'काँटे' पाता है, 'मखमल' नहीं 'पत्थर' पाता है। इस '**आल्हा**' छंद की लय द्रुत होती है। गीत गाने का स्वर ऊँचा और ललक से भरपूर होता है। इसके भाँति **झूमर, चैता, जँतसार, कजरी, सोहर** आदि गीतों के छंद-विधान की विशेषता अपनी अलग ही होती है।

आल्हा गीत - **खट खट खट तेंगा बाजै।**
बाजै छपकि छपकि तलवार।।
धड़ धड़ धड़ धड़ गोला छुटै।[2]
धूँवा धूरि एक हवै जाय।।

भोजपुरी लोकगीतों में प्रायः पति-पत्नी, सास-ननद, भाई-बहन, माता-पुत्र, प्रेम-स्नेह आदि का वर्णन मिलता है। कामवासना से पीड़ित नायक-नायिका नहीं मिलते। परन्तु आज व्यवसायीकरण के कारण इन गीतों में छंद-भाव दूर होते जा रहे हैं। उसमें आज काम-वासना, नायक-नायिका को लेकर द्विअर्थी मायने में दर्शाई जाती है, जो अत्यन्त सोच का विषय है। जिसको ज्यादा प्रश्रय देना उचित नहीं होगा।

---

1. ज.रा.ए.मी.-1885 ई.
2. भोजपुरी लोकगीतों के विविध रूप, डॉ. श्रीधर मिश्र, पृ. सं. 72

अध्याय 6

भोजपुरी लोकगीतों में संस्कार

प्राचीन काल से हिन्दू-समाज में संस्कारों का विधान रहा है। साधारण शब्दों में संस्कार का अर्थ शुद्धि, परिष्कार यानी स्वच्छता से है। जिससे मनुष्य का जीवन दैहिक और भौतिक रूप से सुव्यवस्थित हो सके। जन्म से मनुष्य पूर्णतः असंस्कृत होता है, संस्कारों के द्वारा वह परिष्कृत होकर मणि की भाँति देदीप्यमान और प्रबल हो जाता है। **'संस्कार'**[1] शब्द **'कुअ'** धातु में **'ध'** प्रत्यय के योग से व्युत्पन्न है, जिसका अर्थ **पवित्रता, शुद्धता** है। अंग्रेजी का **'सैक्रामेंट'** शब्द **'संस्कार'** के लिए प्रयोग होता है, जिसका अर्थ है धार्मिक विधान। संस्कारों के माध्यम से मनुष्य का समाजीकरण होता है और वह अपने दायित्वों के प्रति जागरूक होता है। संस्कारों से व्यक्ति पर मनोवैज्ञानिक प्रभाव पड़ता है। जिसके चलते वह हर स्थिति में उसके अनुरूप व्यवहार कर सकने में सफल सिद्ध होता है। हिन्दू दर्शन के अनुसार, मनुष्य पर अनेक ऋण हैं और वह उन ऋणों से तब तक मुक्ति नहीं पा सकता जब तक उनसे सम्बन्धित यज्ञों को सम्पन्न नहीं करता। जीवन में नैतिक, आध्यात्मिक और धार्मिक प्रवृत्तियों के निर्माण और उनसे अपने व्यक्तित्व को उत्कर्षित करना भी संस्कार-सम्मत मनुष्य का अभिलक्षित लक्ष्य रहा है।[2] "संस्कारों हि नामगुणधानेन वास्या होषा चनयनेन वा।" (गुणाख्य) परिष्कृत और व्यवस्थित रूप प्रदान करने में संस्कारों का महत्त्वपूर्ण योग रहा है तथा जीवन के क्षेत्र से अशुभ का विनाश और उसमें शुभ का निवास इसका मन्तव्य है। मानव जीवन में अनेक बाधाएँ और विघ्नों के कारण जीवन सुव्यवस्थित ढंग से चल नहीं पाता, उसे विभिन्न प्रकार के सांसारिक कष्ट उठाने पड़ते हैं। अतः इनसे मुक्ति पाने और जीवन को

1. तंत्र वर्तिक, पृ.सं. 1078
2. शंकर भाष्य वेदान्तसूत्र 114

मंगलकारी बनाने के लिए संस्कारों का विधान बनाया गया है। क्योंकि संस्कार एक ऐसी दीपशिखा है, जो जीवन की अँधेरी राहों को आलोक से भर देती है। संस्कार व्यक्ति के विकास की बुनियाद है। बच्चे, परिवार, समाज और राष्ट्र की अमूल्य धरोहर है। किसी व्यक्ति से चर्चा-परिचर्चा के समय **स्वामी विवेकानन्द ने कहा, "तुम मुझे संस्कारी हजार माताएँ दो, मैं तुम्हें अच्छा राष्ट्र दूँगा।"**

मनुष्य के जीवन में कितने संस्कार होने चाहिए, इस पर धर्म शास्त्रकारों में मतभेद हैं। गौतम (गो.ध.सू. 1.822, इत्येते चत्वारिंशत्संस्कारा:) की संख्या 40 दी है और वेरवानस 4 ने अठारह (वै.ध.सू.)। इनके अतिरिक्त कुछ ऐसे शास्त्रकार हैं जिन्होंने संस्कारों की संख्या 13 दी है (पा.गृ.सू.)। किन्तु प्राय: सभी धर्मशास्त्रकार संस्कारों की संख्या 16 मानते हैं—**गर्भाधान, पुंसवन, सीमन्तोन्यन, जातकर्म, नामकरण, निष्क्रमश, अन्नप्राशन, चूड़ाकर्म, कर्णभेद, विद्यारम्भ, उपनयन, वेदारम्भ, केशांत, समावर्तन, विवाह और अन्त्येष्टि**। परिवार ही मनुष्य की प्रथम पाठशाला है। परिवार ही वह पवित्र प्रांगण है जहाँ से संस्कार प्रारम्भ होते हैं। आज भोजपुरी समाज में मुख्यत: **जन्मोत्सव, अन्नप्राशन, चूड़ाकर्म, कर्णभेद, उपनयन, विवाह** और **अन्त्येष्टि संस्कार** ही प्रचलित हैं। इस तरह से मनुष्य का सारा जीवन जन्म से लेकर मृत्यु तक विभिन्न संस्कारों से शुद्ध और परिष्कृत होता रहता है।

संस्कारों का उद्देश्य :

प्राचीन काल से आज तक अनेक विश्वास और कर्मकांड हिन्दू संस्कार में जुड़ते रहे हैं, जो उसके स्वरूप और कार्यविधि को समयानुसार आन्दोलित करते रहते हैं।

1. **प्रतीकात्मक उद्देश्य :** अनुराग, स्नेह, प्रेम, शोक, दुख, घृणा आदि मनुष्य के मन की ऐसी अभिव्यक्तियाँ हैं, जो हर्ष और शोक के प्रतीकात्मक स्वरूप को दर्शाती हैं। जहाँ नामकरण संस्कार पुत्र-जन्म के अवसर को आनन्दमय बनाता है, वहीं अन्त्येष्टि-संस्कार, किसी के निधन पर उसके प्रति शोक, दुख, क्षोभ को व्यक्त करता है।
2. **विघ्न-बाधा और अशुभ शक्तियों से जीवन की रक्षा :** सुख-दुख मानव जीवन के दो अहम पहलू हैं। इसके रास्ते में अनेक विघ्न-बाधाएँ भी आती हैं, जिसके चलते अपने

लक्ष्य की प्राप्ति में कई अवरोध पैदा होते हैं। ऐसी अशुभ शक्तियों से रक्षा के लिए संस्कारों की नियोजना की गई, जिन्हें पूजा-पाठ व मंत्रों द्वारा सम्पन्न करने से, ऐसी समस्त तामसी बाधाएँ आज भी समाप्त हो जाती हैं। लोक-जीवन जहाँ इन रूढ़ियों व मान्यताओं से भरा है, वहाँ आज के आधुनिक युग में भी लोग अपने कार्य सिद्धि व बाधा को दूर करने के लिए साधु-सन्तों व यज्ञों का सहारा लेते हैं। जीवन में व्याप्त असुरक्षा इसका मुख्य कारण है। इस विषय में आज भी अनेक रीति-रिवाज, आचार-विचार अनुगमित किए जाते हैं। आज भी गाँवों में ओझा, सोखा, पंडित, पीर, मुल्ला, हाजी और दरगाह लोगों की बाधाओं को दूर करते हैं, ऐसी मान्यता है।

3. **लौकिक समृद्धि की कामना :** संस्कारों को सम्पन्न करते समय व्यक्ति विभिन्न सांसारिक वस्तुओं की कामना करता है, जैसे दीर्घ-जीवन, सुख-समृद्धि, सम्पत्ति, शक्ति, बुद्धि, वैभव, सन्तान आदि प्राप्ति की मनोकामना देवी-देवताओं से करता है और उन्हें प्रसन्न करने के लिए पूजा-आराधना में लिप्त होता है।
4. **वांछित वस्तुओं की प्राप्ति :** संस्कारों के आयोजन के माध्यम से व्यक्ति अपनी वांछित वस्तुओं को प्राप्त करने की कामना की पूर्ति करता रहा है। उसका चौथा उद्देश्य था। अदृश्य शक्तियों को प्रसन्न करके अभीष्ट वस्तुओं को प्राप्त करना। जैसे आज भी कहीं-कहीं गाँवों या शहरों में देवी-देवताओं को बलि देने की प्रथा है। जैसे राणी सती आदि की पूजा। भोजपुरी गाँवों में आज भी लोग '**भैरवबाबा**', '**डीहबाबा**', '**शहीदबाबा की मजार**' पर पूजा-पाठ चढ़ाते हैं, ताकि गाँव के लोग सुखी व सम्पन्नता से रह सकें तथा अपना जीवन, अपनी खेती व व्यवसाय को सही ढंग से सम्पन्न कर सकें।
5. **मनुष्य का सामाजीकरण :** संस्कारों का पाँचवाँ उद्देश्य है मनुष्य को सामाजिक बनाना। संस्कारों के द्वारा ही व्यक्ति सामाजिक प्रतिमानों, मूल्यों, आदर्शों आदि का ज्ञान प्राप्त करता है। मुंडन, नामकरण, जातकरण, उपनयन, विवाह आदि ऐसे संस्कार हैं, जिनसे व्यक्ति समाज में प्रतिष्ठा प्राप्त करता है और सामाजिक बनता है।

6. **नैतिकता का संवर्धन :** संस्कार के द्वारा ही व्यक्ति के नैतिकता का विकास होता है। उपनयन और विवाह जैसे संस्कारों से व्यक्ति के नैतिक दायित्व का संवर्धन होता है, फलतः वह अपने दायित्वों को पूरा करने के लिए वैसे ही व्यवहार करता है।
7. **व्यक्तित्व का उत्कर्ष :** संस्कारों की निष्पन्नता से मनुष्य के व्यक्तित्व का विकास होता है और वह अपना आचरण और चरित्र सुदृढ करता है। इसीलिए आज भी अगर कोई बच्चा किसी से अच्छा व्यवहार करता है तो हम कहते हैं कि "कितने सांस्कारिक परिवार का है। उसको इसके माँ-बाप ने कितने अच्छे संस्कार दिए हैं।"

   वहीं आज जब हम यह कहते हैं कि हम सब एक हैं, ना कोई बड़ा है ना छोटा। वहीं एक तरफ कोई किसी की इज्जत नहीं करता। कहता है क्या है? ऐसा क्या? पाँव छूना, नमस्ते करना, किसी बड़े को सम्मानजनक, शिष्टता से पुकारना आदि में शर्म महसूस करता है। जो लोग शिष्टतापूर्वक आचरण करते हैं, उन्हें हेय दृष्टि से देखता है। यह सब इस बात का द्योतक है कि आज हमारे परिवार बिखर गए हैं, संस्कार कौन बताए, कैसे? इसीलिए समाज में इतना रोष व नैतिक-ह्रास देखने को मिल रहा है।
8. **आध्यात्मिक विकास :** संस्कारों के संयोजन और अनुगमन से आध्यात्मिक विकास भी होता है, क्योंकि समस्त संस्कारों का प्रमुख आधार धर्म है। संस्कारों में की जानेवाली सामाजिक क्रियाएँ जीवन को अध्यात्म की तरफ उन्मुख करती है, जिससे स्वयं ही व्यक्ति में आध्यात्मिकता का विकास होता है।

संस्कारों की संख्या :

हिन्दू समाज में संस्कारों का प्रचलन वैदिक युग से ही रहा है, परन्तु इसका व्याख्यान वैदिक साहित्य में नहीं मिलता। **सूत्रों** और **स्मृतियों** में इनके विषय में विस्तारपूर्वक लिखा गया है कि मनुष्य के जीवन में कितने संस्कार होने चाहिए। हालाँकि इन पर धर्मशास्त्रकारों में आपस में मतभेद है। **गौतम**[1] ने संस्कारों की संख्या चालीस दी है और **वैखानस**[2] ने अठारह। पर इसके अलावा कुछ ऐसे भी

1. गौ.ध.सू. 1.822, इत्येते चत्वारिंशत्संस्काराः।
2. वै.ध.सू.

शास्त्रकार हैं, जिन्होंने संस्कारों की संख्या तेरह बताई है।[1] किन्तु ज्यादातर **धर्मशास्त्रकारों ने संस्कारों की संख्या सोलह मानी है**, जो सर्वव्यापक और मान्य तथा प्रचलन में है। **गर्भाधान, पुंसवन, सीमन्तोन्नयन, जातकर्म, नामकरण, निष्क्रमण, अन्नप्राशन, चूड़ाकर्म, कर्णभेद, विद्यारम्भ, उपनयन, वेदारम्भ, केशांत, समावर्तन, विवाह** और **अन्त्येष्टि**। वैसे संस्कारों की संख्या उनकी मान्यता पर निर्भर रही कि कितने संस्कार समाज में स्वीकार किए गए तथा समयानुसार उनका पालन किया गया और वे ही ज्यादा प्रचलित हुए।

आज के इस संक्रमण काल में यह व्यक्ति विशेष के परिवारजन या स्वयं व्यक्ति पर निर्भर है कि वह इन संस्कारों का सही मायने में कितना अपने जीवन में महत्त्व देता है, करता है। बहुत कम लोग ऐसे हैं जो इन संस्कारों को आज भी अपने जीवन के प्रयोग में लाते हैं। इसका कारण है जीविकोपार्जन के चलते लोगों का अपनों से दूर होना। परिवार का टूटना, समयाभाव आदि।

(1) गर्भाधान संस्कार : हमारे जीवन का यह एक मुख्य संस्कार है। विवाहोपरान्त पुरुष स्त्री में अपना बीज स्थापित करता है।[2] दूसरे अर्थों में स्त्री का गर्भवती होना ही गर्भाधान है। जब आर्य लोग भारत में आए थे तो अपने उत्कर्ष काल में अपनी जाति के विस्तार के लिए उत्सुक थे, वे देवताओं से कम-से-कम दस पुत्रों की प्राप्ति के लिए कामना करते थे। वैसे भी प्राचीन काल में लोगों को परिवार के विस्तार की बड़ी चिन्ता रहती थी। इसलिए गर्भाधान गृहस्थ जीवन का एक महत्त्वपूर्ण कर्तव्य माना जाने लगा था।

जब किसी स्त्री को सन्तान होनेवाली होती है, तो वह बहुत प्रसन्न होती है। क्योंकि जिसके सन्तान नहीं होती, उसे अन्य स्त्रियाँ हेय दृष्टि से देखती हैं। सन्तान होने से माँ का हृदय हो जाता है। सगे-सम्बन्धियों के यहाँ से, गर्भधारण स्त्री के लिए **साड़ी, सिन्दूर, पकवान, टिकुली** आदि आता है, जिसे **'सधोर'** कहते हैं।

इस अवसर पर सोहर गीत गाए जाते हैं। जिनमें पुत्र प्राप्ति की कामना होती है, देवी-देवताओं से आराधना की जाती है कि हमें सुन्दर-सा, अच्छा-सा पुत्र दें, ताकि हमारा वंश आगे बढ़ सके। सोहर गाने के कई तरीके हैं। उसमें अकसर बहू सास से कुछ कहती है, या फिर सास देवताओं से आराधना करती हैं कि हमारे यहाँ पुत्र

1. पा.गृ.सू.
2. बौ.गृ.सू. 14.61; का.गृ.सू. 30.8; याज्ञ 1.11

की प्राप्ति हो। सोहर के सुरों से ऐसा आनन्द प्राप्त होता है कि अपने ही द्वारा अपनी आकृति को जन्म देकर स्त्री उस भयंकर प्रसव की पीड़ा को भूल जाती है। ऐसा गीत, जिसके स्वर जब कानों में पड़ते हैं तो वह अत्यन्त सुखदायी व मार्मिक लगते हैं। इसमें कोमल स्वर ग, म, ध, नी लगते हैं। यह 'काफी' राग पर आधारित होता है। इसे **दीपचन्दी** या **कहरवा** ताल में गाते हैं।

मचिया जे बइठेली सासु त
बहुआ से पूछेली हो
मोरी बहुआर कवन तप कइलू
कवन देव पूजलू हो
मोरी सासु सुरुज देव पूजलो सुरुज जल देहलो
त गोदवा बालक लेले हो।[1] (बनारस)

एक सोहर हैं, जिसमें गर्भधारण के समय बहू भोर में सपना देखती है और सास से उस सपने का जिक्र करती हैं, क्योंकि आज भी सपने में देखी हुई बातों की अलग-अलग मान्यता है। यह सोहर पूर्वी उत्तर प्रदेश के **'गोरखपुर'** में बहुत गाया जाता है। जिसमें 'काफी' राग के स्वर हैं और ताल है 'दीपचन्दी'।

सूतल रहली अटरिया सपन एक देखीले हो
सासु सपन देखीले बड़े अजगूत सपन बड़ सुन्दर हो।
धनवा त देखीले टुंड़ारल, मनवा ढेमारल हो
बड़वर गज हाथी ठाढ दुअरवा चढल राजा दसरथ हो
धनवा त हवे तोरे धनवा औ मनवा संतति तोर हो
बड़वर गज हाथी ठाढ दुअरवा चढल परमेश्वर हो।[2]

क्योंकि गर्भधारण के बाद से ही माँ **'जननी'** उसका निर्माण करना शुरू कर देती है। गर्भ में पल रही आत्मा के साथ माँ के संस्कार उसके साथ आने लगते हैं, इसीलिए कहा गया है कि गर्भवती माता जैसी सन्तान चाहती है, वैसे ही विचार में रमी रहे। आज भी जब स्त्री माँ बननेवाली होती है तो लोग उस घर के कमरे में, जहाँ वह सोती है, अच्छे बच्चों या भगवान की तस्वीरें लगाते हैं, ताकि बच्चा या बच्ची स्वस्थ, सुन्दर विचारवाला हों। हमारे यहाँ ऐसा कहा जाता है कि **'अष्टावक्र'** ने गर्भावस्था में ही 'वेदान्त' सीख लिया था। 'मदालसा' गर्भावस्था में गाया करती थीं—

1. निजी संग्रह से।
2. निजी संग्रह से।

'शुद्धोअसि, बुद्धोअसि'... 'ऐ मेरे बेटे, तू शुद्ध है, बुद्ध है, संसार की माया से निर्लिप्त है।' इन्हीं **संस्कारों** से उनकी सन्तान **ब्रह्मर्षि** बनी। **नेपोलियन** की माता जब गर्भवती थीं तब नित्य फौजों की कवायद देखने जाती थी, सैनिकों के आवेगपूर्ण गीत सुनती थी, जिससे उनके हृदय में वीरता की तरंगें उठती थी, उसके बाद उन्होंने **नेपोलियन** को जन्म दिया।

बच्चों को लाखों की सम्पत्ति देना उतना जरूरी नहीं है, जितना कि अच्छे संस्कार। क्योंकि आचरण और चरित्र जिससे आत्मा अलंकृत होती है, उसे संस्कार कहते हैं।

आज शहरों की तरफ रोजी-रोटी के चलते पलायन से यह सारी बातें हमारे जीवन से छूटती जा रही हैं, जिसका नुकसान भी हमें ही वहन करना पड़ रहा है।

इस प्रकार, इस संस्कार पर धार्मिक आवरण अत्यन्त ही दृढ़ था। इसी से विवाह संस्कार जो कि गर्भाधान का मातृसंस्कार है, हिन्दू समाज में मनोवैज्ञानिक तुष्टि की उपेक्षा एक धार्मिक आवश्यकता के रूप में प्रतिष्ठित था। आज के वैज्ञानिक बुद्धि-विलासिता के युग का दम्भी मानव शारीरिक आवश्यकता उत्पन्न होने पर किसी पूर्व कल्पना के बिना किसी भी स्त्री से सहवास कर लेता है। **जिसके चलते आज समाज में अनेक समस्याएँ व्याप्त हैं। वहीं दूसरी तरफ, लोग समझ-बूझकर सन्तान नहीं पैदा कर रहे हैं। जिसे हम पहले की अपेक्षा आज का आधा परिवर्तन कह सकते हैं।** यदि किसी स्त्री को बच्चा किन्हीं कारणवश नहीं होता है तो पहले के जैसा उसे उतने हेय दृष्टि से नहीं देखते और न ही पहले जैसा उसे उत्पीड़न सहना पड़ता है।

आज भी भोजपुरी-समाज में या हो कहें शहर, गाँव के लोग सन्तान को ईश्वर की देन मानते हैं, चाहे सन्तानों के चलते उन्हें कितने ही कष्ट क्यों न झेलने पड़े। वे उसे अपना प्रारब्ध मानते हैं।

पुंसवन : गर्भ के तीसरे महीने **'पुंसवन संस्कार'** का आरोपण किया जाता था। यह पुत्रोत्पत्ति के लिए होता था। इसमें उन देवताओं की आराधना की जाती है, जो पुत्रोत्पत्ति में सहायक होते हैं। जब चन्द्रमा पुष्प नक्षत्र में होता था, तब यह संस्कार निष्पन्न किया जाता था। क्योंकि पुत्र-प्राप्ति के लिए यह नक्षत्र मंगलकारी था। पुराणों में ऐसा उल्लेख मिलता है कि तेजस्वी पुत्र की प्राप्ति के लिए यह संस्कार होता था, क्योंकि हिन्दू परिवार में पुत्र की स्थिति अत्यन्त

महत्त्वपूर्ण मानी जाती है। पर आज के इस वैज्ञानिक युग में कई लोग इस विचार को नगण्य भी मानते हैं। इस संस्कार के द्वारा सन्तानोत्पत्ति में यदि कुछ बाधा होती हो तो उसका निवारण भी इसके माध्यम से किया जाता था, देवी-देवताओं की आराधना करके।

सीमन्तोन्नयन : यह संस्कार गर्भ के चौथे महीने में होता था। इसमें गर्भिणी स्त्री के **'केशों'** (सीमन्त) को ऊपर उठाया जाता था। क्योंकि ऐसी मान्यता थी कि जब स्त्री गर्भिणी होती है तो उस पर कई विघ्न-बाधाएँ उसके गर्भ को नष्ट करने हेतु आती हैं। इन सबसे उसकी रक्षा हो सके, इसलिए इस संस्कार को किया जाता था। इसमें गर्भिणी स्त्री के सुख और सांत्वना की बड़ी-बूढ़ी स्त्रियाँ कामना करती थी, उसे आशीर्वचन देती थी, ताकि गर्भिणी स्त्री शारीरिक व मानसिक रूप से अच्छे वातावरण में रह सके।

पूर्वी उत्तर प्रदेश में गर्भिणी स्त्री के लिए अलग से प्रसूतिगृह की व्यवस्था की जाती थी, क्योंकि उसमें चमारिन आती थी, नाईन आती थी, जो अपने-अपने कार्य सम्पन्न करती थी और जजमान से मुँहमाँगा नेग लेती थी। उसे कहीं-कहीं **'सउरी में पड़ना'** भी कहते हैं। पुत्र-प्राप्ति के सवा महीने बाद उसकी पूजा कराई जाती है, तब कहीं गर्भिणी स्त्री घर में ही इधर-उधर आ-जा सकती थी। 'पुत्र' के पैदा होने पर 'पीतल की थाली' बजती है, आनन्द होता है। 'सोहर' गाया जाता है। 'लड़की' के पैदा होने पर ऐसा कुछ नहीं किया जाता। जो कि गलत है। सिर्फ यह कहकर संतोष किया जाता है कि 'लक्ष्मी' आई है।

लोक का यह विश्वास है कि, "'लड़की' पैदा होने पर पृथ्वी सात हाथ नीचे जाती है और पुत्र होने पर सात हाथ ऊपर आ जाती है।"

जातकर्म : पुत्र जन्म के समय जातकर्म संस्कार सम्पादित होता था। मनु के अनुसार, **नाभि-छेदन (नार-काटने) के पहले जातकर्म किया जाता था।**[1] अनिष्टकारी शक्तियों का बच्चे पर कोई प्रभाव न पड़े। इसलिए यह संस्कार किया जाता था। सोना, घी तथा मधु का गृहयोक्त मंत्रों से नवोत्पन्न बच्चे को प्राशन कराया जाता था। पिता सविधि स्नानादि करके नान्दीमुख-श्राद्ध और पूजन[2] करता था।

1. मनु 2.29 प्राङ्नाभिवर्धनात पुंसो जातकर्म विधीयते। मंत्रवत् प्राशनं चास्य हिरण्यमधुसर्पिषाम्।
2. विष्णु 3.10.4-5, जातस्य जातकर्मादिक्रिया काण्डमशेषतः। पुत्रस्य कुर्वीत पिता श्राद्धं चाभ्युदयात्कम।

जातकर्म के अभिलेखीय प्रमाण भी मिलते हैं। **गढ़वाल नरेश जयचन्द** ने अपने पुत्र **हरिचन्द्र** के जातकर्म के शुभ अवसर पर **पुरोहित महाराज शर्मन** को वदेसर गाँव दान में दिया था।[1]

नहान : ब्राह्मण से शुभ दिन पूछकर बच्चे को प्रथम बार नहलाया जाता है। यह दिन रविवार या मंगलवार ही होना चाहिए। जच्चा पूरब या पश्चिम की ओर मुँह करके नहाती है। स्नान करने के बाद अपने पैरों से वह **परई** (मिट्टी का छोटा-सा बर्तन) को फोड़ती है, जिसमें आग रहती है, उसमें आजवाईन तथा सरसों पड़ी रहती है, जिससे उसे किसी तरह की बुरी नजर न लगे। इसके पीछे ऐसी मान्यता है। उस दिन जच्चा पीले वस्त्र पहनती है, श्रृंगार करती हैं। घर में रसियाव व हलवा बनता है, जिसे बाँटा जाता है। और औरतों को तेल लगाया जाता है। जच्चा बड़ी स्त्रियों के पैर छूकर आशीर्वाद प्राप्त करती है। इस अवसर पर गीत के शब्द हैं :

बहुअरि चलेली नहाये
त सासु निरखेली
बहुआ कवने चेलिकवे लुभइल्
त गरभ जनावेलु हो।

छठी-बरही : छह दिन बाद छठी और बारहवें दिन बरही मनाई जाती है। दोनों ही दिन आनन्द मनाया जाता है। छठवें दिन पूजा होती है। इसी दिन माँ बच्चे को अपना दूध पिलाती हैं। बारहवें दिन जच्चा सउरि में से निकलती भी है। इसीलिए इस दिन बरही देवी की पूजा होती है। इसके लिए विशेष रूप से लोग बुलाए जाते हैं। इस दिन पाँच प्रकार की तरकारी (सब्जी) बनती हैं, विशेष रूप से साग बनाया जाता है। कटहल के पत्ते के बारह दोने बनते हैं। उन बारहों में भोजन की सारी सामग्री रखी जाती हैं। दीवाल पर थापा लगाते हैं। पाँच सुहागिन स्त्रियाँ उन्हें टीकती हैं, जिसके लिए वह नेग लेती हैं। बड़ी औरतों के पैर की पूजा होती है। उस दिन से ही जच्चा बच्चे को गोदी में लेकर भोजन कर सकती है। इसी दिन बच्चे का नामकरण भी हो जाता है। उस दिन भाइयों को भोज दिया जाता है तथा हलुवा बाँटा जाता है। तात्पर्य ये कि प्रसन्नता बाँटी जाती है।

लोचना : नवजात शिशु के आने का शुभ समाचार, विशेष करके यदि पति दूर हो तो उसके पास, फिर जच्चा के मायके में

---

1. इपि. इं., 4, पृ. 126-27।

पहुँचाया जाता है। उसे '**लोचना**' पहुँचाना कहते हैं। नाई को इसके लिए विशेष पुरस्कार मिलता है। लोचना का गीत :

मोरे पिछुवरवा हजमवा भईया, वेग चलि आवहु
रगरी के पीसलो हरदिया लोचन पहुँचाव
पहीले लोचन मोरे बाबा के दूसरहि आमा
तीसरे लोचन मोरे भईया के कवरुआ जल माँगेलो।

सधोर : अब जच्चा तथा बच्चे के लिए रिश्तेदारों के यहाँ से कसार, विशेषत: सोंठ मिला हुआ लड्डू, वस्त्र, खिलौने आदि आने लगते हैं।

मोरा भईया के भइले नन्दलाल
आहो पिया काइ लेई नइहर जाई
सोनन के चारि कड़ा बना ल
सोनन के लटकनि
छालटी मखमल के कुर्ता सिआल
साट सुटन के टोपी।

जन्मोत्सव के समय भी इतना ही आनन्द मनाया जाता है, पूजा-पाठ होता है। जिसका उद्देश्य यही रहता है कि नया आया हुआ बच्चा हमेशा प्रसन्न रहे, उसे कोई कष्ट न हों। आगे वह ऐसा कार्य न करे, जिससे परिवार के नाम पर कोई आँच आए। इस अवसर पर '**खिलौना**' गाया जाता है जो प्राय: **खेमटा** या **कहरवा** ताल में होता है।

रुपईया माँगे ननदी लाल की बधइयाँ
एक रुपईया मोरे सईया की कमाई
अठन्नी लेले ननदी लाल की बधईया रूपईया माँगे......[1]

बच्चे को सुलाते समय माँ '**लोरी**' गाती है। उसके माध्यम से उसमें अच्छे-अच्छे गुणों का संस्कार बच्चे को देती। जिससे बच्चा माँ के ज्यादा करीब होता, उसके शरीर की गन्ध को आभास करने लगता है। क्योंकि उसके अन्दर जो असुरक्षा की भावना गर्भ से आने के पश्चात् रहती है, वह इससे धीरे-धीरे दूर होने लगती है। '**लोरी**' जिसका अर्थ '**लो-री**' या '**लो-ना**' है, जिसे सिर्फ माँ ही देती है।

यह बच्चे के अन्त:करण पर प्रभाव डालती है। '**लोरी**' **अवरोह से शुरू होती है। "माँ जिसे अवरोही के दो-दो सुरों में गाती है,**

1. निजी संग्रह से।

जिसमें तीन इन्द्रियाँ लगती हैं, लय के पालने में, ताल की थपकी पाकर, स्वर की लहरी में बच्चा सो जाता है।" (माँ का आश्रय)

—आचार्य राजेश्वर के अनुसार[1]

(भूतपूर्व संगीत विभागाध्यक्ष, गोरखपुर विश्वविद्यालय)

ए चंदा मामा
आरे आव पारे आव
नदिया किनारे आव
सोना के कटोरिया में
दूध भात लेहले आव
बबुआ के मुहवाँ में घुटुक
ए चंदा मामा ....

आज लोरी स्वयं सो गई है सुलाते-सुलाते। बच्चे 'क्रेच' में पलते हैं। माँ नौकरी करती है।

नामकरण या नामधेय : हिन्दू समाज में सन्तान को नाम प्रदान करना भी एक संस्कार माना गया। क्योंकि नाम का व्यक्ति के जीवन पर गहरा प्रभाव पड़ता है। **'नाम'** शुभ कर्मों और भाग्य का आधार माना गया है। इसी से मनुष्य की ख्याति होती है और वह अपने नाम से, अपने काम से ही समाज में जाना जाता है। इसके लिए मंगल घड़ी में देवपूजन और यज्ञ का आयोजन होता था। **ब्राह्मण ग्रन्थों**[2], **गृहयस्तोत्र**[3], **स्मृतियों**[4] आदि में नामकरण संस्कार का सविस्तार वर्णन किया गया है। **मनु**[5] के अनुसार, **दसवें या बारहवें दिन शुभ तिथि, नक्षत्र और मुहूर्त में नामकरण संस्कार का आयोजन करना चाहिए।**

इस समय माता अपने बच्चे को वस्त्र से ढककर तथा उसके सिर को जल से पवित्र करके उसके पिता की गोद में रख देती थी और तत्पश्चात विभिन्न देवताओं का पूजन करके, **अग्नि** में वेद मंत्रों से आहुतियाँ दी जाती थीं।

निष्क्रमण : जन्म से एक निश्चित अवधि के बाद सन्तान को पहली बार घर के बाहर निकाला जाता था, तब उसे **'निष्क्रमण'** कहा

---

1. आचार्य राजेश्वर (भू.पू. संगीत विभागाध्यक्ष, गोरखपुर विश्वविद्यालय के वाराणसी में उनके निवास स्थान पर 16 मई 2004 में किए गए साक्षात्कार के आधार पर।
2. श.ब्रा., 6.1.3.9, तै.स. 6.1.13
3. आ.गृ.सू. 15.8.11; आश्व.गृ.सू., 1.15.4-10
4. याज्ञ., 1.12, अहन्येकादशे नाम; मनु. 2.30
   नामधेयं दशम्यां तु द्वादशां वास्य कारयेत्। पुण्ये तिथौ मुहूर्ते वा नक्षत्रे वा गुणान्विते।।
5. मनु. 2.301

जाता था। इस संस्कार के पहले माँ और शिशु को एक प्रकोष्ठ में रखा जाता था, वहाँ से कहीं और जाने की अनुमति नहीं होती थी, जब तक कि निष्क्रमण संस्कार न हो जाए। यह संस्कार अकसर जन्म के बारहवें दिन से चौथे मास तक सम्पन्न होता था।[1] इस संस्कार को सम्पन्न करने की निर्धारित तिथि के दिन गृह के किसी ऐसे हिस्से को गोबर और जल से पवित्र किया जाता था, जहाँ से सूर्य का दर्शन सम्भव था। स्वस्तिक का चिन्ह बनाकर उस पर धान डाले जाते थे। शिशु को स्नान कराकर, नवीन वस्त्र धारण कराकर, यज्ञ वेदी के सम्मुख लाकर वेद मंत्रों का पाठ होता था। पिता उसे लेकर सूर्य की ओर अभिमुख होता था। कभी-कभी तीसरे महीने सूर्य का दर्शन और चौथे महीने चन्द्र का दर्शन कराने की व्यवस्था थी।[2]

इस संस्कार का मूल विचार यह था, कि एक निश्चित और निर्धारित तिथि पर शिशु को सर्वप्रथम उन्मुक्त वातावरण और प्राकृतिक जीवन में लाकर सूर्य-चन्द्र जैसे नक्षत्रों के प्रकाश के स्वच्छन्द विकास पर बल दिया जाए।

अन्नप्राशन : जिस दिन प्रथम बार सन्तान को अन्न खिलाया जाता है, उस संस्कार को अन्नप्राशन कहते हैं। इसके पूर्व शिशु माँ के दूध और गाय के दूध पर पलता है। पाँच-छह महीने बाद माँ का दूध कम होने लगता है और बच्चे को पौष्टिक आहार की आवश्यकता पड़ती है, ताकि उसके शरीर का विकास ठीक से हो सके। पंडित से शुभ दिन पूछकर यह कार्य उत्साह के साथ सम्पन्न किया जाता है। 'पुत्र' को 'छह महीने' पर तथा 'लड़की' को 'पाँच महीने' पर अन्न खिलाया जाता है। इस दिन पिता या बाबा बच्चे को प्रथम बार दलपुरी-रसियाव या खीर खिलाते हैं। 'चाँदी' के 'चम्मच' से अन्न खिलाने का विधान है, परन्तु यदि 'चाँदी का चम्मच' न हो तो 'चाँदी के रुपए' से भी काम चलाया जात्ता है।

चूड़ाकरण या मुंडन : इस संस्कार का मूल उद्देश्य है शरीर की स्वच्छता और पवित्रता से बालक का परिचय कराना, ताकि भविष्य में वह अपने शरीर को स्वच्छ रख सके। **'चूड़ा'** का अर्थ **'चुंड़ी'** यानी **'शिख'** है। इसमें **'शिख'** को छोड़कर गर्भकाल के सिर से सभी बाल और नख कटवा दिए जाते हैं। ऐसी मान्यता रही है कि

---

1. पा.गृ.सू., 1.17, चतुर्थे मासि निष्क्रमणिका सूर्युंदक्षियति तच्चक्षुरिति।
2. का.गृ.सू. 37.38 तृतीये मास कर्तव्य शिशोः सूर्यस्य दर्शनम। चतुर्थे मासि कर्तव्यं तथा चन्द्रस्य दर्शनम।।

चूड़ाकर्म से मनुष्य दीर्घायु होता है।[1] ना करने से व्यक्ति की आयु क्षीण होती है। पहली बार जब किसी नदी, तालाब या देवस्थल पर बच्चों के बाल काटे जाते हैं, तब इस क्रिया को मुंडन संस्कार कहते हैं। यह संस्कार पुत्र-पुत्री दोनों के लिए है। जो बच्चे के पहले, तीसरे, पाँचवें या सातवें वर्ष में सम्पन्न किया जाता है। गाँव-घर की स्त्रियाँ बच्चे का शृंगार करके मुंडन के लिए गंगाजी या देवस्थल जाती है। सबसे पहले शीतला माता के गीत गाती है।

नीमिया की डाढि मईया लावेली हिलोरवा कि झूलि झूलि ना
मईया मोरी गावेली गीतिया कि झूलि झूलिना
झूलत झूलत मईया के लागली पियसिया कि चलि बलि ना
मोहि के पनिया पियाव मालिन चलि बलि ना।[2]

इनसे बच्चे की कुशलता के लिए प्रार्थना करती है। इसके बाद गंगाजी के गीत गाती है, जिसमें बंध्या पुत्र का चित्रण होता है। गंगा माँ पुत्र होने के लिए आशीर्वाद भी देती है।

गंगा जी के ऊँच अरगवा देखत नीक लागेला हो।
आरे तेहि तर खाड़ तिरियव एक रोवे
चुप होरव ए तिवइ चुप होरव जनि रोई मरहू
आपन बालक हम मारबि तोहरो जियाइबि।

गंगा के किनारे नाई बच्चे के बाल काटता है, जिसको बच्चे की बुआ अपने आँचल में लेती है। इसे भोजपुरी में **'लापड़ि ओड़ना'** कहते हैं। इसके लिए उसे नेग मिलता है। एक किनारे पर आम की लकड़ी गाड़ देते हैं, उसमें मूँज की रस्सी बँधी रहती है। वहीं पर माँ अपने बच्चे को गोद में लेकर बैठी रहती है। वह उसे पकड़ी रहती है। दूसरी स्त्रियाँ नौका पर चढ़ती है। इस समय गंगा का गीत और सोहर गाया जाता है। गंगा को पीठा तथा पीली साड़ी चढ़ाई जाती है। सभी स्त्रियों को जई (भिगोया हुआ चना) और पूड़ी दी जाती है। गंगा गीत :

सब केहू सुते गंगा कोठवा से कोठरिया ए राउर सेवका
सुते बलुआ रेतवा, राउर सेवका
सब केहू ओढे गंगा सालवा-दोसालवा ए राउर सेवका
ओढे महजलवा ए गंगा, राउर सेवका।[3]

---

1. पा.गृ.सू., 2.1, 1.21
2. निजी संग्रह से।
3. निजी संग्रह से।

कर्णछेदन कर्णभेद : कर्णभेद संस्कार शिशु के शोभन और अलंकरण के निमित्त किया जानेवाला धार्मिक संस्कार था, जो सन्तान के जन्म के सातवें महीने में आयोजित होता था, कभी-कभी तीसरे या पाँचवें वर्ष में भी इसे सम्पन्न किया जाता था। धार्मिक क्रियाओं के साथ इसका सम्पादन किया जाता था। क्षत्रिय बालक का कान स्वर्ण की सुई से, ब्राह्मण और वैश्य बालक का कान चाँदी की सुई से तथा शुद्र बालक का कान लौह सुई से छेदा जाता था। सबसे पहले दायाँ कान और फिर बायाँ कान। तत्पश्चात् कानों में सुवर्ण की बाली या कुंडल पहनाया जाता है। आधुनिक युग में यह संस्कार मुंडन के साथ सम्पादित किया जाता है। इसके लिए सोनार को धोती और सवा रुपए दक्षिणास्वरूप भोजपुरी समाज में भेंट किया जाता है। बच्चों को गुड़ या मिठाई खिलाई जाती है। इसीलिए कहावत है : **"जे गुड़ खाई से कान छेदाई।"**[1]

विद्यारम्भ : सन्तान की अवस्था पाँच वर्ष की होती थी तब उसे शिक्षा प्रदान करने की व्यवस्था की जाती थी।[2] परन्तु आज दो-ढाई वर्ष से ही विद्यारम्भ शुरू कर देते हैं। शुभ मुहूर्त में शिक्षक द्वारा पट्टी पर (पहले), आज कागज पर कलम से **'ओम्'** और **'स्वस्तिक'** के साथ वर्णमाला लिखकर इस संस्कार को सम्पादित किया जाता है। बच्चे को पूर्वाभिमुख होकर अक्षर लिखना शुरू कराया जाता है। तत्पश्चात् बच्चा गुरु का पूजन व बड़े लोगों से आशीर्वचन प्राप्त करता था, ताकि वह जीवन में उत्तम बुद्धि से अपने सामाजिक जीवन की शुरुआत कर सके। आज यह संस्कार उच्चकुल के ब्राह्मण परिवार या कुछ लोगों में ही किया जाता है।

उपनयन, जनेऊ : भोजपुरी समाज में **'जनेऊ'** विवाह के समान ही महत्त्वपूर्ण संस्कार माना जाता है। दोनों की बहुत-सी विधियाँ समान हैं। वैसे तो ब्राह्मण, क्षत्रिय और वैश्य तीनों के लिए **'जनेऊ'** **'उपनयन'** का विधान है। परन्तु हमारे यहाँ ब्राह्मण, क्षत्रिय में यह संस्कार विशेष रूप से सम्पन्न होता है। इसे **'यज्ञोपवीत'** भी कहते हैं। **'उपनयन'** शब्द का अर्थ है, **"उपनीयते गुरुसमीप प्राण्यते अनेनेति उपनयम्।"** वह संस्कार जिसके द्वारा विद्यार्थी गुरु के समीप लाया जाता है। प्राचीन काल में यज्ञोपवीत संस्कार के पश्चात् बालक गुरु के पास आश्रम या गुरुकुल में पढ़ने के लिए भेज दिया जाता

---

1. संस्कार प्रकाश, पृ.सं. 258, संस्कार रत्नमाला, पृ. 873, संस्कार कौस्तुम्य, पृ. सं. 370
2. संस्कार प्रकाश, पृ. 258

था। इसलिए इस संस्कार को '**उपनयन**' कहते थे।[1] उपनयन संस्कार होने के पश्चात ही मनुष्य द्विज माना जाता था। क्योंकि मनु के अनुसार, यज्ञोपवीत होने से पहले मनुष्य शूद्र है।[2] हमारे यहाँ चैत-वैशाख में ही यह संस्कार सम्पन्न होता है।

चैत बरुआ तेजि चले बइसरिव पहुँचेले।
मोंहि तोसे पूछिले एक बरुआ, केकरा घरे जइब।।

क्योंकि तब तक गृहस्थ के घर में अनाज भी आ जाता है। परिवार के सदस्य मूँजी-मेखड़ा के लिए मूँज, मृग छाला, पलाश के डंडे आदि का प्रबंध करने लगते हैं। इसका व्याख्यान इन गीतों में देखने को मिलता है : '**बरुआ**' (ब्रह्मचारी) का अपभ्रंश।[3]

(1)

कुँइया जगत पर मूँजहि केरा झुरवा, चिरले कवनबाबा।
तहँया कवन बरुआ अत नीधयइले,
अत छरिअइले दाही बाबा नवगुन जेनव।

(2)

जवना बने सिकिओ ना डोलसु बधया ना गुजरेला।
तवना बने चले ले कवन बरुआ काटेले परास डंडा।
खोजेले मिरिग छाल, आजु मोर जनेव हवन हो।।

बनारस (काशी) से '**बेदुआ**' (वेद का पंडित) बुलाया जाता था। जिस लड़के का जनेऊ होनेवाला होता है, उसे लोग अब '**बरुआ**' कहने लगते हैं। जो ब्रह्मचारी का अपभ्रंश है। जिससे उसके मन में भी पवित्रता की भावना पैदा होने लगती थी। इस संस्कार को सम्पन्न करते समय बालक को यज्ञोपवीत धारण करने के लिए दिया जाता था। नौ तन्तुओं से निर्मित तीन डोरीवाला यज्ञोपवीत ब्राह्मण बालक पहनता था।[4]

वेदारम्भ : वैदिक युग में वेद का अध्ययन करना शिक्षा का प्रधान अंग था, जिससे बालक का बौद्धिक और आध्यात्मिक उत्कर्ष

1. संस्कार रत्नमाला, पृ. 873
2. संस्कार कौस्तुभ, पृ. 370
3. भोजपुरी लोकसाहित्य का अध्ययन, कृष्णदेव उपाध्याय, पृ. 168
4. जन्मना जायते शूद्रः संस्कार द्द्विज उच्यते। —मनुस्मृति

होता था। इसीलिए गुरु के सानिध्य में पहुँचकर शिष्य वेद का अध्ययन प्रारम्भ करता था, जिसे वेदारम्भ संस्कार माना जाता है। इसमें शिष्य शिक्षा के आरम्भ व अन्त में **'ॐ'** शब्द का उच्चारण करता है।

कालान्तर में वेदों का अध्ययन कम होने लगा तथा अन्य विषयों को वरीयता मिलने के कारण से अब यह संस्कार आजकल कम ही देखने व सुनने को मिलता है।

केशान्त अथवा गोदान : विद्यार्थी के सोलहवें वर्ष में यह संस्कार किया जाता था, जब उसके दाढी आदि का पहली बार क्षौर कर्म होता था।[1] दाढी, मूँछों का उगना तरुणाई के लक्षण हैं। इनकी क्षौर क्रिया के साथ युवा व्यक्ति को ब्रह्मचर्य और सदाचरण का स्मरण दिलाया जाता था। मनु के अनुसार, गर्भ से सोलहवें वर्ष ब्राह्मण का, बाईसवें वर्ष क्षत्रिय का, चौबीसवें वर्ष वैश्य का केशान्त संस्कार सम्पन्न करना चाहिए।[2] केशान्त संस्कार को **'गोदान'** भी कहा जाता था, क्योंकि इस संस्कार के मंगलमय अवसर पर ब्राह्मण आचार्य को गोदान दिया जाता था। कभी-कभी यह संस्कार विवाह के पूर्व सम्पन्न किया जाता था।

सावित्री : गृहयसूत्रों के अनुसार, यह संस्कार उपनयन के तुरन्त बाद या उपनयन के तीन वर्ष के बाद तक की अवधि में किसी समय सम्पन्न करना चाहिए। मनु के अनुसार, ब्राह्मण के लिए सोलह वर्ष बीतने से पहले, क्षत्रिय के लिए बाईसवें वर्ष और वैश्य के लिए चौबीसवें वर्ष के पहले इस संस्कार को सम्पन्न करना चाहिए।[3] यह कार्य ब्रह्मचर्य आश्रम के रूप में नियोजित था।

समावर्तन : समावर्तन शब्द का शाब्दिक अर्थ है गुरुकुल से **"शिक्षा ग्रहण करने के बाद घर की ओर लौटना।"** प्राचीन काल में जब विद्यार्थी गुरु के निकट रहकर अपनी शिक्षा पूर्ण कर लेता था तब उनका समावर्तन संस्कार होता था।[4] कोई शुभ दिन चुनकर यह संस्कार सम्पन्न किया जाता था। क्योंकि विद्यार्थी को एक प्रकोष्ठ में बन्द रहना पड़ता था। ऐसा इसलिए किया जाता था कि

1. मेघातिथि, मनु. 2.44; स्मृतिचन्द्रिका, पृ. 31
2. मनु. 2.65, केशान्तः षोड्षे ब्राह्मणस्य विधीयते। राजन्यवन्धोर्द्राविशे वैशयस्य द्व्यधिकेतत:।
3. मनु. 2.38, आषोड़शादब्राह्मणस्य सावित्री नातिवर्तते। आद्वाविशारक्षत्रब-धोराचतुविशतेर्विशः
4. 1.2 याज्ञ., 1.49

ब्रह्मचारी के तेज से सूर्य की देदीप्यता मन्द पड़ जाती थी, वह ब्रह्मचारी के तेज से ही चमकता था।[1] मध्याह्न के समय ब्रह्मचारी गुरु के चरणों में प्रणाम करता था और तत्पश्चात् समिधा इकट्ठा कर हवन करता था। इस स्थान पर जलयुक्त आठ कलश रखे रहते थे, जो इसके परिचायक थे कि ब्रह्मचारी के ज्ञान का यश समस्त दिशाओं में वर्षा की तरह व्याप्त है। ब्रह्मचारी उन कलशों के जल से स्नान करके दंड, मेखला, मृगचर्म, अपने नाखून और बाल काटकर स्वच्छ हो जाता था। आचार्य विद्यार्थी को सुन्दर वस्त्राभूषण, दर्पण, जल पुष्प आदि प्रदान करता था। यज्ञ-होम किया जाता था और यह कामना कि नव स्नातक को अधिकाधिक शिष्य प्राप्त हों।[2] इस तरह स्नातक आचार्य का आशीर्वाद और अनुमति प्राप्त कर गृह को प्रस्थान करता था। इस सम्पूर्ण समारोह को समावर्तन संस्कार कहा जाता था।

विवाह संस्कार : सभी संस्कारों में अत्यंत महत्त्वपूर्ण संस्कार है। विवाह जो आज भी महत्त्वपूर्ण संस्कार है, बहुत प्रचलन में है, दूसरे संस्कारों के अपेक्षाकृत इसे आज भी समाज के लोग गौरवशाली मानते हैं। इसी संस्कार से व्यक्ति की हर सामाजिक और सांस्कृतिक स्थिति प्रारंभ होती है। विवाह व्यक्ति के गृहस्थाश्रम में प्रवेश होने का प्रथम सोपान है। इसके द्वारा व्यक्ति सामाजिक हो जाता है, उसकी वैयक्तिक स्थिति समाप्त हो जाती है, 'मैं' ख़त्म होकर 'हम' में विलीन हो जाता है। परिवार व समाज के प्रति उसके दायित्व प्रारंभ हो जाते हैं। विवाह संस्कार के समय वरदान, व-वरण, कन्यादान, विवाह-होम, पारिग्रहण, हृदयस्पर्श, सप्तपदी अश्वारोहण, सूर्यावलोकन, ध्रुव-दर्शन, त्रिरात-व्रत और चतुर्थी कर्म आदि का विधान था।[3]

मानव को अमर्यादित एवं स्वेच्छाचारी बनने से रोकने के लिए, उसकी इंद्रियजन्य वासनाओं को संयमित रखने के लिए, मोक्ष लालसा को मर्यादित बनाने के लिए तथा सन्तानोत्पत्ति द्वारा वंशवृद्धि करने के लिए विवाह संस्कार अनिवार्य है। स्त्री एवं पुरुष मिलकर एक पूर्ण शरीर बनाते हैं। एक-दूसरे के बिना दोनों अपूर्ण हैं। शिव के अर्धनारीश्वर का रूप भारतीय चिंतन की इसी धारा की पुष्टि करता है। हमारे शास्त्रों के अनुसार, सृष्टि के प्रारंभ से ही परमात्मा ने स्वयं को दो

---

1. म.गृ.सू. 11.1.8 एतरह स्नातानां ह वा एव एत्तेजसा तपति तस्मादेनमेत दहनीभितपेत्।
2. वौ.ट.सू. 2.9
3. पा.गृ.सू.1.8.1

भागों में विभक्त या अविभक्त किया, वे आधे में पुरुष एवं आधे में नारी हो गए। आगे इन दोनों के सहयोग से ही सृष्टि का विस्तार हुआ। इस प्रकार, विवाह संस्कार द्वारा स्त्री एवं पुरुष अपनी भोग प्रवृत्तियों को एक-दूसरे में केंद्रीभूत एवं नियंत्रित कर आत्मसंयम एवं आत्मत्याग के अभ्यास द्वारा एक-दूसरे के पूरक और आध्यात्मिक उन्नति में सहायक बनते हैं। विवाह स्नेह की वह व्यवस्था है जो मानसिक, शारीरिक एवं आध्यात्मिक रूप से इन्द्रियों के विकास का साधन बनती है। विवाह संसार को सभ्य बनाने का माध्यम है।

शास्त्रों में आठ प्रकार के विवाह का वर्णन है। अच्छे शील, स्वभाव, गुणवान वर को घर में बुलाकर उसका पूजन कर कन्यादान करना एवं वस्त्राभूषण प्रदान करना **'ब्राह्म्य-विवाह'** है। यज्ञ कर्म करते हुए ऋत्विक (यज्ञकर्ता) को दक्षिणा (रूप अलंकारादि से भूषित कन्या) देने को **'दैव-विवाह'** कहते हैं। वर से कुछ बैल एवं गायें आदि लेकर फिर उसे विधिवत् कन्या प्रदान करने का नाम **'आर्य-विवाह'** है। वर से केवल यह कहकर कि 'सहोभवं चरतं धर्मा' (तुम दोनों मिलकर गृह धर्म की रक्षा करो) जो कन्या दी जाती है, वह **'प्रजापत्य विवाह'** है। कन्या के अभिभावकों एवं स्वयं कन्या को धन देकर विवाह के लिए राजी करना **'असुर-विवाह'** कहलाता है। कन्या एवं वर अपनी इच्छा से मिलें, परस्पर प्रेम-व्यवहार करें, उसे **'गांधर्व-विवाह'** कहते हैं। शत्रुओं को मारकर, घायल करके उनकी रोती-बिलखती कन्या को जबरन घर से उठा ले जाना **'राक्षस-विवाह'** है। सोती या अचेत अथवा पागल कन्या के साथ लुक-छिप कर संभोग करना **'पैशाच विवाह'** है। हिंदू समाज में **'ब्राह्म्य-विवाह'** व **'गांधर्व विवाह'** का ही प्रचलन है।[1]

भोजपुरी लोकसाहित्य और समाज में विवाह, एक धार्मिक और दैवी संस्कार माना जाता है, सामाजिक साझेदारी नहीं। अन्नदान, सोनादान से भी बढ़कर **कन्यादान** है। ऐसी धारणा है कि कन्यादान करने से आदमी स्वर्ग की सोलह सीढ़ी ऊपर चला जाता है, उसके सारे पाप कट जाते हैं, यह आज भी लोग मानते हैं और दृढ़ विश्वास रखते हैं। भोजपुरी भाषी लोग आज भी कहते हैं कि बेटी का विवाह एक ही बार होता है, और वह सम्बन्ध अटूट होता है। इससे सम्बन्धित एक गीत :

---

1. लेख—नवभारत टाइम्स, 'एक पवित्र संस्कार है विवाह'—लेखक : ललित भूषण, दि. 17 दिसंबर, 2004

इनरा तू रहीतू बेटी फेनु से खोनइती।
समुन्दर खोनवलो ना जाइ।।
पुतवा जे रहीतू बेटी, फेनु से बिअहितो।
धियवा बिअहलों ना जाइ।।[1]

भोजपुरी समाज में अहीर आदि जातियों में यदि लड़की विधवा हो जाए तो दूसरा विवाह भी होता है (लाचारीवश), जिसे **'अन्हारा घर'** का विवाह कहते हैं।

अपने शोध के दौरान मैंने पाया कि बहुत लोग जो दाम्पत्य जीवन से सुखी नहीं हैं, फिर भी एक छत के नीचे जैसे-तैसे रहती हैं/रहते हैं। पुरुष वर्ग अगर गाँव से रोटी के लिए शहर आ गया है तो वहाँ किसी अन्य स्त्री से सम्बन्ध स्थापित कर लेता है। बिदेसिया गीत की रचना भिखारी ठाकुर ने इन्हीं घटनाओं को देखकर व सुनकर किया था। वह आज भी सत्य है। चित्रा मुद्गल की कहानी **'केंचुल'** में इसी का वर्णन है। आज इसी महँगाई के युग में कितने लोग इन्हीं कारणों से **'बिटिया'** है, तो उसे जन्म लेने के पूर्व ही ख़त्म करवा दे रहे हैं, या यों कहें भ्रूण हत्या कर रहे हैं। ये आज ज्यादा प्रचलन में होने से लड़कियों की संख्या हर प्रांत में घट गई है, जिसे लेकर समाज में कई वर्ग चिन्तित हैं कि यदि इस सन्दर्भ में शीघ्र कुछ किया नहीं गया तो क्या होगा? यह एक बड़ा प्रश्नवाचक चिन्ह बनकर उभर रहा है। बिहार में तो इसके लिए दाइयाँ हैं, जो लड़की होने पर उनका गला दबा देती हैं। उनसे जब हमने बड़ी मुश्किल से साक्षात्कार किया तो पाया कि ऐसा वे अपनी मर्ज़ी से नहीं करतीं, बल्कि मालिक के कहने से करती हैं। इस पर एकाध दम्पती से जब मैंने पूछा तो उन्होंने पहले बोलने से मना कर दिया, फिर जैसे-तैसे उन्हें बहलाकर जब मैंने पूछा तो पिता ने कहा कि कहाँ से आएगा इतना पैसा, कौन पढ़ाएगा? फिर दहेज देकर शादी कौन करेगा? लड़का होना चाहिए, उसे तो कुछ मिलेगा और नहीं भी मिलेगा तो, वंश तो हमारा चलेगा ना। माँ जिसने इतनी पीड़ा सहकर लड़की को जन्म दिया, उसका कहना था कि हम का करें? हमार का बा? तो मैंने कहा कि आप भी तो किसी की लड़की हैं, उस पर उन्होंने कहा, तो का करी? कारण है अशिक्षा, आज भी नारी का अपने पति पर आश्रित होना और उसका परिवार व समाज। समाज का संकुचित दृष्टिकोण कि बिना पुरुष के 'नारी' का अस्तित्व नहीं है। परन्तु आज मीडिया के चलते धीरे-धीरे यह अवधारणा बदल रही है।

2. भोजपुरी लोकगीतों के विविध रस, डॉ. श्रीधर मिश्र, पृ. 77

हमने देखा कि जो दाइयाँ इस कर्म को करती हैं, उनके चेहरे विकृत और डरावने लग रहे थे। भोजपुरी लोकसाहित्य में विवाह संस्कार की विविधता को इस प्रकार दर्शाया गया है :

'चंढ़िके', 'डोला कढ़वा', 'गोलावट', 'ढ्ढ पोढ़िया', 'बेटी बेचवा' **तथा** 'स्वयंवर' **और** एक अलग तरह का विवाह, **जो दो पेड़ों** आम और महुआ **के बीच होता है। आदि-आदि।**[1]

चंढ़िके-विवाह : **'चंढ़िके-विवाह'** दैव और ब्रह्म विवाह का मिला हुआ रूप है। जिसमे कन्या का पिता सुन्दर वर ढूँढ़ता है। दहेज दिया जाता है, बारात आती है। यह विवाह सबसे अच्छा माना जाता है।

डोला कढ़वा : यह प्रजापत्य विवाह का रूप है। जब पिता गरीब रहता है, दहेज नहीं दे सकता, इसलिए कर्म-पालन के लिए अपनी लड़की को लड़के वाले के यहाँ पहुँचा देता है। वहीं पर विवाह होता है। लोग उसके पिता से हमदर्दी जाहिर करते हैं।

गोलावट विवाह : गोलावट विवाह यानी विवाह के बदले विवाह। अगर किसी कारण से लड़की की शादी नहीं हो पाई तो कन्या पक्ष जिस लड़के से अपनी बेटी की शादी करता है उस वर की बहन से अपने यहाँ के लड़के की या रिश्तेदारी में शादी करवाता है। (यह आज भी कहीं-कहीं होता है—गाँवों में, छोटे शहरों में।)

गृहयसूत्रों और स्मृतियों में दर्शाए गए आठ प्रकार के विवाह में इसका उल्लेख नही हैं। अध्ययनों के आधार पर मुझे ऐसा प्रतीत होता है कि मानव ने अपनी सुविधा के लिए, आपस में सहयोग के लिए इस चलन को अपनाया होगा।

छपोंछिया विवाह : गोलावट विवाह में जहाँ दो परिवार एक-दूसरे के लड़के का विवाह करते हैं, वहीं छपोंछिया में तीसरे व्यक्ति के यहाँ दूसरे लड़के की शादी होती है। तीसरा व्यक्ति पहलेवाले का रिश्तेदार होता है। इस विवाह का जिक्र भी आठ प्रकार के विवाहों में नहीं पाया जाता है।

बेटी बेचवा विवाह : भोजपुरी लोकसमाज में यह विवाह निम्न कोटि का माना जाता है। पिता पैसे के लालच में, जैसा कि इस विवाह के नाम से ही प्रकट होता है, अपनी बेटी को किसी को भी बेच देता है। चाहे वर कन्या के लायक हो या ना हो, बूढ़ा हो, दस बच्चों का बाप हो, शराबी हो, जुआरी हो। लड़की के साथ पशुवत

1. Some aspects of marriage in Bhojpuri Folklore by Satya Deo Ojha Page – 255.

व्यवहार होता है। इस पीड़ा को भिखारी ठाकुर ने अपने नाटक 'बेटी बेचना' में लिखा है। जिसके मंचन पर लोग बिलख-बिलखकर रोते थे। उसका एक गीत उदाहरणस्वरूप देखें :

लड़की विलाप करके कहती हैं—

कवन कसुर कइनी बूढ़ऊ से विवाह कइल।
सउदा करे ये काहे ठगइल ए बाबू जी।।
मुँहवा में दाँत नइखे, भतवो कूचात नइखे।
डाँटा लेके रहिया पर चलेले हो बाबू जी।।
अँखिया से लउके नाहीं कनवों से सुने नाही।
गतर गतर के चाम झूलेला हो बाबू जी।।
बाभना के पोथी जरी, नउवा के डाँड टूटी।
अगुआ के मुओ जेठ पुतवा ए बाबू जी।।[1]

बंगाल, बिहार व उ.प्र. के पूर्वी इलाके में आज भी ऐसे विवाह होते हैं। महानगरों में आज कई लड़कियाँ पैसे के चकाचौंध में ऐसी शादियाँ स्वयं ही कर लेती हैं।

स्वयंवर विवाह : स्वयंवर विवाह का उल्लेख लोककथाओं में मिलता है। इस प्रकार के विवाह का आयोजन कन्या पक्ष के लोग करते थे, जिसमें विभिन्न प्रदेशों के राजकुमारों को आमंत्रित किया जाता था और उस समारोह में कन्या 'स्वयं' अपना 'वर' चुनती थी और उसके गले में जयमाला डालकर अपने 'वर' की घोषणा करती थी। किन्तु आजकल ऐसे विवाह चलन में नहीं हैं। सोरठी की लोकगाथा में नायक **बृजाभार** अनेक राजाओं द्वारा आयोजित स्वयंवर में जाता है और विजय प्राप्त करता है।[2] **'सीत-बसंत'** के विषय में भी यही हुआ।

विवाह का निर्धारण : विवाह हर किसी के यहाँ नहीं हो सकता। इसके तय करने में वर्ण, गोत्र, पिंड और पूज्य मुख्य हैं। भोजपुरी समाज में आज भी इन तत्त्वों का पालन किया जाता है।

वर्ण : सवर्ण विवाह ही मान्य है। असवर्ण विवाह मान्य नहीं है। क्योंकि हमारी संस्कृति में विवाह एक पवित्र सम्बन्ध है। पत्नी सती है; दूसरी, किसी औरत से सम्बन्ध को समाज पत्नी का दर्जा नहीं देता है, बिना शादी के उसे **'रखैल'** कहा जाता है।

---

1. भोजपुरी लोकसाहित्य-सांस्कृतिक अध्ययन, डॉ. श्रीधर मिश्र, पृ. सं. 106
2. भोजपुरी-लोकगाथा, सत्यव्रत सिन्हा, पृ. 212

परन्तु आज के बदलते हुए परिवेश में, मानसिकता बदल रही है और अन्तर्जातीय विवाह भी आज मान्य हो रहे हैं, जो पहले किंचित ही सुनने-देखने में आते थे।

गोत्र : सगोत्र विवाह वर्जित है। जहाँ कहीं भी समान गोत्र के लोग मिल जाते हैं, तो लोग उन्हें अपना भाई ही मानते हैं। गाँवों में आज भी लोग पहले उसकी जाति पूछते हैं, फिर गोत्र। धार्मिक कार्यों के लिए भी गोत्र याद रखना पड़ता है। परन्तु आज के बदलते समाज में ये बातें अब इतनी मायने नहीं रखतीं। गाँव शहरों में तथा शहर महानगरों में लुप्त होते जा रहे हैं। आजकल लोग इन तथ्यों पर इतना ध्यान नहीं दे रहे हैं।

पिंड : सपिंड विवाह वर्जित है, क्योंकि वह समान खून होता है। वैज्ञानिक तौर पर भी ऐसा देखा गया है कि सपिंड विवाह के लोगों में खून से सम्बन्धित बीमारियाँ या अन्य किसी बीमारी के होने की सम्भावना पाई जाती है। इसलिए यह विवाह वर्जित है। अर्थात् अपने परिवार और ननिहाल के परिवार में विवाह नहीं हो सकता। किन्तु महाराष्ट्र, कर्नाटक में मातुल कन्या से विवाह वैध है। सुदूर दक्षिण में तो भगिनी कन्या से भी विवाह सम्भव है।[1]

आज भी शोध के समय मैंने देखा कि लोग अपने चचेरी, फुफेरी बहन से समाज के लाख विरोध करने पर भी शादी कर ही लेते हैं। जबकि पहले ऐसा नहीं होता था। अगर कहीं से भाई जाने-अनजाने में रिश्ते की बहन से शादी पर आमादा हो जाता था तो बहन अपनी जान दे देती थी। क्योंकि वर पक्ष से सात पीढ़ी और कन्या पक्ष से तीन पीढ़ी तक में शास्त्रों में विवाह वर्जित है।

पूज्य का विचार : हमारी संस्कृति में धर्म का पालन ही मुख्य है। जिस परिवार में लड़की का विवाह करते हैं, वह पूज्य होता है। पिता, माता वहाँ कोई चीज नहीं खाते और अगर खाते हैं तो उसका दूना देकर आते हैं। वहाँ लड़के का विवाह वर्जित है, क्योंकि अब वह हमारे लिए पूज्य हैं।

वर ढूँढ़ना : यों तो पुत्री के जन्म से ही माता-पिता चिन्ता करने लगते हैं, क्योंकि रजस्वला होने से पहले लड़की का विवाह होना चाहिए, तभी कन्यादान का वास्तविक पुण्य प्राप्त होता है। इन्हीं सब कारणों से पुत्र जन्म में जितनी खुशी मनाई जाती है, कन्या होने पर उतनी नहीं।

---

2. हिन्दी साहित्य का वृहद् इतिहास, भाग-1, पृ.सं. 124 (सं. राजबली पांडेय)

बिहार में आज भी लोग कहते हैं कि बेटे से दहेज मिलेगा, वंश चलेगा। बेटी को तो देना पड़ेगा। इसी सोच का परिणाम है कि आज वैज्ञानिक तकनीक के कारण लोग यह पता कर लेते हैं कि **'लड़की'** है या **'लड़का'**, और **लड़कियों के भ्रूण की हत्या कर दी जा रही है।**

जो समाज व देश के लिए चिन्ता का विषय है। आज **'लड़कों'** की तुलना में **'लड़कियों'** की संख्या कम है। अगर इसे गम्भीरता से लेकर समय रहते रोका नहीं गया तो हम अपनी सभ्यता को नष्ट करने के लिए स्वयं ही दोषी होंगे और बिना लड़की/स्त्री के समाज की परिकल्पना अन्धकारमय होगी।

लड़की को दिन-पे-दिन बड़ा होता देख माँ लड़की के पिता को वर ढूँढ़ने के लिए कहती है। कहीं वर अच्छा मिलता है तो परिवार नहीं। कहीं घर अच्छा है तो वर नहीं। माता-पिता दहेज व घर-वर की चिन्ता में ही पड़े रहते हैं। गीत देखें :

1

निहुरल निहुरल बेटी अँगना बहारेली, भइली कवरवा घइले ठाढ़ि।
मुँहवा उधारि जब भाई रे देखली, धिया भइली ब्याहन जोग।।
बाबा के गोद पइसि आमा जगावेली, उठि प्रभु भइले भिनुसार।
जेकरहिं धरवा प्रभु धियवा कुँवारी से कइसे सोओे निरभेद।।
पुरब खोजली बेटी पश्चिम खोजली, खोजली देस संसार।
तहरा हि जोगे बेटी बर नाहीं मिलेला, अब बेटी रहेल कुँआरि।।[1]

2

बर खोजू बर खोजू बर खोजू हो
बाबा हम भइनी बिअहन जोग हो
तीनों भुवन बेटी हम बर खोजली
कतही ना मिलले श्री राम हो
बेटी तू भइलू बिअहन जोग हो।[2]

लड़की भी मन-ही-मन दुखी होती है कि मेरे कारण माता-पिता को इतनी चिन्ता करनी पड़ती है। माँ लड़की का केश खुलवा देती

---

1. निजी संग्रह से।
2. निजी संग्रह से।

है, ऐसा लोगों का विश्वास है कि इससे वर जल्दी मिल जाता है। कहा जाता है कि वर ढूँढ़ने में जूते टूट जाते हैं। अच्छा घर-वर मिलने पर ही माता-पिता को शान्ति, चैन मिलता है।

अब तो इन विचारों से लोग थोड़ा ऊपर उठे हैं। लड़की को पढ़ा-लिखाकर उसे अपने पैर पर खड़े होने के लायक बनाते हैं, फिर उसके अनुरूप वर देखकर शादी-ब्याह कर देते हैं।

इस तरह हम कह सकते हैं कि, हिन्दू जीवन पद्धति में विवाह एक धार्मिक एवं पवित्र संस्कार है। मानव को अमर्यादित एवं स्वेच्छाचारी बनने से रोकने के लिए, उसकी इंद्रियजन्य वासनाओं को संयमित रखने के लिए, भोग लालसा को मर्यादित बनाने के लिए तथा सन्तानोत्पत्ति द्वारा वंश वृद्धि के लिए विवाह संस्कार अनिवार्य है। स्त्री एवं पुरुष मिलकर एक पूर्ण शरीर बनाते हैं। शंकर का नर-नारी का युग्माकार '**अर्धनारीश्वर**' रूप भारतीय चिंतन की इसी धारणा का पुष्टि की पूर्ति करता है।

हिन्दुओं के '**विवाह**' का अभिप्राय **मुसलमानों** की '**शादी**' और **अंग्रेजों** के '**मैरिज**' से बिलकुल भिन्न है। '**शादी**' और '**मैरिज**' का शाब्दिक अर्थ है, '**खुशी**'। लेकिन **विवाह** का शाब्दिक अर्थ '**निर्वाह करना**' है।[1]

हिन्दुओं में कुंडली मिलान के पश्चात् अच्छा सगुन देखकर विवाह की तैयारियाँ शुरू हो जाती हैं।

कन्या पक्ष व वर पक्ष के गीतों का विभाजन इस प्रकार है :

कन्या पक्ष :	**वर पक्ष :**
1. तिलक का गीत	1. बरिच्छा/फलदान
2. संझा गीत	2. तिलक के गीत
3. माड़ो धवाई	3. सगुन
4. माटी कोड़ना	4. भतवानि
5. कलसा धराई	5. माटी कोड़ना
6. हल्दी	6. लावा भुनाई
7. लावा भुनाई	7. इमली घोटाई
8. मंत्रि पूजा	8. हल्दी
9. द्वार पूजा	9. मंत्रिपूजा
10. नहछू नहावन के गीत	10. वस्त्रधारण के गीत

---

1. हमारा ग्राम साहित्य, रामनरेश त्रिपाठी, पृ.सं. 84

11. गुरहत्थी के गीत
12. विवाह के गीत
13. भाँवर के गीत
14. सिन्दूरदान
15. चूमने के गीत
16. द्वार रोकने के गीत
17. कोहबर के गीत
18. परिहास के गीत
19. भात के गीत
20. माड़ो हिलाई के गीत
21. समधी मिलना
22. बारात विदाई
23. कंकन छोड़ाई
24. चौथारी के गीत

11. मउरि धारण के गीत
12. परिछावन
13. डोमकच
14. परिछावन
15. गोंड़ भराई के गीत
16. कोहबर के गीत
17. दुलहिन उतारने समय का गीत
18. कंकन छुड़ाई के गीत
19. दरवाजे का पूजन
20. जुआ खेलाई/पासा खेलाना

बरिच्छा/फलदान : बरिच्छा/फलदान यानी वर-इच्छा, जो कालान्तर में अपभ्रंश होकर बरिच्छा हुआ। जिसे अंग्रेजी में '**इनगेजमेंट**' कहते हैं। तिलक के रूप में देय द्रव्य की राशि निश्चित हो जाने पर '**वर-इच्छा**' का दिन/समय निश्चित होता है। इसमें कन्या का पिता वर के हाथों में कुछ रुपया, फल और एक जोड़ा जनेऊ देता है। जिससे वर आरक्षित समझा जाता है। इसीलिए इसे फलदान कहते हैं।

तिलक-दहेज की प्रथा : कुंडली मिलने के पश्चात् वर पक्ष का पिता, कन्या पक्ष से तिलक माँगता है। कहावत है कि "**बिना हजारा के बजारा ना लागी।**" इससे वर पक्ष की मनोवृत्ति का पता चलता है।

लड़के का बाप कहता है कि हमार लरिका बड़ा पढ़िले बा। **इंटरमीडिएट** और ओकरे बाद '**बिसविद्यालय**' में पढ़े जाई। अइसन तेज लरिका रउरा के ना मिली। हमने इसकी पढ़ाई में रुपया बहुत लगाया है। खेत बेचकर काशी में पढ़ाया है। आप अपनी लड़की के लिए खर्चा कीजिए। अंगद की तरह पाँव जमा लेता है। तब लड़की का पिता कहता है—"**हमार धियवा बड़ा बड़ हो गइल बिया, एह साल ओकर बिआह हम जरूर कर देवे के चाहत बानी, रउरा हमार उद्धार करी, कुछ सोचके हम आइल बानी।**"

आज के जमाने में पहले की अपेक्षाकृत कुछ परिवर्तन कहीं-कहीं लोगों के विचारों में आया है। परन्तु बिहार में तो आज भी स्थिति दयनीय है। वहाँ पर आज दूल्हे के तिलक के रेट/दर इस प्रकार हैं :

वर की श्रेणी	तिलक
1. क्लर्क/बाबू	तीन लाख रुपया और सामान तथा हीरो होंडा गाड़ी
2. डॉक्टर	दस से बारह लाख रुपया और सामान तथा मारूति गाड़ी
3. इंजीनियर	आठ से दस लाख रुपया और सामान तथा मारूति गाड़ी
4. आई.ए.एस.एलाईड	पन्द्रह से बीस लाख रुपया और बड़ी गाड़ी
5. आई.ए.एस.प्रापर	तीस से पचास लाख रुपया और बड़ी गाड़ी
6. पी.सी.एस.	छह से आठ लाख रुपया, सामान व घर
7. आई.पी.एस.	पन्द्रह से पच्चीस लाख रुपया और सामान तथा बड़ी कार

और जो इतना कुछ नहीं दे पाते हैं, वे कुछ लोग 30-40 हजार रुपए देकर माफिया के लोगों से लड़के को डरा-धमकाकर कन्या का ब्याह करवाते हैं। इसे पकड़ौवा ब्याह कहते हैं।

यह स्थिति आजादी के बासठ वर्ष होने के बाद की है। क्योंकि यह सब मैंने अपनी आँखों व कानों से सुना, देखा, जाना है। जब मैं गोरखपुर अपनी दीदी के लड़के की शादी में गई थी। मेरी दीदी के लड़के को कन्या पक्ष ने दहेज में बना-बनाया घर, ज़ेन गाड़ी व और सामान दिए थे। तिलक में शगुन के लिए पाँच सुपारी चाँदी की। पाँच पान चाँदी का व चाँदी का नारियल। **नारियल, अक्षत, हल्दी चावल, थाल, घड़ा (कलश), गृहस्थी का सामान, पाँच बर्तन (थाली, गिलास, लोटा), चन्दन, कपड़ा, मिष्टान्न, फल मेवा, माला** इत्यादि होता है। लड़की का भाई वर का तिलक करता है। जिसका अभिप्राय यह है कि मैंने अपनी बहन के लिए आपको वर चुन लिया है। शादी का पहला समारोह पंडित से शादी की तिथि तथा लग्नपत्री निकलवाते हैं। कन्या पक्ष के लोग यह सब वर पक्ष को भेंट करते हैं। जो वर के परिवार के वरिष्ठतम व्यक्ति को सम्बोधित होता है।

1

गाई के गोबर अँगना लिपायो जी
गज मोती चउका पुरायोसु मोरे बन्ने
ता हि चउका बईठेल राम जे लघुमन

राम के तिलक चढ़ाओ सुनो रे बन्ने
घर में से निकलेली राम जी के माता,
सुनों ही राम जी के बाबा सुनो रे बन्ने।
राम के मुँह जोग तिलक नाहीं अइले।
राम कोमल जइसे बच्चा सुनो रे बन्ने।[1]

2

कबन नगरिया से अइलस तिलक जी
कवन नगरिया में चढ़ेला तिलक जी
जनक नगरिया से अइले तिलक जी।
अवध नगरिया में चढ़ेला तिलक जी।
घर में से निकरेली रमइया जी के माता जी।
काई-काई चढ़ेला रमइया जी के तिलक जी।
हाथी चढ़े, घोड़ा चढ़े, रुपया अगिनत जी
चकुनी हथिनियाँ चढ़े दल के सिंगार जी।[2]

3

जरा दीपक देखावा हम तिलक देखबे
थाली होइ खराब गाली देबे हजार
तिलकहरू के मड़वे में बाँध रखबें।[3]

4

ठग लिया लड़का हमारा रे समधी बेईमान
कहलस कि ये समधी थार चढ़इबे
एगो थाली के तरसलवे रे समधी बेईमान।
कहलस कि ये समधी गाय चढ़इबे
गाय के तरसलवस रे समधी बेईमान।[4]

इसके पश्चात् सामूहिक भोज होता है। वर पक्ष के लोग कन्या पक्ष की ओर से आए हुए लोगों को तथा सभी अतिथियों को सम्मानपूर्वक भोज कराते हैं। तत्पश्चात् धन, वस्त्र इत्यादि देकर विदाई करते हैं। इस उद्देश्य से कि कन्या पक्ष के लोग उस परिवार

1, 2, 3, 4—निजी संग्रह से।

के स्तर से प्रभावित हों तथा उनके यहाँ जब वर पक्ष के लोग बारात लेकर जाएँ तो उनके सम्मान में, उनके स्तर के अनुकूल उत्कृष्टतम भोज की व्यवस्था करें।

संझा गीत : शादी की तारीख निश्चित हो जाने के तदुपरान्त आस-पास एवं मुहल्ले की महिलाएँ कन्या के घर शाम के समय एकत्रित होती हैं और वे संझा गीत गाती हैं। जिसमें मुख्यत: देवी के गीत गाए जाते हैं। इसके पीछे भाव यह है कि कार्य निर्विघ्न रूप सम्पन्न हो।

जैसे :

1

तोहो करनवाँ मइया पिअरी रंगवली
कि कहवाँ छिपलू ना
मइया लेहलू ना पिअरिया कि कहवा छिपलू ना
आवत रहली ए सेवका आवत रहली ना
सेवका अन्हरा दुअरिया पूछत अइली ना
अँखिया त दिहली सेवका घर के
लवटलीं हो कि आई हो गइली ना
एक निर्धन दुअरिया हो कि आइ गइली ना।[1]

2

जय बोलो जगदम्बा भवानी
का देखीय मइया मगन भई हैं
का देखीय मुसकानी भवानी
जय बोलो जगदम्बा भवानी
पिअरी देखी मइया मगन भई हैं
मेनुरा देखी मुसकानी भवानी
जय बोलो जगदम्बा भवानी
टिकवा देखी मइया मगन भई हैं
हरवा देखी मुसकानी भवानी
जय बोलो जगदम्बा भवानी।[2]

(माँ से सुना गीत)

1, 2—निजी संग्रह से।

3

साँझ भइल लक्ष्मी केरा जून
अरे दिअना ना बारहू कवन देहरे
ना धरे दिअना ना धरे तेल
बतिया ना देले रानी धोबिनी।[1]

4

पिअरी धातिआ रे पिअर जनेऊ
संझा मनावेली हो।
हाथे सिन्होरवा रे पाकल पान
कवन देई संझा कनावेली हो।।[2]
कम-से-कम पाँच ऐसे गीत गाए जाते हैं।

सगुन : विवाह से पूर्व शुभ मुहूर्त में कन्या पक्ष व वर पक्ष के यहाँ सगुन का कार्य प्रारम्भ होता है। पाँच सुहागिन स्त्रियाँ एक साथ बैठकर धान की पोटली को खोलती हैं और उसमें रखी हुई लग्नपत्री को पढ़कर लड़की या लड़के का नाम आदि जान लेती हैं। सगुन में पाँच सुहागन स्त्रियाँ चावल या खड़ी उड़द फटकती हैं। तत्पश्चात् गीत गाती हैं। सगुन के गीतों में माली से मौर (मउरी), दर्जी से जामा-जोड़ा, कोइरन से हरदी, बढ़ई से पीढ़ा, कुम्हार से कलश आदि लाने का आग्रह होता है। यह इस बात का परिचायक है कि समाज में आपसी सहयोग व कार्य व्यापार की कितनी आवश्यकता है। सारे वर्णों के लोगों का आशीष तथा उनके द्वारा दिए जानेवाले सहयोग में कितना असीम स्नेह है। जो आजकल आधुनिकीकरण की वजह से प्रायः लुप्त हो रहा है।

माहे ही बाटे मालिन कुटीया रे बनावेली कुटिआ के पीअर माटी
ताही पर मालिन दवना लगावेली दवना के सीतली बयार
छोड़वा चढ़ल आवे दूलहा दिहले दवनवा झहराय
सूतल मलिया के मलिनी जगावेले उठा माली भइल भिनुसार
किया तोरे दूलहा करा-परोजन किया जेठ भइया के बिआह
जेठ बइसखवा के चढ़ली लगनियाँ लगन गइली अकुलाय
अच्छा-अच्छा मउरा गुथीहे भइया मलिया रे चारू चिरइया जोड़ा मोर।
से मउरा पहिनेला दूलहा कवन दूलहा बाँधी चलेल ससुरार

1, 2—निजी संग्रह से।

उड़त आवेला चारि चिरइआ गरजत आवे दूनो मोर।
सब केइ देखेला गाजन बाजन सासू जे देखेली दमाद।
किया तुहुँ बबुआ हो सचवा के साचल किआ तोहे गढैल सोनार।[1]

माड़ो छवाई : यानी मंडप की तैयारी। तिलक चढ़ने के दिन से कन्या पक्ष के यहाँ सगुन का गीत गाया जाने लगता है। विवाह की तिथि से एक-दो दिन पूर्व 'माड़ो' या मंडप गड़ता है। यह मंडप घर के बीच आँगन में गड़ता है। यह हरे कच्चे बाँस का होता है। जिनकी संख्या 8 या 1 होती है। मंडप का निर्माण वर्गाकार रूप में किया जाता है। जिसकी लम्बाई कन्या के हाथ से सात हाथ की होती है। गाँव के लोगों को मंडप बनाने हेतु आमंत्रित किया जाता है। बिरादरी के लोग आकर बाँसों को जमीन में गड्ढ़ा खोदकर गाड़ते हैं। तत्पश्चात् उसे **'फूँस'** से छाया जाता है, जिसे **'माड़ो छवाना'** कहते हैं। मंडप छाने के पश्चात् लोग गुड़ या चीनी का शर्बत पीते हैं। इस अवसर पर गीत भी गाते हैं :

1

केई जे बसवा कटावेला माड़ो छवावेला हो।
अरे रतन चरित्र केरा कोहबर केई उरेहला हो।
बाबा मोरे बसवा कटावेले माड़ो छवावेले हो।
अरे रतन चरित्र केकरा कोहबर भइया उरेहेल हो।[2]

2

बसवा कटावे चलेल राजा दसरथ अंगुरी गइल चपटाय
अंगुरी के दरदे बिआकुल राजा दसरथ, केकई के परेला हंकार
धाऊ तुहु नउवा रे धाऊ तुहु बरिआ रे केकऊ के खबर जनाव
अइलिनि केकइ पलंग चढ़ि बइठलिनि धइली अगुरिया के पोर
अंगुरी के पोर धरत दरद हरी लिहली दसरथ सोवे अनचित
जवन माँगना तुहु माँगा रानी केकई उहई मागन हम देब
जवन माँगन हम माँगी राजा दसरथ उहई माँगन मोही देहु
चोदह बरस राम बनवा के जइहें भरत अजोधिया के राज
जवन मँगन तुहु मंगलू ए रानी लवलू करेजवा में हाथ।[3]

1, 2, 3—निजी संग्रह से।

3

बाबा हो कवन सिंह मड़वा छाई मोरे दल आवेल रे
मोरे जीजा कुँवर के चदरिया दिहा तनवाय
चाचा हो कवन सिंह मड़वा छाई देलथ,
आवत होइहें मोरे राजकुमार।[1]

माटी कोड़ना : हल्दी लगने से पूर्व माटी कोड़ते हैं और उसी मिट्टी को देवता के घर में रखते हैं। पूरे घर तथा आस-पास की महिलाएँ दाई या नाउन के साथ फावड़े से वहाँ भूमि पूजन करती हैं, तेल व सिन्दूर के अइपन (चावल हल्दी का मिश्रण) से। पूरब दिशा की तरफ ही मन में निर्विघ्न विवाह सम्पन्न हो जाने की कामना से मिट्टी कोड़ती हैं। कहीं-कहीं इस रस्म पर लड़की वहाँ जाती है। लड़की की भाभी लड़की की आँखें बन्द करके मिट्टी में पैसा डालकर या खड़ी सुपारी डालकर उसे खोजने को कहती हैं। इसे कहीं-कहीं भैत तोड़ना भी कहते हैं। उसके मिल जाने पर नाउन उसे देती है और सँभालकर रखने को कहती है। इस अवसर पर गाए जानेवाले गीत पूर्णतः शृंगारिक होते हैं, थोड़े अश्लील भी होते हैं।

इसीलिए इस रस्म में पुरुष नहीं होते हैं।

गीत देखें :

1

माटी कोड़े गइलीं ओही माटी कोड़वा।
कानी बिछी मरलस ओही कमरिया के हाथ दइया।
कानी बिछी मरलस ओही नउनिया के हाथ दइया।[2]

2

चलली कवन कुँअरि माटी कोड़वा सुहागे के माटी
तहवा कवन राम तमुवा तनावे सुहागे के माटी
मटिआ कोड़ी-कोड़ी भरलो डलउवा सुहागे के माटी
अब चल माटी उग्रा भाई असथान सुहागे के माटी
पहिले माटी हम सीरे लगवलों तब माटी कलसा गोठाई सोहागे के माटी।[3]

1, 2, 3—निजी संग्रह से।

माटी कोड़ने के पश्चात् बनिया-महाजन जाति में महिलाएँ कुम्हार के घर जाती हैं और वह देवता बनाकर देता है, जिसे औरतें परदा डालकर लाती हैं। वर पक्ष के यहाँ यह बारात जाने के पूर्व होता है, इसे 'सीढ़ी मिलाना' कहते हैं।

कलसा धराई : हल्दी के दिन ही मंडप के नीचे कलश रखा जाता है। इस कलश को बुआ या सुहागिन ब्राह्मणी स्त्रियाँ गोबर तथा सिन्दूर से सजाती हैं। तत्पश्चात् उसमें अक्षत, सुपारी, पैसा डालकर जल से पूजित कर उसके मुख पर जौ से भरा कसोरा या पुरवा रखकर घी या तेल का दीपक जलाकर मंडप के नीचे रख देती हैं। इस अवसर पर गाए जानेवाले गीत इस प्रकार हैं :

1

कलसा गोठे चलेली बुआ सुहागिन कलसा गोठाई माँगे ने
घर में से निकरेली भउजी झलहिआ ननदी के देली झककोर
कलसा गोठाई ननदी नेगवा ना देवे पगे-पगे कइसन नेग
दुअरे ले आवेले भइया कवन भइया भइले अँगनवा में ठाढ़।
देई ने देहू धन अपनी तिलड़िआ रहीस जइहे ससुरार।[1]

2

कवन राम के सुहवा कवन राम के माई
कवनी सुहागिन कलसा गोठें।
फलाने राम के सुहवा फलाने राम के माई
ईहई सुहागिन कलसा गोठें।[2]

लावा भुनाई : कन्या पक्ष तथा वर पक्ष के यहाँ लावा भुनाई की रस्म होती है। जिसमें घर तथा जाति-बिरादरी व आस-पास की महिलाएँ अपने साथ धान लेकर भड़भुजा के घर जाती हैं, उसे वहाँ भुनवाती हैं तथा साथ ही गीत गाती हैं। जिसमें आपस में भड़भुजावाले को लगाकर गारी भी देती हैं। जैसे :

मोर लउवा तोर लउवा एके में मिलाय देव।
मोर भईया तोर भउजी एके में मिलाय देव।
मोर भईया तोर बहिनी एके में मिलाय देव।[3]

1, 2, 3—निजी संग्रह से।

हल्दी : वर पक्ष तथा कन्या पक्ष के यहाँ पंडित द्वारा पाँच बार कुशा से हल्दी छुवाने के बाद स्त्रियाँ वर-कन्या के पूरे शरीर में उबटन और हल्दी लगाती हैं।

इस अवसर पर हल्दी के गीतों में हल्दी के गुणों का वर्णन व उसके उत्पत्ति का संकेत रहता है। इसी दिन पीले कपड़े में अजवाईन, सरसों व लोहे की मुँदरी पंडित मंत्र पढ़कर लड़की के हाथ में बाँधता है जिसे **'कंकन बाँधना'** कहते हैं।

1

कोइरिनी कोइरिनी तुहु मोरी रानी हो
कँहया के हरदी ऊपर कइलू आजु हो
हमरो कवन बेटा अति सुकुआर हो
सहलो ना जाला हरदियो के झाँग हो
उजे जब गेहूँआ केरा उबटन
उजे लावेली अम्मा सुहागिन
उबटन उलरइतिन के लागे दुलरइति के लागे,
उबटन पनखउकी के लागे।[1]

2

सोने की ढकनी में हरदी सजावल
ऊपरा लहा लही दूब
हरदी चढ़ावन अइले कवन बाबा
पिछवाँ सजन सब लोग।[2]

कोहरत का भात : वर पक्ष तथा कन्या पक्ष दोनों के यहाँ यह होता है। इसमें मिट्टी की हाँडी में बुआ चावल या रसियाव बनाती हैं। इसका वे नेग लेती हैं। इससे लड़का तथा लड़की अपना व्रत खोलते हैं। पाँच कुँवारे लड़कों के साथ वर तथा पाँच कुँवारी लड़कियों के साथ कन्या इस भात को दही के साथ या रसियाव को खाते हैं। इलाहाबाद-बनारस में पूरा कच्चा खाना बनता है। बलिया में सिर्फ चावल-दही। आजमगढ़ में इसके पीछे मान्यता यह है कि इस चावल को खाकर कन्या अपना कुँवरत्व उतारती हैं। जिस दिन बारात आनेवाली होती है, उसी दिन दोपहर में यह रस्म होती है।

1, 2—निजी संग्रह से।

मंत्रिपूजा-मातृपूजन : इसे कहीं-कहीं पितृपूजन भी कहते हैं। यह कन्या पक्ष तथा वर पक्ष दोनों के यहाँ होता है। कहीं-कहीं पर सधवा और कहीं-कहीं पर पति-पत्नी दोनों कोहबर में या मंडप में बैठकर इस कार्य को सम्पन्न करते हैं। इसमें गौरी-गणेश का पूजन करके अपने पूर्वजों का आह्वान करते हैं।

इसका गीत है :

पाँच ननद कोपर रे।
अरे कवन राम कवन राम
के नेवतह आजु रे।
(सभी पुरखों का नाम लेकर)
चना तुम उगिओ चना तुम उगिओ
आजु सुहागे की राति चना तुम उगिओ।
जमवा पर उग जमदर पर उगिओ
उगि रहे सारि राति चना तुम उगिओ
दूलहा पर उग दुलहिन पर उगिओ
उगि रहे सारी राति चना तुम उगिओ।[1]

सील पोहना : लड़की के यहाँ विवाह के दिन और लड़के के यहाँ एक दिन पूर्व सील पोहने का कार्यक्रम होता है। दो सधवा स्त्रियाँ (देवरानी-जेठानी) सील के दोनों किनारे पर बैठ जाती हैं। नए वस्त्र से दोनों स्त्रियों के सिर को ढँक दिया जाता है और वे उसी के अन्दर दाल पीसती हैं और परस्पर एक-दूसरे को गाली गाती हैं। कहीं-कहीं पर इस कार्य को पति-पत्नी भी सम्पन्न करते हैं।

इसका गीत है :

के हउअ घोड़िया रे के असवार दिलजनिया ना।
अब घसर-घसर पीसो दाल अहो दिलजनिया ना।
कवन देई हई घोड़िया कवन राम असवार दिलजनिया ना।
लुढ़केले घोड़िया गिरेला असवार दिलजनिया ना
अब घसर-घसर पीसो दाल अहो दिलजनिया ना।[2]

पोखरा खोदाई : यह कार्य मुख्य रूप से बुआ करती हैं और उसका नेग लेती हैं। आँगन में बुआ फावड़ा या कुदाल से पाँच बार मारकर शुभ करती है। उसी के ऊपर हरीश रखकर वर या कन्या को नहलाया जाता है। इन गीतों में नेग की चर्चा रहती हैं।

1. बलिया निवासी श्री की माँ से लिया गीत।
2. निजी संग्रह से।

गीत :

1

पूछेली कवन फूआ अपनी धनी जी से
कोई-कोई पवलू धन पोखरा के खनाई जी
हमरो कवन भइया रजवा के जनमल जी
हाथी देले घोड़ा देले सहर बजार जी
दोनों कान के बाली देले पोखरा के खनाई जी।[1]

2

केई गढ़े धरिला केई भरे पानी लाल
कवन सुहागिन चलेली नहवायन लाल
कोहरा गढ़े धरिला कहरा भरे पानी लाल
अम्मा सुहागिन चलेली नहवावन लाल।[2]

नहधू नहायन : इसमें स्नान करने के पश्चात् माँ पुत्र के सिर पर कुसुम लोढ़ती है। उसके बाद कंगन बँधे लोटे से वर के सिर पर पानी गिराया जाता है! कहारिन सिर से गिरते हुए पानी को नए घड़े में एकत्र करती है। वही पानी कन्या के घर जाता है, जिसमें कन्या को स्नान कराया जाता है; जिसे वर का पानी कहते हैं। इसमें पति की प्रधानता दर्शाई गई है। क्योंकि जो पानी पति के अंग-प्रत्यंगों को छूकर आ रहा है, उससे स्नान करने से पति के प्रति एक अव्यक्त आकर्षण मन में उत्पन्न होता है और वह समर्पित भाव से उस जल से स्नान करे और मन-ही-मन उसे अपना पति माने। यह कार्यक्रम कन्या के घर में शादीवाले दिन होता है। इसका गीत है :

झरिहरि झरिहरि नदी बहे हो
तेइ पइठी गउरा नहाय।
इस्सर पुछेल महादेव से हो
गउरा का रे नहइलेह होय।
पाप पराछित बहि जइते हो।
जनम सुआरथ होय।
चित्रित है। माथे से लेकर ठोढ़ी तक।[3]

1, 2, 3—निजी संग्रह से।

वस्त्र धारण के गीत : नहधू नहावन के पश्चात् बारात जाने की तैयारी शुरू होती है। बारात जाते समय जब वर जामा जोड़ा पहनता है। उस समय के गीतों में श्रृंगार और हास्य रस की प्रधानता होती है। धोती की जगह पर **'जामा'** घाघरानुमा होता है, जो उसके कमर के चारों ओर लटकता है। कुर्ता **'अंगरखा'** सुन्दर कपड़े का बना होता है। पैरों में लालजूता **'सलम शाही जूता'** तीलेदार काम का, सिर पर गोल टोपी सलमा-सितारे जड़ी, कानों में कुंडल व शादी के लिए **'मौर'** पहनता है।

1

अई जमवा के भूखल कवन दुलरू
जमवा लेई पहिरेल हो।
अई जीजा हो कवन राम जमवा पहिरावेल हो।[1]

2

अई जमवां के भूखल कवन दुलरू
अई माई तोरी सुलेली दरजिया संगवा
अछन बिछन होई नयना कजरवा देई ना।[2]

मौर बाँधते समय के गीत : पूर्वांचल में जीजा या फूफा वर को मौर बाँधते हैं। स्त्रियाँ माँ, बुआ, बहन और भाभी को गाली गाती हैं तथा मौर के सौन्दर्य का वर्णन करती हैं। इस अवसर पर गाए जानेवाले गीतों में श्रृंगार रस का मिश्रण होता है।

फूफा त हउवे पान खवउका
त पनवे भुलाई गईले हो
अरे जाई के बोलावहु फूफा
त रुचि रुचि मउरा बान्हें हो
अरे जाई के बोलावहु जीजा
त मउरा सँवारसु हो।[3]

इमली घोंटाना : यह वह रस्म है जो वर तथा कन्या दोनों पक्ष के यहाँ होता है। इस अवसर पर गाए जानेवाले गीतों में बहन द्वारा भाई से नेग माँगने की मुख्य बात होती है। इसमें लड़के का मामा अपनी बहन को जल पिलाता है।

1, 2, 3—निजी संग्रह से।

इमिली घोटावे के हाथी से
भइया घोड़ा ए भइया
रुपया के नउवाँ बड़ा थोर
इमिली घोटावे के हरवा ये भईया
ए भईया कंगन ए भईया।[1]

घोड़ी चढ़ना : इसमें दूल्हा मंदिर आता है और पूजन के पश्चात् घोड़ी पर चढ़ने की रस्म होती है। इसे कहीं पर घुड़चढ़ी भी कहते हैं। इस अवसर पर गीत गाए जाते हैं।

घोड़ी बँगले से आई जाए चढ़ा ना उतरा जाय
घोड़ी पकड़ बन्ना बाबा चढ़ावे उलझि उलझि रहि जाय
घोड़ी पकड़ बन्ना अम्मा चढ़ावे कूद फाँदि चढ़ि जाय
घोड़ी...
घोड़ी पकड़ बन्ना भईया चढ़ावे उलझि उलझि रहि जाय
घोड़ी पकड़ बन्ना अम्मा चढ़ावे कूद फाँदि चढ़ि जाय
घोड़ी...[2]

परिछावन के गीत : घोड़ी चढ़ने के बाद परिछावन होता है। जिसमें घर की महिलाएँ दूल्हे को लोढ़े के साथ में लोटे में पानी लेकर परीछति है।

सोने के लोटा लेले अम्मा खड़ी है
खोला बाबू पलकी हम आरती उतारी है
कइसे के खोली अम्मा बजर केवाड़ है
टूटी जे जइहें अम्मा गज मोती हार हो।
ऊपरा बेहलिआ रे फूले नीचवाँ कदम रे फूले।
परिछी ना लेहू ए अम्मा आपन सुन्दर रे बर
आपन दुलरूआ ए अम्मा
नयना जुड़ाई रे जइहे, हृदया हुलसी रे जइहैं।[3]

बारात जाते समय माँ द्वारा दूध का मोल माँगना : विधि का कैसा विधान है कि एक ओर तो प्रसन्नता से माँ का पैर जमीन पर नहीं पड़ता और दूसरी ओर वह सोचकर दुखित होती है कि मेरा पुत्र अब पराया होने जा रहा है। अपने दूध का मूल्य माँगती है। जबकि माँ से उऋण होना तो सम्भव है ही नहीं। इसलिए पुत्र उत्तर देता

1-निजी संग्रह से।
2-बलिया की सोनारिन चाची से लिया गीत।
3-निजी संग्रह से।

है कि माँ का दूध तो अमूल्य होता है, जिसका मूल्य चुकाया नहीं जा सकता है। अत: उसके बदले में मैं और मेरी पत्नी आजीवन आपके चरणों की सेवा करेंगे।

मोरा पुत चलेला बिआहन रूनझुन बाजन होन
बेटा दुधवा के मोल दिहे जइहा, मयरिआ जनि बिसरइहा न हो
गइया के दूधवा माता हटिआ बिचाला बजरिआ बिचाला
तोरा दूधवा हउवे अनमोल
लउटी के माई पटोर पहिरयब धन होइहे दासी तोहार।[1]

भतवानि व बारात गमन : बारात प्रस्थान से पूर्व सभी रिश्तेदार व गाँव के लोग भात खाते हैं, जिसे भतवान कहते हैं। तत्पश्चात् बारात में जाते हैं। भोजपुरी बारात का दृश्य बड़ा सुन्दर होता है। बारात में हाथियों की पंक्तियाँ चलती हैं, जिन पर वर पक्ष के प्रतिष्ठित लोग बैठते हैं। हाथियों के पीछे घुड़सवार चलते हैं, जो अपने सिर पर पगड़ी (मुरेढा) बाँधे घोड़ों को **'कदम'** चाल से, बड़ी अदा के साथ **'जमाते'** ले चलते हैं। घोड़ों के पीछे **'समधी'** जी की **'पालकी'** और उसके पीछे वर की **'नालकी'** चलती है। नालकी के साथ नाई (हजाम) चलता है, जो समय-समय पर चँवर हिलाता जाता है। नालकी के पीछे साधारण बारातियों का समूह चलता है, जो नए वस्त्रों से सुसज्जित होने के कारण सुन्दर लगता है। बारात के बीच में कहीं बैंड बजता है तो कहीं रोशन चौकी। **'सींगा याल'** श्रंग के आकार का एक विशेष बाजा अपनी **'धू तू धू तू'** की मधुर ध्वनि से सारे वायुमंडल को गुँजित कर देते हैं। बारात के अन्त में भोजपुरी लठैत जवान बारात की रक्षा हेतु चलते हैं। जिनकी उपस्थिति आवश्यक समझी जाती है। इस समय जो गीत गाए जाते हैं, उनमें बारात की साज-सज्जा का वर्णन मिलता है :

1

हाथी साजा घोड़ा साजा बाबा हो कवन राम।
अरे बाबा भली भाँति साजा बरिअतिआ
ससुर घरवाँ लूटि लइबय हो।[2]
(फूफा, भइया, जीजा आदि लगाकर इसी प्रकार)

1, 2—निजी संग्रह से।

2

केकर बसिया रे बाजेले गहागह बाजेले गहागह
कवन दुलरू बिअहन जाँय।
कवन राम के बसिया रे बाजेले गहागह
कवन दुलरू बिअहन जाँय।[1]

द्वार-पूजा : लड़की के घर बारात पहुँचने पर वर का स्वागत किया जाता है और द्वार-पूजा होती है। उस समय दोनों पक्ष के पंडित लोग आपस में शास्त्रार्थ करते हैं। कन्या के पिता द्वारा वर की पूजा पुरोहित के माध्यम से चरण पखारना होता है। वैदिक मंत्रों के ध्वनि उच्चारण करते हुए अग्नि, पवन एवं समस्त देवी-देवताओं का आह्वान किया जाता है, जिससे वैवाहिक मांगलिक कार्यक्रम निर्विघ्न सम्पन्न हो सके। इसे वैदिक रीति से अभिनन्दन कहते हैं। उधर स्त्रियाँ सुमधुर गीत गाती हैं।

1

कहवा के हथिया सिंगारली आवेले
कहवा के झनि लाहास
कहवा के राजा बिअहन आवेले
माथे मुकुट मुखी पान
गोरखपुर के हथिया सिंगारली आवेलै
पटना के झनि लाहास
कासी के राजा रे बिअहन आवेले
माथे मुकुट मुखे पान।[2]

2

आपन खोरिआ बहोरा हो कवन राम
आइ गइले दुलरू दामाद
मंगली बरिअतिया सवेरे त अइली अबेरे हो
अरे दीआ लेइ मुँह देखो त कुलि बकलील हो।[3]

1, 2, 3—निजी संग्रह से।

3

चकुनी हथिआ के दर-दर अमरिया हे
ताहि चढ़े आवेल राम चारो भइया हे।
दस साही हाथी से घोड़वा हजार हे
अगसर दसरथ समधी चारो भइया हो।
आधे से बरियात अइली जनक नगरिया हे।
रोसनी अजारे कइले सहर बजरिया हे।
चल सखि देख चली राम बरिअतिया हे।[1]

जयमाल : द्वार-पूजा के पश्चात जयमाल का कार्यक्रम होता है। कन्या व वर एक-दूसरे को जयमाल डालते हैं। दोनों पक्ष के लोग वर-वधू को आशीर्वाद देते हैं। आजकल यह अत्यधिक प्रचलन में है।

बारात आँगन में आने पर : जिस दिन से लड़की को हल्दी लगती है, तभी मंडप की तैयारी भी शुरू हो जाती है। जिसमें नौ बाँस की हरी कोपलों को एक-दूसरे में बाँध देते हैं। उसमें छाजन देकर उसको खूब रंगीन सजाते हैं। नीचे ओखली, मूसल, हाथी (मिट्टी का) हौंदा लगा हुआ, हरीस (हल का अगला अंश) रहता है, जिसकी पूजा पंडित लड़की से करवाता है। क्योंकि हल से अनाज पैदा होता है। पूजन कन्या से करवाते हैं कि मेरा घर धन-धान्य से भरा रहे। वहाँ कलश पर अहर्निश दीप जलता है। अधिक-से-अधिक शादी के एक सप्ताह पूर्व से शादी सम्पन्न होने तक। कलश के नीचे अल्पना सज्जित होती है। नवग्रह एवं कुल देवता व पित्रों का आह्वान कर कलश की प्रतिष्ठा की जाती है। धूप-दीप-नैवेद्य से विधिवत कलश पूजन होता है।

आँगन (मंडप) में बारात आने पर पूर्वांचल तथा बिहार में गाली द्वारा बारातियों का स्वागत किया जाता है। उसके बाद कन्या को आँगन में लाने का निवेदन किया जाता है। कन्या को लाने से सम्बद्ध गीतों में करुणा टपकती है।

1

ओरि तर ओरि रे तर बइठे बरई नेतिआ
अरे काढ़हू न अहो ए बाबा अपनी रे पुतरिआ

1-निजी संग्रह से।

कइसे के करदो ये समधी अपनी रे पुतरिआ
अरे हमरो कवन रे बेटी आँखि के रे पुतरिआ
अरे कादहू नू अहो भईया अपनी बहिनिया
अरे कइसे के कादूँ ए ससुर आपनी रे बहिनिया
अरे हमरो कवन रे बहिनी आँखि के रे पुतरिया।[1]

2

हलबल हलबल बर चले।
हरहवा के जनमल रे।
धीरे-धीरे मोरी धीया चले।
रजवइवा के जनमल रे।[2]

जलुवा, डोमकच, नकटौरा : वर-पक्ष के यहाँ से जब बारात चली जाती है तो घर खाली-सा हो जाता है, पुरुष सभी चले जाते हैं। गाँव के रिश्तेदार ही एकाध कोई रह जाते हैं। तभी घर की सारी महिलाएँ मिलकर **'रत्तजगा'** करती हैं। जो महिलाओं द्वारा किया जानेवाला **'लोक नाट्य'** होता है, इसमें दर्शक तथा प्रदर्शक दोनों ही महिलाएँ होती हैं। ताकि बारात गमन के पश्चात् घर की रखवाली हो सके। इसमें हास्यपूर्ण प्रदर्शन हेतु कपड़े को लपेटकर जलुवा (वर-कन्या) बनाया जाता है और जन्म से लेकर विवाह तक की लीला दर्शाई जाती है। इसमें महिलाएँ ढोलक, मंजीरा, काँसे की थाली का प्रयोग करती हैं तथा महिलाएँ स्वयं ही पुरुष बनती हैं।

1

औरत : ए पिया मोर पेट बा
समूह : वाह-वाह जी वाह-वाह
औरत : ऐ पिया, तू जा बजारे, अच्छा-अच्छा गुलाब जामुन ले अइह, तखवा पर रख दीह; सास-ननद न जाने पावे, चुपे-चुपे हमें खिअहइ।
समूह स्वर : चढ़ गइले हो चढ़ि गइले हो दूसरा महिनवा
औरत : ऐ पिया, तू जा बजारे, अच्छा-अच्छा नीमन संतरा ले अइह।[3]

1, 2, 3—निजी संग्रह से

ऐसी ही वह पति से अपनी खान-पान के चीजों की माँग करती है। इस जलुवा में पुरुषों का प्रवेश वर्जित होता है। परन्तु वैसे तो घर के लोग (पुरुष) बारात में गए होते हैं। पर जो कोई रहते हैं और उन्हें पता होता है कि आज जलुवा है तो वे लुक-छुपकर या वेश बदलकर इसे देखने की इच्छा रखते हैं।

डाल-चढ़ाव के गीत : शादी के समय वर पक्ष के यहाँ के लोग, वधू तथा उनके परिवार के कुछ खास लोगों के लिए कपड़े, गहने वगैरह सामान लेकर आते हैं। वधू के लिए गहने, कपड़े शादी के लिए जो आते हैं, उसे मंडप में सबके देखने हेतु रखते हैं। इस अवसर के गीतों में मजाक होता है।

1

टिकवा देखि जनि हसिह ऐ बाबा
टिकवा है मँगनी का
दूलहा है हरजोतवा के जनमल
दुलहिन है रजवाद़े की।[1]

2

टिकवा लिअइला समधी डिबिआ में मून के
खोल के देखावा नहीं गारी देवय चून के।[2]

इस रस्म में नथिआ और माँगटीका की प्रमुखता होती है।

गुरहत्थी (ताग-पाट) : विवाह संस्कार का यह एक महत्त्वपूर्ण पक्ष है। पारिवारिक तथा रिश्ते के परिप्रेक्ष्य में **'गुरहत्थी'**, जिसे कहीं-कहीं पर **'ताग-पाट'** भी कहते हैं। कन्या पक्ष के यहाँ विवाह के समय यह क्रिया वर के ज्येष्ठ भाई द्वारा सम्पन्न की जाती है। जेठ द्वारा कन्या को ताग-पाट (धागा-वस्त्र) पहनाया जाता है। सर्वप्रथम तो स्त्रियाँ जेठ द्वारा कन्या को छूने पर गाली गाती हैं। फिर गीत द्वारा ही यह बताया जाता है कि आज के बाद

1, 2—निजी संग्रह से।

पुन: कन्या को मत छूना। इस अवसर पर गाया जानेवाला गीत निम्नलिखित है :

1

एही रे भसुरूवा के पाँवा अइसन दाँत रे
एही रे चीरेला वइला हमार रे
एही रे भसुरवा के लम्मा-लम्मा हाथ रे
एही रे हाथे छुवेल कन्या हमार रे
एही रे भसुरवा के लम्मी लम्मी टाँग रे
एही टाँगे नापे ला अँगना हमार रे।[1]

2

आजु के दिन भसुर छूवत बाटे
छुवत बाटे, छुवावत बाटे
कानी आँखे मटकावत बाटे, लंगड़ टाँग भचकावत बाटे।[2]

विवाह गीत : हिन्दुओं के षोडश संस्कारों में विवाह एक महत्त्वपूर्ण संस्कार है। इसका कारण यह है कि उत्तरवैदिक युग से एक हिन्दू के जीवन में गृहस्थाश्रम को बहुत महत्त्व दिया गया है। मनु ने स्वीकार किया है कि जैसे सब पशु वायु के सहारे जीते हैं, वैसे ही सब प्राणी गृहस्थाश्रम से जीवन धारण करते हैं और मनुष्य गृहस्थाश्रम में तभी प्रवेश करता है, जब वह वैवाहिक सूत्र में बँध जाता है। हिन्दू विवाह एक धार्मिक संस्कार है, वैधानिक या सामाजिक समझौता नहीं। वास्तव में कुछ धार्मिक संस्कारों द्वारा समाज से मान्यताप्राप्त दो स्त्री-पुरुष का विधिवत मिलन ही हिन्दू विवाह है। जिसका उद्देश्य धर्मकार्य, पुत्र प्राप्ति और रति प्रयोजनों को पूरा करना है। लोकगीतों के गायन के लिए विवाहोत्सव एक सर्वोत्तम अवसर है। पूर्वांचल तथा बिहार का विवाहोत्सव अत्यन्त ही मनोरंजक होता है। विवाह में हथधड़ी से लेकर चतुर्थी कर्म तक या यों कहिए कि दूल्हा के प्रथम बार के विदाई के अवसर तक अनेक विधि व्यवहार होते हैं। उसके बाद भी विवाह के पूरे वर्ष

1, 2—निजी संग्रह से।

अनेक पर्वों के अवसर पर नवविवाहित दूल्हा-दुलहिन का शास्त्रसम्मत एवं पारम्परित त्यौहार चलता रहता है। इस अवसर पर गाए जानेवाले गीत हैं :

1

जाहि दिन बेटी हो तोहरी गरभ रहल मन मोर रहे अलसाय
मास मछरिया बेटी मनही ना भावे हो दूध के करीला परहार
जाहि दिन ये बेटी तोहरी जनम भइले सावन भदउवा केरी रात
सासु ननदिआ धरे दिअना ना बारे आपन प्रभु गइले रिसिआय।[1]

आज जब हम 21वीं शताब्दी में जी रहे हैं। तब भी इस गीत में उद्धृत भावनाओं से हम सब प्रभावित हैं।

2

बसवा की जरिया सुन्नर वर उपजेला सुन्नर धिअवा हमारे
सुन्नर धिअवा चउक चढ़ि बइठली माता चउक धइले ढाढ़
धतिया हुँकारे चउक दुरे असुँवा अब धिया भइली पराय।[2]

विवाह के समय पंडित को गारी : विवाह में बैठने के समय कन्या पक्ष तथा वर पक्ष के लोग मंडप में बैठते हैं, साथ में रिश्तेदार भी होते हैं। पंडित शास्त्रसम्मत तरीके से वर-पक्ष तथा कन्या-पक्ष दोनों तरफ (पंडित) शादी की रस्म व विधि को करवाते हैं। उस अवसर पर महिलाएँ पंडित को गारी गाती हैं।

1

जइसन पोखरी के चक्का वइसन ब्रह्मणा उच्चक्का
सुनु ब्राह्मण रे, ब्राह्मण हाली-हाली आहुति कराव
धिआ मोरी बारी अलप सुकुआरी नू रे
जइसन बनिया के दाढ़ी वइसन ब्रह्मणा के दाढ़ी
सुनु ब्राह्मण रे ....

धोती बदलना : कन्यादान के पहले वर को मंडप में ही पियरी धोती पहनाई जाती है। इस अवसर के गीतों में वर क़ो मूर्ख सिद्ध करके कन्या के भाई से धोती पहनाने का आग्रह किया जाता है।

1—निजी संग्रह से।
2—निजी संग्रह से।

1

दीहलि धोतिया पहिरही ना आवे हो
भइया हो कवन पहिरी देखावहु हो
जीजा हो कवन राम पहिरी देखावहु हो।[1]

2

पिअरिही धोतिया में लागल वर किनार हे
पहिनी न दूलहा प्यारे नउवा पहिनावे हे
कहेली सरहज प्यारी सुनि पाहन गीत हे
दूहे हजमा हउवे तोहरे बहिना के भतार हे।[2]

कन्यादान के समय भाई द्वारा धार गिराते समय के गीत : इस समय गाए जानेवाले गीतों में स्त्रियाँ भाई से निवेदन करती हैं कि धार टूटने न पाएँ, नहीं तो बड़ा अपमान होगा और तुम बहन को हार जाओगे।

1

अरे अरे भईया कवन भईया धरिआ जनि तोरया हो।
धार टूटी लाज छूटी जइहें बहिनी हारि जइबो हो
हरबा कवल अइसन बहिनी दूलहा नीति ली हे हो।[3]

2

कापई से लोटी रे कापई धोती
कापई कुसन केरा पात
धिआ लेके कापेल बाबा हो कवन राम
कइसे के देही कन्यादान।[4]

कन्यादान : यह ऐसा अवसर होता है, जब पिता जन्म से पाली गई प्रिय पुत्री को दान करता है। दिनभर से कन्यादान सम्पन्न होने तक पिता व्रत रखता है। विवाह की इस विधि का हिन्दू शास्त्रों में मुख्य स्थान है। इसके पीछे मान्यता यह है कि पिता ऋण (पुत्री) से मुक्त होकर अपनी मुक्ति का मार्ग प्रशस्त करता है। खासकर

1, 2, 3, 4—निजी संग्रह से।

उस कन्या को जिसकी उम्र 12-13 वर्ष की हो तथा वह मासिक धर्म में अभी नहीं आई हो। कई लोग इस पुण्य का भागी बनने हेतु स्वेच्छा से किसी भी कन्या का कन्यादान करते हैं। जिसके पिता नहीं होता है, उसके चाचा या ज्येष्ठ भाई, माँ, मामा तथा ताऊ इस कार्य को सम्पन्न करते हैं। अब आजकल छोटी कन्या सिर्फ गाँवों में ही मिल पाती हैं। शहरों में तो कैरियर की वजह से इस उम्र की लड़कियाँ शादी हेतु मिलती नहीं हैं। और कानूनन भी अब ये वैध नहीं है। इस रस्म में पिता की कारुणिक मन:स्थिति का इन गीतों में चित्रांकन होता है। जिसे सुनकर पाषाण हृदय भी द्रवित हो उठता है। कन्यादान गाय, पैसा, लोटा व थाली से होता है। कन्यादान की थाली में विदाई के समय सिन्दूरदान, उबटन, पूरी रखकर दिया जाता था। आजकल ऐसा नहीं दिखता है।

1

माई जे धिअवा चोरावेली जइसे धिव गागर
बाबा जे धिअवा निकारेल जइसे जल माछर।[1]

2

दिनवा हरेलू ऐ बेटी भुखिया रे पिअसिआ
रतिआ रहेलू सिर पनिआ नु रे।
बइठेल कवन बाबा खरई बिछाई रे
जँघिया कवन देई लटछट काई रे।[2]

पाँव-पूजन के गीत : कन्यादान के पश्चात कन्या के पिता वर के पाँव को पूजते हैं, साथ ही वर के पाँव को धोकर आचमन करते हैं और मस्तक पर लगाते हैं। आपको हमने अपनी धरोहर सौंपी, आज से आप हमारे कुल की लाज सँभालें। वैसे भी, हिन्दू शास्त्र में दामाद को ऊँचा स्थान दिया जाता है। इस अवसर के गीतों में इसी का वर्णन मिलता है।

गंगा जमुनवा के पनियाँ सोनन केरा कलसा नू हो
पउवाँ पखरेले कवन बाबा धनि-धनि भाग हमारि
पउवाँ पखारि बाबा सिखा चढ़ावेले धनि धनि भाग हमार
सोने के कलसा अपने बबुआ के देवय रहसत धरवाँ के जाई।[3]

1, 2, 3—निजी संग्रह से।

भाँवर के गीत : इसे सुमंगली व सप्तपदी भी कहते हैं। अग्नि को साक्षी मानकर मंत्रोच्चारण द्वारा कन्या व वर को गृहस्थाश्रम में प्रवेश करने व एक-दूसरे के प्रति श्रद्धा तथा समर्पण की भावना से जीवन निर्वाह करने की शपथ ब्राह्मण दिलवाता है। भाँवर के गीतों में कन्या अपने सात फेरों में निवेदन करती है कि छह फेरों तक मैं आपकी हूँ, सातवें फेरे में मैं पराई हो जाऊँगी।

1

पहली भँवरिआ की बेरियाँ बाबा अबहीं तोहार हो
दूसरी भँवरिआ की बेरियाँ चाचा अबहीं तोहार हो
तीसरी भँवरिआ की बेरियाँ भइया अबहीं तोहार हो
चौथी भँवरिआ की बेरियाँ फूफा अबहीं तोहार हो
पाँचवीं भँवरिआ की बेरियाँ जीजा अबहीं तोहार हो
छठवीं भँवरिआ की बेरियाँ बाबा अबहीं तोहार हो
सातवीं भँवरिआ की बेरियाँ हम भइली पराया हो।[1]

सिन्दूरदान : शादी-ब्याह के इस रस्म में सिन्दूर दान करते हैं, जिसमें वर कन्या की माँग में सिन्दूर डालता है। इस रस्म के समय आगे से चादर तान दी जाती है, ताकि सिर्फ लड़का लड़की के माँग में सिन्दूर डालते समय उसकी माँग को देखता है। इस अवसर पर गाए जानेवाले गीत अत्यन्त मार्मिक होते हैं।

1

बाबा ही बाबा पुकारीला बाबा न बोलेल
बाबा की बरजोरी सेनुर वर बान्हेला
चाचा ही चाचा पुकारीला चाचा ना बोलेल
चाचा की बरजोरी सेनुर वर बान्हेला
ऐसे ही भईया वगैरह को लगाकर....[2]

2

उठीं श्री रामचन्द्र सेनुर दान है
भरी चुटकी सेनुर सीता के सोहाग है
मन से लगाई सेनुर है।[3]

1, 2, 3—निजी संग्रह से।

सिन्दूरदान के समय देर होने पर औरतें ब्राह्मण को गाली देती हैं कि आप जल्दी यह कार्य सम्पन्न कराइए, क्योंकि हमारी लड़की **सुकुमारी** है।

सेनुर बहोरना : सिन्दूरदान के पश्चात पाँच सुहागिन स्त्रियाँ भाभी, दीदी, बुआ वगैरह लड़की को सिन्दूर पहनाती हैं व चूमती हैं। गोरखपुर में धोबिन सुहागी देती है। उसे नई साड़ी देते हैं और वह व्रत रखती है। लड़की व धोबिन के सिर पर साड़ी डाल देते हैं, सिन्दूर पहले वह अपने में डालेगी और फिर लड़की (वधू) को डालेगी। इस अवसर पर गीत गाए जाते हैं।

1

सुहाग बदेरिआ बरिसे अहिवात बदरिआ बरसे
आँगन में सुहाग बरसे कवन देहई द्वाढ़
अम्मा जी सुहाग दीजै, दो मंगिआ के बीच बदरिआ बरसे
चाची जी सुहाग दीजै ....
भाभी जी ....[1]

2

चना तुम उगिओ चना तुम उगिओ
आजु सुहाग की राति चना तुम उगिओ
मउरा पर उग मउरिन पर उगिओ
उगिरहयो सारि राति चना तुम उगिओ
दूल्हा पर उग दुलहिन पर उगिओ
उगि रहयो सारी राति चना तुम उगिओ।[2]

लावा मिलाई : इस अवसर पर कन्या को वर के अग्रभाग में खड़ा किया जाता है और भाई द्वारा हाथ से लावा मिलवाया जाता है, इन गीतों में यह संकेत रहता है कि अब कन्या वर पक्ष की हो गई है।

1

लउवा ना मेरवा कवन भईया बहिनी तोहार हुई हो
आगुंठ मोरना छिनारी पुत सुहवा तोहार हुई हो

1—निजी संग्रह से।
2—निजी संग्रह से।

2

मोर लावा तोर लावा एके में मिलाव भला देखन आयो।
मोर बाबा तोर बाबा एके में मिलाव
भला देखन आयो, भला सूनन आयो।

परिछन कन्या के घर : कन्या के घर वर का परिछावन किया जाता है। इसमें कन्या की माँ की भूमिका ही प्रमुख होती है। इस समय गाए जानेवाले परिछावन गीतों में वात्सल्य और हास्य रस की प्रधानता होती है। सास, सरहज, साली मिलकर वर का परिछावन करती हैं।

1

सासू की अँखिआ लागेले मधुमाखी लाल
परिछन चलेली दामाद अलबेला लाल
परिछन करत उड़ती मधुमखिआ लाल,
हिआ भरके देखित दामाद अलबेला लाल।[1]

2

चार सखी आगे अइली चार सखी पीछे लाल
बीचवा में आपन सासु परिछे दमाद लाल
सब केहू परिछेला बर के मउरवा लाल
आपन सासु परिछेली रघुबर दुलहवा लाल।[2]

कोहबर में जाते समय सरहज द्वारा द्वार छेकाई : परिछावन के बाद वर-कन्या कोहबर में लाये जाते हैं। उस समय दरवाजे पर साले की पत्नी (सरहज) व साली, जो शादी के समय वर के जूते को छिपाती हैं, द्वार छेकती हैं और जूते देने के हेतु नेग माँगती हैं, मजाक करती हैं और दरवाजे पर लिखे कोहबर को पढ़ने के लिए कहती हैं।

1

छेकेली आपन भाभी सजना दुआर हो
आजु ननदोइआ जी से दोहा पढ़वइबय हो

1—निजी संग्रह से।
2—निजी संग्रह से।

जउँ तुहु होबा कवन राम के जनमल
दोहा पढ़ि पढ़ि हमके सुनइबा हो
जउँ तुहु होबा हरजोतवा के जनमल हो
दोहा पढ़न केरा लगही ना जइबा हो
छोहू छोहू भाभी अरे सजना दुआर हो
अगने में भीजेला दूलहा हमार हो
जउँ तोहरे ये ननदा एतनी घमंड हो
अपने दुलहवा जी से दोहा पढ़वावा हो।[1]

कोहबर में जाने पर : कोहबर में प्रविष्ट होने पर जो गीत गाए जाते हैं, उनका वर्ण्य विषय संभोग शृंगार होता है।

1

कहवा के कोहबर लाल से पिअर जी
कहवा के कोहबर में चुवेला गुलाल जी
बाहर के कोहबर लाल गुलाल जी
ताही कोहबर सुतेल कवन राम दूलहा जी
बेनिया डोलावेली कवन राम के बेटी जी
थोरे डोले बेनियाँ अधिक होले बात जी
हमरेहिं बाबा से दहेज नाहीं लेवय जी
हमरेहि अम्मा के जबाब जनि दीहा जी
तुहरे ही अम्मा के जबाब नाहीं देवय जी।[2]

बाती मिलाई की गीत : कोहबर में सरहज वर से एक दीपक में दो वर्तिका डालकर उसे जला देती है और दोनों को एक में मिलाने के लिए कहती है। इस अवसर के गीत शृंगारिक होते हैं।

1

बीतल जाला सारी रतिआ हो
दूलहा बाती ना मेरवे
काई बाती जइहें अनजानपुर नगरिआ
काई बाती होइहे ताती
नाहीं बाती जइहें ....

1—निजी संग्रह से।
2—निजी संग्रह से।

बाती मेराई सासु नेग लगतु है
मोती, मोहर असरफी।
अन, धन के बेटा सोच न करा
तू बाती मेराइ ताती।[1]

लोढ़ा-पुजाई : कोहबर में सरहज लोढ़ा रखकर वर से कहती है कि ये हमारे कुल-देवता हैं, इन पर माथा टेकिए। हँसी-मजाक के इस माध्यम से वर की बुद्धि-विवेक का पता लगाना और संकोच निवारण मात्र होता है। कोहबर में दूल्हा-दुलहन को दही व मीठा एक-दूसरे को चटाते हैं। उसके बाद जुआ खेलते हैं। भाभी, बुआ, साली अँगूठी थाली में पानी डालकर ढूँढ़वाते हैं, जिसका मतलब होता है कि वर तथा कन्या एक-दूसरे को इसी बहाने स्पर्श करें। इसका गीत इस प्रकार है :

ई लोढ़वा हमरे घर के देवता ए दूलहा
इनही के करा परनाम
ई तोहरे घरे के देवता ये सासू
ई तोहरे घरे के देवता ये सरहज
तुहई करा परनाम असीस तोहके दी हैं
ई हमरे घरे के देवतवा ये दूलहा
अइसन दीहैं असीस सुहवा संगवाँ बेलसब।[2]

जेवनार तथा समधी मिलाना : भोजपुरी क्षेत्र में लड़के के पिता को भात खिलाते समय जेवनार गीत गाए जाते हैं। जेवनार गीतों के माध्यम से लड़के के पिता तथा उनके अन्य सगे-सम्बन्धियों का स्वागत किया जाता है। जेवनार गीत प्रायः अश्लील और शृंगार प्रधान होते हैं।

1

मोतियन झारि झारि चउरा बनबलो
अरे जेवना ना जेवेला समधी की बाह-बाह
अरे हाँ हाँ चने की दाल
ऊपर सोहनिया
मोतियन झारि ....[3]

1, 2, 3—निजी संग्रह से।

2

बाग लगायो बगइचा लगायो बीचो बीच फुलवारी जी बाह-बाह
तमासन चलली समधिनिया छिनरी चोली अटकि ड़ार जी बाह बाह
चोली छोड़ावन चलेल कवन समधी धई बहिया झकझोरी जी बाह बाह
छोड़ो छोड़ो छैला मोरी दाहिन बहिआ हम हई तोहरी मेहरिया जी बाह बाह
जो छिनरो होबू तू हमरी मेहरिआ चला तू हमरी सेजिआ की बाह बाह।[2]

खुशी-खुशी जेवनार के बाद वर तथा कन्या पक्ष के पिता दोनों गले मिलते हैं, जिसे समधी मिलना कहते हैं।

नकटा : इसे कहीं **नकटा** तो कहीं **डोमकच** कहते हैं। ये गीत केवल लड़के के यहाँ विवाह के दिन गाए जाते हैं। ये गीत अश्लील होते हैं। यह महिलाओं का नाट्य संगीत है।

1

अनारदार बगिया ना जइबे राजा
ओही रे अनारदार ससुरू के डेरा
मई बार-बार घूँघटा ना काढ़व राजा
ऐसा ही आगे लगाकर ....[2]

2

ननद फूलजार मोके गेंदा से मारे
उहे गेंदा लेके ससुर आगे गइली
ससुर दगेबाज मोरा घूँघटा निहारे।[3]

विदाई : कन्या पक्ष के यहाँ की यह रस्म अत्यन्त हृदय विदारक होती है। विदाई के गीतों मे करुण रस की प्रधानता होती है। कन्या पक्ष के यहाँ शादी-ब्याह की यह अन्तिम विधिरस्म होती है। सभी परिवारजन यह चाहते हैं कि कन्या तथा बारातीजन अपने घर से सम्मान सहित विदा हो जाए। इस समय माँ, बाप, भाई, भाभी, बहन कन्या को सीख देते हैं कि बेटी ससुराल में जाकर सबका मान-सम्मान करना, सेवा भाव रखना।

1, 2, 3—निजी संग्रह से।

1

का तेरी बेटी रे दान दहेज घोर
की रे सुधर वर छोट
की तेरी बेटी सोना खराब भए
काहे तोर मन दलगीर
सुनत हौं बाबा सास दारूनियाँ
एही से मन दलगीर
चारदिना बेटी राजा के रजई
चार दिना फौजदारि
चार दिना बेटी सास हे दारून
आखिर राज तुम्हार।[1]

2

बाबा के रोवते गंगा बढ़ि अइनी
अम्मा के रोवेले अनोर
भईया के रोवेले चरन धोती भीजे
भउजी नयनवा ना लोर।[2]

सास का बक्सा : दहेज व कन्या के सामान के साथ सास का एक बक्सा अलग से होता है। इसका अपना महत्त्व है। इसमें साड़ी, ब्लाउज तथा शृंगार के सामान के साथ लड़की द्वारा बुनाई गई हाथ की कढ़ाई का सामान तथा खिलौना होता है। इससे सास बहुत खुश होती हैं।

दुलहिन उतारते समय सिन्दूर बहोरना : लड़के के यहाँ बहू को उतारते समय जो गीत गाए जाते हैं, वह मांगलिक होते हैं। ज्योंही बहू की सवारी दरवाजे पर पहुँचती है, सास बहू की माँग को सिन्दूर से सजाती है तथा सौभाग्यवती होने का आशीर्वाद देती है।

1

हाथ के सिन्होरवा लिहले सासु बाड़ी खाड़ लाल
खोला बबुआ पलकी मई मंगिया बहोरू लाल

1—निजी संग्रह से।
2—भोजपुरी लोकसाहित्य, कृष्णदेव उपाध्याय, पृ. सं. 300

कइसे के खोलू माता पलकी केवड़िया लाल
रतिआ के जागल माता अँखिओ ना खुले लाल।
बहुआरी बेटा पतोह घर आयो लाल
धनि-धनि भाग तोहार ये बहुआरी।[1]

दुलहिन उतारते समय परिछना : बारात लौटने पर माँ बहू-बेटे का परिछावन करती हुई अपना आह्लाद प्रकट करती है।

1

परिछन करे चलेली अम्मा सुहागिन
सात सखी अँखरा डोलाई
आपन राम मई अपने परिछबथ
दूसरा के छुवे ना देब
पुतवा बिअहि जब घर के लवटले
सुहवा सयानी लिए साथ।[2]

दउरी में डेग डालना : वर पक्ष के यहाँ परिछावन के बाद वधू को जब उतारते हैं तो उसको सम्मान हेतु कि वह घर की लक्ष्मी है, उसके पैर जमीन में सीधे न रखवाकर दउरी (जो बाँस की बनी होती है) में रखवाते हैं। दो दउरी लेकर नाइन आगे चलती है। कोहबर तक उसी में वर-वधू पैर रखकर चलते हैं।

1

लाल दरवाजा तोहार हो कवन राम
ये दरवजवा के मालिक।[3]
(सभी पुरखों का नाम लेते हैं।)

कक्कन छोड़ाते समय और जुआ खेलाते समय का गीत : हल्दी के दिन जो धागा पंडित द्वारा वर-कन्या के हाथ में बाँधा जाता है तथा मंडप, ओखली, चक्की, सील, कलशा आदि में बाँधा जाता है, उसको बारात लौटने पर किसी शुभ मुहर्त में देव-स्थान पर तोड़ दिया जाता है। इस अवसर पर नाउन नेग लेती है। इस अवसर पर गाए जानेवाले गीतों में देवी-देवताओं का गुणगान किया जाता है।

1, 2, 3—निजी संग्रह से।

1

हम भइलै जाप भइले धुँववा अकासे गइले
अरे कवन राम के पितर आनन्द भइले
धुँववा अकासे गइले।[1]

जुआ खेलते समय का गीत :

2

जुअवा तू खेला ए दूलहा
पसवा तू खेला ए दूलहा
कोरवा ससुर जी के धियवा
जीतही के ललकारे।[2]

दरवाजे का पूजन : कक्कन छुड़ाकर जब स्त्रियाँ घर लौटती हैं, उस समय द्वार की पूजा कर घर में प्रविष्ठ होती है। इस गीत में सभी पूर्वजों के नाम का उल्लेख किया जाता है।

1

लाल दरवाजा तोहार हो कवन राम
ये दरवजवा के मालिक।[3]

गवना : पूर्वांचल में विवाह के एक, तीन या पाँच वर्ष बाद गवना कराने की प्रथा है। आज यह गाँवों में कहीं-कहीं देखने को मिलता है। गवना के गीतों में करुण रस की प्रधानता होती है।

1

खाई ना लेहू ये बेटी दहिआ से भात
आजु के दिनवा ये बेटी बाड़ू हमरा गोद
काहिल की रतिया ये बेटी जइबे सजन सब लोग
आँगन देखीं लीपल पोतल घर अनिहार हो
गुड़ही पसारल देखलीं धिअवा ना देखाय
ससवा बइठल बाबा बढ़इता नयना ढूरे आँसू हो
काहे के जनमलू बेटी कुइआ लागल आग।[4]

1, 2, 3, 4—निजी संग्रह से।

चौथारी (कलेवा) : शादी के तीन दिन बाद लड़की के घर से मिठाई, कपड़ा वर पक्ष के पूरे परिवार सहित (कन्या-वर) के लिये ले लाया जाता है, समस्त श्रृंगारिक सामानों के साथ भाई लेकर जाता है।

आज जब हम 21वीं शताब्दी में जी रहे हैं और देश अपना सहस्राब्दी मना रहा है, इलेक्ट्रॉनिक मीडिया के बढ़ते हुए प्रभाव से यह सारी भावनाएँ, मूल्य, गीतों के इस तरह की परम्पराओं से हम उतने ही दूर होते जा रहे हैं। आज जरूरत है इनको सँभालकर-सँजोकर रखने की तथा आनेवाली पीढ़ी को इससे अवगत कराने की। आज यह परम्पराएँ सिर्फ गाँवों में, वह भी दूर-दराज के गाँवों में ही देखने को मिलती है। इसलिए डॉ. **अरुण** का कहना है कि **"हमारी परम्पराओं को जिसे शहरी लोग भुनाते हैं उसे जीवन्तता तो गरीबों ने ही दी है।"**

अन्त्येष्टि संस्कार : मनुष्य के मरने पर अन्त्येष्टि संस्कार किया जाता है, जो उसके जीवन का अंतिम संस्कार होता है। इस संस्कार की सम्पन्नता में यह निहित था कि मृत प्राणी परलोक में शान्ति-लाभ करेगा।[1]

मृत व्यक्ति के पार्थिव शरीर का दाह संस्कार होता था। दाह-क्रिया करने के पहले श्लोक-धार्मिक कृत्य किए जाते हैं। शव को ले जाने के लिए बाँस की अर्थी, पहले बैलगाड़ी लेकिन अब गाड़ी प्रयोग में लाई जाती है।[2] पुराणों में कहा गया है कि मृत शरीर को स्नान कराकर पुण्यात्मा को पुष्पमाला से विभूषित कर जलांजलि अर्पित करनी चाहिए। शवयात्रा में मृतक के सगे-सम्बन्धी होते हैं, जिसमें ज्येष्ठ पुत्र सबके आगे चलता है। श्मशान में लकड़ियों की चिता बनाकर, शव को स्नान कराकर उस पर रखा जाता था। कुछ धार्मिक कृत्य करने के बाद घी, नारियल, कुश आदि के साथ चिता में अग्नि लगाई जाती थी। अग्नि के प्रज्वलित हो जाने पर मंत्रों का पाठ किया जाता था कि हे अग्नि, इस शरीर को तू भस्म कर, इसे कष्ट न दे और न ही इसकी त्वचा और अवयवों को इधर-उधर कर तथा शरीर भस्म हो जाने के बाद उसकी आत्मा को चित् लोक में ले जा।[3]

1—प्राचीन भारत का सामाजिक इतिहास, पृ.सं. 283

2—आ.गृ.सू. 4.11

3—ऋग्वेद-10.16.1

शव जल जाने के पश्चात् अवशेष की दाह-क्रिया होती थी। उसके बाद लोग नदी या तालाब में स्नान करके घर लौटते थे।[1] शुद्धि के बाद शान्ति और श्राद्ध-क्रिया की जाती थी। सपिंडीकरण श्राद्ध के बाद मृतक को पितरों से मिला दिया जाता था। वैसे श्राद्ध और तर्पण प्रत्येक वर्ष किया जाता था।[2] मत्स्यपुराण ने तीन प्रकार की अन्त्येष्टि क्रिया का वर्णन किया है—(1) शव को जलाना, (2) शव को गाड़ना और (3) शव को फेंकना।[3] आधुनिक युग में आज भी यह संस्कार प्रचलन में हैं।

हमारे यहाँ कहा जाता है कि 'मुअले कि जिअले' जन्म के समय जहाँ उत्सव मनाया जाता है, सोहर गाए जाते हैं, वहाँ मृत्यु के समय भी गीत गाए जाते हैं, विशेषकर किसी बुजुर्ग के, जिसने अपने जीवनकाल में सबकुछ देख-सुन लिया। अर्थात् नाती, पोते की शादी, उसके बच्चे, वो हर तरफ से सन्तुष्ट होकर इस लोक से जा रहे हैं। यह मैंने उ.प्र. ही नहीं, बंगाल, महाराष्ट्र, बिहार में भी देखा। कोई स्त्री सुहागिन मरती है—पति के जीवित रहते तो उसे अच्छे से श्रृंगार कर विदाई दी जाती है। पर अगर कोई समय से पूर्व या अकाल ही काल के हाथों चला जाता है, तो शोक, विषाद, हाहाकार मचता है। प्राणी, जो मुट्ठी बाँधे हुए आया था, वह हाथ पसारे हुए जा रहा है। इसी समय हर व्यक्ति संसार के सब रूपों का अनुभव करते हैं। इस सत्य को देखकर, जो शाश्वत है कि जो जन्मा है उसे आज नहीं तो कल जाना ही है। जिनके परिवार में रोने या विलाप करने के लिए कोई नहीं होता है, वहाँ पर हिजड़े नहीं तो पारम्परिक रोने वाले/वालियाँ बुलाये जाते हैं। राजस्थान में इन्हें **'रुदाली'** कहते हैं।

मृत्यु के उपरान्त जो गीत गाए जाते हैं, उन्हें मृत्युगीत कहते हैं और निर्गुण भी। इसमें दो बातें विशेष रूप से पाई जाती हैं। एक में तो मृत व्यक्ति के गुणों का बखान होता है, दूसरे में उसकी मृत्यु से उत्पन्न आर्थिक संकट का उल्लेख। ब्रज व बिहार के चतुर्वेदियों व दूसरे अन्य जातियों में इन गीतों का प्रचार आज भी है। वैसे तो यह परम्परा अत्यन्त प्राचीन काल से चली आ रही है। ऋग्वेद में प्रेत

1—पा.गु.सू.-3.19, 3.10, 16.3

2—वही, 3.10, 27-28

3—मत्स्यपुराण, 39.17 अष्टक उवाच—यः संस्थितः पुरुषो दहयते वा निखन्यते वाउपि निकृष्यते वा।

की आत्मा किस मार्ग से स्वर्ग को जाएगी, उसकी रक्षा के लिए कौन लोग रक्षण के रूप में आएँगे, इसका एक वर्णन देखें :

प्रेहि प्रेति पथिभिः पूर्वेभिः
यत्रा नः पूर्वे पितरःपरेयुः।
उभा राजाना स्वधया मदन्ता
यमं पश्यासि वरूण च देवम्। -ऋग्वेद 10/14/6

भोजपुरी गीत :

1

ना जानी ए राम कवनि होत है गतिया
कटला में नरखा, बन्हलो में टटिया,
उड़ि गइले हंसा, परल बाही मटिया।

2

आजु त गवनवाँ भइले काल्हू पिया मरी गइले
आहो मोरे रामा, हरि के बियोगवा
अब ना जियबि हो राम
कटली में नरखर, बन्हली बेवनवा
आहो मोरे रामा
ताहि पर हरि जी के सुताइलें हो रामा।

3

बाबा सिर मोरा रोवेला सेनुर बिनु
नयना कजरवा बिनु हो रामा
बाबा गोद मोरे रोवेला बालक बिनु
सेजिया कन्हिया बिनु हो रामा।[1]

(4) (निर्गुण)

आगि लगे नइहर के टोला
बलम जहिया ले जइहें डोला

1—भोजपुरी लोकगीतों के विविध रूप, डॉ. श्रीधर मिश्र, पृ.सं. 170

चारि जने मिलि डोलिय उठावें
ललका ओहरवा ओही पर ओढ़ावे
हरे राम-हरे राम होला बलम -
भाई बन्धु, बाप-महतारी
धन-दौलत, कोठा-अठारी
संगवा में केहू ना होला बलम।[1]

—मैंने यह गीत अपनी बूढ़ी सोनारिन चाची से सुना था।

(5) राग—पीलू, ताल—खेमटा

गवन हमरो नगिचाना
करब मैं कौन बहाना
सब सखियन में चुनर मोरी मैली
ओहि पर पिया मारिहें ताना
करब ....
एक बूँद मोरी चुनरी पर दइहों
ता पर पिया पहिचाना करब।[2] **—सन्त कबीर**

अध्यात्म में तो मृत्यु को भी एक उत्सव मानते हैं कि व्यक्ति इस नश्वर शरीर से मुक्ति पा रहा है। यूरोपीय देशों में भी विलाप की प्रथा है। आयरलैंड में इव (Keens) कहा जाता है। दक्षिण इटली के निवासी जो ग्रीक भाषा बोलते हैं, मृत्यु गीतों के लिए विशेष छन्द का प्रयोग करते हैं। रोनेवाली स्त्री (Public Wailm) होती हैं।[3/4]

भोजपुरी साहित्य में अन्तेष्टि संस्कार की सामान्य बातें, दाह-संस्कार, घँट टाँगना, दूध लगाते सतनहवना, दसकरम, ब्रह्मभोज तथा बरखी होती है। इस सबके होने के उपरान्त ही यह संस्कार पूर्ण होता है।

सामान्य बातें : जब आदमी मरनेवाला होता है तो उसे गंगाजल और तुलसीदल दिया जाता है। लोगों का आज भी ऐसा मानना है कि इससे सद्गति मिलती है। जमीन पर व्यक्ति को लिटा

1, 2—निजी संग्रह से।
3—भोजपुरी लोकगीतों का सांस्कृतिक अध्ययन, डॉ. रविशंकर उपाध्याय।
4—लोक संस्कृति की रूपरेखा, डॉ. कृष्णदेव उपाध्याय।

देते हैं, जिसे '**भू-सेज**' देना कहते हैं। सच में यही वास्तविक सेज है, बाकी तो सब बनावटी है। प्राणों का हंस उड़ जाता है और मिट्टी पड़ी रहती है।

दिल पर पत्थर रखकर अन्त्येष्टि संस्कार की तैयारी की जाती है, छोटे बच्चों को मिट्टी में दफना/गाड़ देते हैं या किसी नदी में बहा देते हैं। इसके पीछे कहीं-कहीं लोग ऐसा भी मानते हैं कि नदी में बहाने से अगर बच्चे में थोड़ी कहीं भी जान बाकी है तो वह पुनः जीवित हो जाएगा (लोक विश्वास है यह)। प्रौढ़ को गाँव के समीप की नदी में प्रवाहित करते हैं, जिसे जल-प्रवाहित करना कहते हैं, क्योंकि उसके जाने से परिवारवाले दुखी रहते हैं। बूढ़े मरते हैं तो उन्हें जलाया जाता है, लाश को श्मशान घाट तक ले जाने के लिए बाँस की टिकठी बनाते हैं। अब तो बना-बनाया बाजार में मिलता है। यही वह विमान है, जिसके द्वारा व्यक्ति अपनी 'मंजिल' तक यानी मोक्ष को प्राप्त होता है। विवाहित पुरुष मरते हैं तो उनकी टिकठी पर उनकी स्त्री का सिन्दूरदान, चुड़ियाँ रखी जाती हैं क्योंकि पुरुष के मरते ही उसकी चूड़ियाँ तोड़ दी जाती हैं और उसका सिन्दूर धुल दिया जाता है। स्त्री सुहागिन मरती है तो उसका शृंगार किया जाता है। विधवा स्त्री को सफेद वस्त्र पहनाया जाता है, पुरुष को भी सफेद वस्त्र ही पहनाया जाता है। टिकठी पर आटे का पिंड तथा पैसा रखा जाता है, जिन सबको छोड़कर वह जा रहा है।

टिकठी पर लाश को सुलाकर चार व्यक्ति कंधे पर उसे, श्री राम नाम सत्य है, मुअला में गति है, बोलते हुए उसे ले जाते हैं। पीछे-पीछे उसके सगे-सम्बन्धी और गाँव, मुहल्ले के लोग चलते हैं तथा नदी किनारे लाकर उसे रखते हैं।

दाह-संस्कार : इस महाप्रयाण की यात्रा के व्यक्ति की लाश को पाँच लोग मिलकर नहलाते हैं। उसे कफन पहनाया जाता है, इसके बाद '**डोम**' से आग लेकर पाँच बार एक आदमी उसके चारों ओर घूमता है और आग को मुँह के पास छुआता है। जिसे '**पचकरमा**' कहते हैं और आग लेने को '**आगि मोल लेवल**'। इसके लिए उसे रुपया दिया जाता है। इसके बाद उसे पानी में '**दहवा**' दिया जाता है, जिसे '**जल-परवाह**' कहते हैं, बूढ़े आदमी को लकड़ी, धूप या चन्दन की चिता पर रखकर उस पर घी, कपूर आदि से जलाया जाता है। बड़ा पुत्र या छोटा पुत्र इस कर्म को सम्पन्न करता है।

उसे '**दगधा**' कहते हैं, जिसने मुखाग्नि दी होती है। चिता को अग्नि दी होती है। जब लाश जल जाती हैं तो राख को पानी में प्रवाहित कर देते हैं और वहाँ राम-राम लिख दिया जाता है। इस समय रामायण का पाठ भी होता है।

दाह-संस्कार करने का अर्थ है, उस व्यक्ति की क्रिया होगी। यदि किसी व्यक्ति का दाह-संस्कार हो जाए, किन्तु क्रिया नहीं की जाए तो बाद में उसके नाम का '**पुतरा-पुतरी**' जलाते हैं, जो '**कुश**' से बनाई जाती है। नदी के किनारे से आकर लोग आग, लोहा, पत्थर का स्पर्श करते हैं और नीम की पत्ती चबाते हैं।

घँट टाँगना व दूध लगाना : दूसरे दिन ब्राह्मण, नाई तथा परिवार के लोग, जो दाह-संस्कार किया रहता है, उसके साथ नदी किनारे जाते हैं। वह पीपल के पेड़ पर मटकी टाँगता है, उसमें छोटा-सा छेद बना रहता है, जिसमें हमेशा बूँद-बूँद करके जल गिरता है, इसे '**घँट टाँगना**' कहते हैं। लोगों का ऐसा मानना है कि पीपल के पेड़ पर आत्माएँ रहती हैं, वहाँ वे उसे पानी देते हैं। उस दिन केवल चावल (भात) बनता है, बिना हल्दी के मटर या काली उड़द की दाल। जब लोग खाते हैं तो पहले '**भात और दूध**' खाते हैं, बाद में दाल। इसे '**दूध लगाना**' कहते हैं। इसी से दूध पीकर, खाकर यात्रा पर जाना मना है। '**दूध-लगाना**' गाली या शाप के रूप में माना जाता है। (अगर कोई किसी के लिये अपशब्द के रूप में प्रयुक्त करता है तो।)

दाह-संस्कार करनेवाले व्यक्ति का मुंडन हुआ रहता है। वह तख्त पर या जमीन पर कंबल बिछाकर सोता-बैठता है। उन दिनों वह ब्रह्मचर्य नियम का पालन करता है। दूसरे अन्य लोगों से छूआछूत करना पड़ता है, क्योंकि इसके पीछे कारण है कि इससे उसे कष्ट होता है। मृत व्यक्ति का साया इन दिनों में उस पर रहता है। घर में हल्दी-तेल का प्रयोग नहीं होता। मुहल्ले, गाँव के लोग कहते हैं कि इनके यहाँ छूतक लगा है। जिसने दाग दिया होता है, वह दोनों प्रहर सुबह-शाम उस घंटे में पानी और शाम को दीप जलाने जाता है। घर की स्त्रियाँ एक साथ प्रतिदिन स्नान करके एक साथ मुँह धोती है और मरे हुए व्यक्ति के नाम पर रोती है। रिश्तेदार, नातेदार अपनी संवेदना प्रकट करने आते हैं, उसे '**पूछारि**' करना कहते हैं।[1]

1—भोजपुरी लोकसाहित्य-सांस्कृतिक अध्ययन, डॉ. श्रीधर मिश्र, पृ.सं. 130 व 131

सत नहबना : जैसा कि नाम से जाहिर हो रहा है—सातवें दिन का स्नान। इस दिन पुरुष तथा स्त्री तेल व खरी स्पर्श करके स्नान करते हैं। इसके पश्चात तेल जो सात दिन तक वर्जित रहता है, अब लगा सकते हैं, औरतें सिन्दूर लगाती हैं।

दस करम : दसवें दिन घर के पुरुष वर्ग सिर के बाल मुँड़वाते हैं। जिनके पिता नहीं रहते, वे सिर तथा मूँछ दोनों के बाल मुँड़वाते हैं। उस दिन महापातर (महाबाभन) को खिलाया जाता है। मरे हुए व्यक्ति के नाम पर उसे कपड़े आदि दिए जाते हैं। पिंडा परता है। यह **'महाबाभन'** वे वर्ग हैं, जिन्हें किसी के मरने से कोई लेना-लादना नहीं होता है। इस अवसर पर वे जो माँगें, लोग देते हैं, क्योंकि ऐसी मान्यता है कि अगर **'महाबाभन'** संतुष्ट नहीं होंगे या रुष्ट होंगे तो जो व्यक्ति मर गया है, वह मरणोपरान्त भी संतुष्ट नहीं रहेगा। आज से घर में हल्दी का प्रयोग शुरू होता है। औरतें नाखून कटवाती हैं।

ब्रह्मभोज : ब्राह्मण का अंतिम पिंडदान और ब्राह्मणों का भोजन तेरहवें दिन, क्षत्रियों का चौदहवें दिन, वैश्य और कुछ शूद्रों का सोलहवें दिन तथा कुछ शूद्रों का महीनवें दिन सम्पन्न होता है। इस दिन अपने पुरोहित को कपड़े, बर्तन, चारपाई आदि दानस्वरूप दिया जाता है। इसे तेरही क्रिया या ब्रह्मभोज कहते हैं। इस दिन सभी रिश्तेदार आते हैं। इसे **'भाई में मिलना'** कहते हैं। इसमें पहले **'पूरी'** खिलाई जाती है, फिर **'भात'**। इस दिन किसी को भी बिना खिलाए द्वार से लौटाया नहीं जाता, चाहे वह भिखारी, डोम ही क्यों न हो। मान्यता यह है कि न जाने किस भेष में कौन द्वार पर आया हो।

बरखी : कभी-कभी यह संस्कार छह माह के बाद भी किया जाता है, तब इसे **'छमासी'** कहते हैं। जिस दिन व्यक्ति मरा रहता है, उसके ठीक एक वर्ष बाद फिर पिंडदान कर ब्राह्मणों व भाइयों को खिलाया जाता है, इसे **'बरखी'** कहते हैं।[1]

यह सारे कर्म संस्कार इसलिए बनाए गए हैं, जिससे मनुष्य इस दुख, शोक से स्वाभाविक रूप से सहज हो सके। सभी रिश्तेदार भाई-बन्धु पूछने आते हैं और बार-बार उस मृत व्यक्ति के बारे में बताकर उसे याद करके रोते हैं, निराशा से आशा की ओर धीरे-

---

1—भोजपुरी लोकसाहित्य-सांस्कृतिक अध्ययन, डॉ. श्रीधर मिश्र, पृ.सं. 130 व 131

धीरे बढ़ने का यह सब कर्म है। शोक के समय से सिर मुँडाकर व श्वेत वस्त्र पहनकर आजीवन दु:खी तो रहा नहीं जा सकता। इसलिए यह कर्म बनाए गए।

शोक मनाने के इस परम्परागत भारतीय तरीके में मनोवैज्ञानिक कारण कितना गूढ़ छिपा है कि भविष्य में शोकाकुल परिवार के किसी व्यक्ति में भय या दिमाग पर यह बात बैठ ना जाए, इसलिए सहज रूप से व्यक्ति इन विधि-विधानों के माध्यम से फिर उसी सामान्य जीवन में वापस लौट आता है।

'महाभारत' में जब अर्जुन घोर निराशा में पहुँच जाते हैं तो भगवान श्रीकृष्ण को 18 बार समझाना पड़ा। एक समय विशेष के दौरान बार-बार दिए गए परामर्श से फ्रेश बल्ब मेमोरी (बार-बार याद आने की क्रिया) को खत्म करने में सहायक सिद्ध होता है।[1]

सांस्कारिक उत्सव में गाए जानेवाले लोकगीतों का सामाजिक मूल्यांकन तथा उनकी समीक्षा (आज के परिप्रेक्ष्य में) :

अध्ययन व शोध के आधार पर हम यह कह सकते हैं कि हमारे संस्कारों का मुख्य उद्देश्य मनुष्य के व्यक्तित्व का पूर्ण बहुमुखी विकास कर उन्हें परिष्कृत बनाना है। क्योंकि हर समाज यही चाहता है कि उसके सदस्य आदर्शों और प्रतिमानों के अनुरूप ही अपने व्यक्तित्व का विकास करें। समाज में संगठन, एकरूपता तथा एकमत पैदा करने के विचार से हमारे शास्त्रकारों ने मानव व्यवहार को अनावश्यक स्वतंत्रता न देकर उसके सम्मुख कुछ ऐसे आदर्श, प्रतिमान रखे हैं, जिनके अनुसरण से वह अपने प्राकृत जीवन से परिष्कृत हो सामाजिक जीवन की ओर उन्मुख होता है। क्योंकि सांस्कारिक शिक्षा मनुष्य को जीवन के हर स्तर पर, आदर्शों के अनुकूल अपने जीवन को चलाने की प्रेरणा देते हैं। हमारे हिन्दू संस्कार, जो सोलह संस्कारों में समाहित हैं, जीवन के किसी पक्ष को अछूता नहीं छोड़ते हैं, चाहे वो शारीरिक, मानसिक, आध्यात्मिक, आर्थिक और सामाजिक पक्ष ही क्यों न हो। प्रत्येक दिशा में मनोवांछित विकास करने के लिए व्यक्ति को तैयार करते हैं।

1—लेख—'शोक और सहज होने की प्रक्रिया', डॉ. के.के. अग्रवाल, नवभारत टाइम्स, 21 मार्च, 2005

गर्भावस्था से शुरू होकर यह संस्कार जीवन की अंतिम यात्रा तक साथ चलते हैं। इस संदर्भ में **डॉ. राजबली पांडेय** ने लिखा है कि जिस प्रकार चित्रकला में सफलता प्राप्त करने के लिए अनेक प्रकार के रंगों की आवश्यकता होती है, उसी प्रकार चरित्र निर्माण भी विभिन्न संस्कारों द्वारा होता है।[1] **श्री हर्ष** ने लिखा है—"**मनुष्य वस्त्रों के बिना तो शोभित हो सकता है, परंतु लज्जा और धर्म से रहित होने पर नहीं।**"[2] जीवन में संस्कारों का बहुत महत्त्व है। क्योंकि संस्कार से ही संस्कृति बनती है और इन संस्कार गीतों को सुनकर किसी भी संस्कृति को जाना जा सकता है।

अकसर ऐसा देखने, सुनने को मिलता है कि गाँववालों में शिक्षा का प्रचार-प्रसार कम है। वे अशिक्षित होते हैं। पर यह शत-प्रतिशत सत्य नहीं है। उनके '**अनुभव**' ही '**गुरु**' होते हैं जो आज भी शाश्वत सत्य की तरह जीवित हैं।

हम मानते हैं कि उन्हें शहर की तरह स्कूल, कॉलेज में जाकर अक्षर-ज्ञान प्राप्त नहीं होता, पर जो कुछ भी वह आँख से देखकर तथा कान से सुनकर शिक्षा स्वरूप ग्रहण करते हैं, वह कहीं किसी पाठ्यक्रम में नहीं मिलता। **रामनरेश त्रिपाठी** ने ग्राम साहित्य में लिखा है कि "**ये ऐसे पूर्वजों के प्रतिनिधि हैं, जिन्होंने किसी दिन सारी पृथ्वी पर अपनी सभ्यता का प्रसार किया था और अपने ज्ञान के आलोक से मनुष्य जीवन को चमत्कृत कर दिया था। इस सभ्य समाज में प्रचलित अनेक सद्गुण उनको परम्परा से प्राप्त हैं, जो उनके साथ रहकर व्यवहार करने पर प्रकट होते हैं।**" जार्ज बर्नाड शॉ ने लिखा कि स्कूल की चहारदीवारी में जाकर मेरी शिक्षा ख़त्म हो गई।

संस्कार व्यक्ति को परिवार तथा उसकी परम्परा से मिलते हैं, जिसका पीढ़ी-दर-पीढ़ी हस्तान्तरण होता रहता है। मनुस्मृति में जीवन-यापन की रीति में दीक्षित होने के लिए संस्कार आवश्यक माने गए हैं। सांस्कारिक न होने पर मनुष्य के पतित हो जाने की बात भी कही गई है।[3] संस्कार के महत्त्व को दर्शाते हुए **श्री शिव सहाय चतुर्वेदी** ने लिखा है कि "हिन्दू जाति में संस्कारों का विशेष महत्त्व है। किसी वस्तु के दोष को दूर करके, विभूषित करना ही संस्कार

1—हिन्दू संस्कार, डॉ. राजबली पांडेय, पृ. 27
2—अन्तर्दृष्टि कालम, नवभारत टाइम्स, दि. 29, नवम्बर, 2005
3—बुन्देलखंडी लोकगीत, श्री शिव सहाय चतुर्वेदी

कहलाता है। जिस प्रकार खान से निकलने पर रत्नों के ऊपर मिट्टी आदि बाह्य मलों की परत चढ़ी रहती है, जिससे उसकी चमक छिपी रहती है, परन्तु जब वे शान पर रखकर तराशे जाते हैं तो उनकी चमक निखर जाती है। इसी तरह से मानव शिशु में भी रक्त, वीर्य और गर्भ सम्बन्धी अनेक दोष रहते हैं, संस्कारों द्वारा उक्त दोषजन्य मलिनता नष्ट की जा सकती है। अर्थात् मानव जीवन को उत्कृष्ट परिमार्जन हेतु संस्कार की उपादेयता प्रमाणित है। इन संस्कारों के माध्यम से ही हम सामाजिक रीति-रिवाजों व आपसी रिश्तों से परिचित होते हैं। इसका सृजन परिवार के आँगन से होता है।

आधुनिक काल के बदलते हुए परिवेश एवं आर्थिक परिस्थितियों ने संस्कारों को बहुत ज्यादा प्रभावित किया है। **कई संस्कार आज लुप्त हो गए हैं।** शोध के दौरान मैंने पाया कि ज्यादातर लोगों को तो कुछ संस्कार ही मालूम हैं, बाकी नहीं। मैंने पहले भी यह लिखा है कि ब्राह्मण और अन्य द्विज जातियों में अमुक-प्रमुख संस्कार वर्तमान में हैं। जिन परिवारों में लेषमात्र भी भारतीयता एवं कुल गौरव शेष हैं, वहाँ प्रतिष्ठा के प्रतीक में ये संस्कार भी जीवित हैं। पर आज समाज में वैश्वीकरण (ग्लोबलाइजेशन) के चलते कुछ लोग इन संस्कारों को ढकोसला मानते हैं। पाश्चात्यता में लिपटी संस्कृति को ओढ़ने में वे अपनी बड़ाई समझते हैं। इसके कारण वे अपने रिश्तों व बन्धन से दूर हो गए हैं। सामाजिक या नैतिक, कोई दायित्व उन पर लागू नहीं होता। उनके जीवन में भारतीय मूल्यों व आदर्शों की कोई जगह नहीं है। पारिवारिक व सामाजिक जीवन उनका बहुत संतोषजनक नहीं होता। अधिकांश लोगों की **'कोर्ट मैरिज'**, **'आर्यसमाजी-शादी'**, **'ई-मेल विवाह'**, बिना विवाह के साथ रहना व अन्य वर्णों व जातियों में शादियाँ होती हैं। जिनकी परिणति प्रायः आज **'तलाक/बिखराव'** की होती है। प्राचीन काल की हर बात में उन्हें ढकोसला, अन्धविश्वास झलकता है। साधारणतः यह समझा भी जाता है कि पहले यह ठीक नहीं था, ऐसा करना यह सब एक अन्धविश्वास या बड़े लोगों द्वारा अपनी बात को थोपने जैसी संस्कृति का प्रतीक था। क्योंकि पूर्वजों के उस कठोर अनुशासन (आज के पीढ़ी की नजर में) को समझने के लिए उनमें धैर्य नहीं हैं, जो पहले के लोगों में हुआ करता था। आज सभी को तत्काल परिणाम चाहिए। जिसका परिणाम यह है कि आज समाज व परिवार में हर ओर विक्षोभ व्याप्त है। सभी सिर्फ **'रोजी-रोटी'** की ओर भाग

रहे हैं। '**अर्थ**' की प्रधानता है, जिसके कारण **आज हमारी जीवन की कुंजी बाजारीकरण के हाथों में है, जो पहले हमारे जीवन निर्वहन की एक सीढ़ी हुआ करती थी**। आज उसकी प्रमुखता ने हमें विनाश के कगार पर लाकर खड़ा कर दिया है। हम अपने मूल्यों व आदर्शों से दूर हो गए हैं। परिवार में जहाँ पहले दादा-दादी, नाना-नानी, चाचा-चाची सब एक साथ रहा करते थे, बच्चे उनसे कहानी के माध्यम से, उनके लिहाज के डर से, प्यार-से बहुत-सी बातें समझते-बूझते थे। आज वे नहीं है। आज परिवार से मतलब है। माँ-पापा, मम्मी-डैडी-आया। पहले जब संयुक्त परिवार की प्रणाली थी, उसमें हर व्यक्ति एक-दूसरे के लिए संवेदनात्मक ढंग से त्याग, विश्वास की भावना से समर्पित रहता था। किसी व्यक्ति विशेष पर तनाव या बोझ नहीं रहता था। सभी मिलकर किसी भी मुश्किल या दुख-सुख का सामना करते थे। जो आज खो गया है। जिसका परिणाम है, हर व्यक्ति आज अपने व्यक्तिगत बोझ से दबा जा रहा है और तनावमुक्त जीवन ही व्यतीत कर पा रहा है। इससे समाज व परिवार में एक खाई-सी व्याप्त हो गई है। जिसका मुख्य कारण है, हमारा संस्कार-विहीन होना। क्योंकि कौन बताएगा? आज क्या है? उचित-अनुचित? किसे-कैसे देखना है? किस रिश्ते को कैसे निभाना है? ये इन संस्कारों की ही देन थी, जो पहले लोग समाज, राष्ट्र और बाद में परिवारहित के बारे में सोचते थे। गली, मुहल्ले, गाँव की बेटी-बहन उनकी अपनी इज्जत हुआ करती थी। आज सबकुछ निरंकुश है। किसी को किसी का ख्याल नहीं। सिर्फ स्वयं की सत्ता में सभी लिप्त हैं। आस-पास, पड़ोस का कोई ध्यान नहीं। सबने अपने-अपने रास्ते बना लिए हैं। यही कारण है कि गुनाह ज्यादा मात्रा में व्याप्त है। आज समाज में गुनाह ज्यादा मात्रा में व्याप्त है। इस बात से परिवार, समाज सभी चिन्तित हैं। संस्कारों के चलते लोग पहले एक-दूसरे से मिलते थे, रिश्ते बनाए जाते थे। आज संस्कार के आभाव में यह सब मूल्य खोते जा रहे हैं। न ही हम पूर्ण रूप से पाश्चात्यता को अपना सके हैं और न ही भारतीयता को। जिसका परिणाम है—समाज में एक अलग तरह की संस्कृति के पुष्प का पल्लवित होना, जो हमें अवमूल्यन की ओर अग्रसर करता-सा दृष्टिगत होता है।

शोध के अन्तर्गत **बड़े-बुजुर्ग लोगों** तथा **युवा पीढ़ी** से किए गए **साक्षात्कार तथा बातचीत** के दौरान जो मैंने पाया एवं अध्ययन

के आधार पर जो तथ्य हमारे सामने उभरकर आए हैं, वो इस प्रकार है—

(1) किसी भी परिवार व समाज को सही ढंग से चलाने हेतु कुछ नियम व बड़ों का अंकुश आवश्यक है, जो आज प्रायः नहीं के बराबर है। जिससे लोग परिवार में खुलकर अपनी बात कह सकने में सक्षम नहीं हैं।

(2) निरंकुशता व स्वतंत्रता सबके लिए घातक है—चाहे वह परिवार हो, संगठन हो, समाज हो या अन्य रिश्ता।

(3) संस्कारविहीन होने से आज समाज में जो व्याधियाँ व्याप्त हैं, वह हमारे प्रत्यक्ष रूप से आम जन-जीवन को भी प्रभावित कर रही हैं।

(4) पहले अपने परिवार के रिश्तों, भाई-बहन के अलावा गली-मुहल्ले, शहर की लड़की भी बहन, बेटी व बहू हुआ करती थी। रिश्तों में वह गरिमा होती थी जो आज कहीं विलुप्त हो गई है। इसलिए पहले परिवार में बहू को नाम से न पुकारकर शहर के नाम से 'ए पटनेवाली बहू' कहते थे। आज यह सब खो गया है।

(5) **'बहुजन हिताय बहुजन सुखाय'** जो हमारे देश की संस्कृति की परिचायक रही, अब **'एकाकी'** जीवन में सिमटकर रह गई है।

(6) आपस में वैमनस्यता बढ़ गई है। घर-परिवार में कोई किसी को अच्छे खाते-पीते देख नहीं पा रहा है। या यों कहें, सहनशक्ति का ह्रास हुआ है। जिसके चलते अनेक बीमारियाँ, जो मनुष्य ने स्वयं लगाई है, जैसे—उच्च रक्तचाप, डायबिटीज, थायराईड, डिप्रेशन आदि से पहले की अपेक्षाकृत ज्यादातर लोग ग्रसित हैं। सरकारी आँकड़े इनके साक्ष्य हैं।

(7) बच्चे आज अपना बचपन भूल गए हैं। वे समय से पहले बड़ों जैसी बातें करते हैं, क्योंकि उनके आसपास जो घटित हो रहा है, वे उसे ही अपनाते हैं। (इसके लिए हम सब उत्तरदायी हैं—लेखन मीडिया से लेकर इलेक्ट्रॉनिक मीडिया तक)। क्योंकि संयुक्त परिवार में बच्चों का समय दादा-दादी, नाना-नानी में व्यतीत होता था, अब वह खालीपन होने से टी.वी. तथा कम्प्यूटर पर व्यतीत होता है।

(8) संस्कार से हम परिष्कृत होते हैं, उसमें हमें अपने अन्दर की दुर्भावनाओं पर नियंत्रण करना सहज होता है। परन्तु आज 'संस्कार' विहीनता से हमारे पशुतापूर्ण व्यवहार को प्रबलता मिली है, जिसका आज के समाज में हम सबके समक्ष प्रत्यक्ष उदाहरण आए दिन ऐसी घटनाओं का घटित होना है, जिसकी हम परिकल्पना भी नहीं कर सकते।

(9) संस्कार के आभाव में आज हम अपनी इच्छापूर्ति व उच्छृंखलता को पूरा करने के लिए किसी भी मार्ग को अपनाने के लिए सहज ही तैयार हो जाते हैं, चाहे वह पथ हमें पतन के मार्ग पर ही क्यूँ न ले जाए।

(10) आवागमन के साधन बढ़ने से गाँव शहर से जुड़ा, शहर महानगर से, अब तकरीबन हर चीज हर जगह पर लोगों को उपलब्ध है। इसलिए अब बच्चे अस्पताल में होते हैं तो कौन नाल काटे, कौन सोहर गाए, कौन पुत्र होने पर थाली बजाए और कौन लोकगीत गाए? इसलिए लोकगीत जो महिलाएँ घर में ढोलक बजाकर गाती थीं, अब लुप्त हो रहा है। पहले लड़की को ढोलक बजाना, गाना सिखाया जाता था, अब यह भी लगभग देखने-सुनने को नहीं मिलता है।

इस तरह यह कहना लेष मात्र भी गलत नहीं होगा कि इसके लिए हम स्वयं ही जिम्मेदार हैं। हमारा आज का पारिवारिक परिवेश जो आधुनिकता की चकाचौंध में अपनी मौलिकता तथा मानवीयता को खो बैठा है। जब बड़े इतने विवेकविहीन हो गए हैं, तो युवा पीढ़ी का क्या दोष? हमें स्वयं पर नियंत्रण नहीं है, और हम चाहते हैं कि बच्चों पर हम सारे अंकुश लगाएँ, जो सम्भव नहीं। हम यह भूल जाते हैं कि परिवर्तन व आदर्श की शुरुआत तो पहले स्वयं से होती है, तब परिवार और फिर समाज व राष्ट्र या देश आते हैं।

काम, क्रोध, मद, लोभ, मोह जैसे भाव हमें विभिन्न रूपों में जन्म से ही मिलते हैं। परन्तु आज के उपभोक्तावादी संस्कृति में बढ़ते हुए अकेलेपन और व्यक्तिवादी दृष्टिकोण ने हमारे अन्दर की गरिमा व नैतिकता का ह्रास कर विकृतियों को ज्यादा प्रश्रय दिया है। गाँवों पर शहरों तथा पाश्चात्य संस्कृति के बढ़ते हुए प्रभाव ने हमें आज अपने मूल्यों व आदर्शों से डगमगा दिया है। ऐसा नहीं है कि आज ही यह सब घटित हो रहा है। इसकी शुरुआत तो लगभग

50 वर्ष पूर्व से ही शुरू हो गई थी। पहले यह सब यदाकदा कहीं घटित होता था, पर आज ये सारी विकृतियाँ मीडिया के कारण हर जगह देखने व सुनने को मिलती है। परिवार टूटने से जो बिखराव की स्थिति पैदा हुई है, उसमें आज हमारी पहचान (लोकगीत) खो गये हैं। आज आवश्यकता है इन्हें संरक्षणता प्रदान करने की और इस दिशा में जो जानकार हैं, उन्हें संगठित करने की।

अभी भी हम इसे बचा सकते है, अगर थोड़े से जागरूक हो जाएँ और उचित-अनुचित का चिंतन कर अपने आदर्शों व मूल्यों की मर्यादा को जीवन में शामिल करें। अपने लोकगीतों को समय-समय पर गाएँ जो विलुप्त हो रहे हैं, उनको बचाएँ, ताकि युवा पीढ़ी उनके बारे में जान सकें और अपनी इस गरिमामयी संस्कृति पर गर्व महसूस कर सकें।

अध्याय 7

भोजपुरी लोकगीतों के संरक्षण के प्रति आकाशवाणी और दूरदर्शन की भूमिका

लोकगीतों के संरक्षण के प्रति आकाशवाणी और दूरदर्शन की भूमिका जानने के पूर्व हमें उसके प्रादुर्भाव के ऊपर ऐतिहासिक दृष्टिकोण डालना आवश्यक है।

पहले लोकप्रसारण के माध्यम डुग्गी व नक्कारे हुआ करते थे, इतने कुछ नहीं, जितने आज हैं। इसीलिए उनके संरक्षण की ओर भी इतना ध्यान नहीं गया, जैसे कि आज के आधुनिक युग में प्रचार व प्रसार के माध्यम हैं। जैसे-जैसे शिक्षा बढ़ी, आवश्यकता बढ़ी, जागृति आई और फिर उसके माध्यम आए।

आधुनिक काल में लोक प्रसारण का सबसे सम्पन्न एवं सशक्त माध्यम आकाशवाणी और दूरदर्शन है।

आकाशवाणी के विषय व उसके प्रादुर्भाव को जानने के लिए, यहाँ पर एक दृष्टि डालना उचित प्रतीत होता है। जिसमें हम यह जान सकेंगे कि आकाशवाणी ने लोकसंगीत को बढ़ावा कैसे दिया, उसके लिए कैसे कार्यक्रमों का निर्माण किया?[1] भारत में प्रसारण का प्रारंभ निजी रेडियो सर्विस द्वारा सन् 1924 में मद्रास से शुरू हुआ। उसी के चलते **'ब्रिटिश कोलोनियल सरकार'** ने निजी कम्पनियों को प्रसारण का लाइसेंस जारी किया, जिससे उन्होंने मुंबई और कलकत्ता में **'रेडियो स्टेशन' 27 जुलाई, 1927** को प्रयोगात्मक रूप में खोले। सन् 1930 के आने तक वो कम्पनियाँ दिवालिया हो गई, फिर उन्हें **'कोलोनियल गवर्नमेंट'** ने अपने हाथ में ले लिया और इन दोनों रेडियो स्टेशन को **'लेबर'** (श्रम) और **'इंडस्ट्री'** (उद्योग) विभाग

1. Broadcasting in India , P. C. Chatterji.

ने '**स्टेट ब्रॉडकॉस्टिंग कॉरपोरेशन**' के नाम से चलाया। सन् **1956** में उस कॉरपोरेशन का नया नामकरण (AIR) यानी '**ऑल इंडिया रेडियो**' पड़ा। जिसको शुरू में संचार विभाग के अन्तर्गत रखा गया। सन् 1947 में जब भारत स्वतंत्र हुआ तो '**सूचना एवं प्रसारण मंत्रालय**' विभाग का गठन कर '**ऑल इंडिया रेडियो**' को उसके अन्तर्गत का एक अलग विभाग बना दिया गया। इस तरह से यह कहना कतई गलत नहीं होगा कि '**रेडियो ब्रॉडकॉस्टिंग**' ने भारत की स्वतंत्रता से पहले राजनीतिक, सामाजिक, आर्थिक प्रगति के विकास में कितना सशक्त रोल अदा किया है। इंडियन ब्रॉडकास्टिंग कम्पनी के चेयरमैन **सर इब्राहिम रहीमतुल्ला** ने रेडियो के व्यापक प्रभाव को देखते हुए कहा, "India cannot lag behind the rest of the world in so great a development the potentialities of which are only just beginning to be realised."[1]

आज आकाशवाणी दिन-प्रतिदिन जीवन में घटनेवाली घटनाओं, सांस्कृतिक-परिवेश, युद्ध-समाचार, राजनीतिक उथल-पुथल, खेल आदि से जनसाधारण को अवगत कराता है। **Sir Charles Fifth** emphatically remarked that, "history seems to be the record of the life of societies of man of the changes which societies have gone through of the ideas which have determined the actions of those societies, and of the material conditions which have helped or hindered their development."[2]

जो लोग खेतों से काम करके घर में आते थे, लड़ाई के मैदान में सैनिक जो अपने वतन, गाँव से दूर रहते थे, उन सबके लिए रेडियो (आकाशवाणी) ने अहम् भूमिका अदा की है, मनोरंजन के क्षेत्र से लेकर सूचना-समाचार, नाटक-साहित्य जगत तक।

युद्ध के बाद विकास कार्यक्रम के निमित्त **सूचना एवं प्रसारण मंत्रालय** द्वारा, '**आठवीं विकास योजना**' के तहत 36.4 करोड़ रुपए का बजट रेडियो के विकास के लिए दिया। जिसके अन्तर्गत '**Pilot**' स्टेशन '**One kw nw**' के ट्रांसमीटर्स स्थापित किए गए। जम्मू स्टेशन, दिसम्बर 1, 1947 में, 1948 में पटना, कटक, गुवाहाटी, नागपुर, विजयवाड़ा, श्रीनगर और 1949 में इलाहाबाद, अहमदाबाद, जालंधर, 1950 में धारवाड़ खोजीकोड़। कुछ राजाओं, महाराजाओं

1. This is All India Radio, written by U. L. Baruah, Page 2
2. K. K. Pillai, Social History of Tamils (Madras, 1975), Page-1.

ने अपनी संस्कृति को संरक्षित करने हेतु अपने निजी रेडियो स्टेशन खोले, जिनमें महाराज बड़ौदा और गोवा के नाम प्रमुख हैं। तत्पश्चात् 16, दिसम्बर 1948 में बड़ौदा रेडियो शुरू हुआ, त्रिवेन्द्रम, मैसूर, हैदराबाद, औरंगाबाद 1 अप्रैल, 1950 में शुरू किए गए। सन् 1950 के अन्त तक AIR Network के 25 स्टेशन और खुले। Regional Languages के 60,000 घंटे 21% देश की जनसंख्या को अपनी सेवा प्रसारित करते थे। सन् 1950 में AIR 11 भाषाओं में कार्यक्रम, 116 घंटे प्रत्येक सप्ताह में अपनी विदेशी प्रसारण सेवा के तहत प्रसारित करता था।

योजनाबद्ध तरीके से प्रसारण विकास हेतु 1951 में 40 करोड़ बजट के द्वारा पंचवर्षीय योजना (1951-1956) के दौरान प्रसारण विकास का प्रावधान किया गया। 20 जुलाई, 1952 में पहला '**संगीत का अखिल भारतीय कार्यक्रम**' प्रसारित किया गया, उसी वर्ष '**National Orchestra of AIR**' का गठन अक्तूबर माह में **पंडित रविशंकर** के निर्देशन में हुआ। उसके पश्चात कर्नाटक संगीत के जाने-माने संगीतज्ञ स्वर्गीय **टी. के. जयराम अय्यर** वायलिन वादक ने द्वितीय कंडक्टर के पद पर कार्यभार सँभाला। प्रादेशिक समाचार का प्रसारण '**हिन्दी**' में '**लखनऊ**' से और '**मराठी**' में नागपुर से 15, अप्रैल 1953 में प्रसारित किया गया। 1955 में राजकोट, जयपुर, इन्दौर, शिमला, बंगलोर (जिसने मैसूर स्टेशन का कार्यभार सँभाला) रेडियो स्टेशन खोले गए। अक्तूबर 1955 में पहला '**रेडियो संगीत सम्मेलन**' प्रसारित किया गया, उसी समय यानी 1955 में ही '**सरदार पटेल**' का अविस्मरणीय भाषण और '**रेडियो न्यूज-रील**' की शुरुआत भी की गई। 1953-61 में सूचना प्रसारण मंत्री **श्री. बी. वी. केसकर** के आने से रेडियो में नई क्रांति आई। उनका संस्कृति के प्रचार व प्रसार में विशेषकर बहुत ही योगदान है। '**शास्त्रीय संगीत**' के कार्यक्रम की शुरुआत और उसे बढ़ावा देने का श्रेय उन्हीं को जाता है।

प्रथम पंचवर्षीय योजना के अन्त तक, 31-3-56 तक ऑल इंडिया रेडियो के 26 स्टेशन 29MW और 17SW ट्रांसमीटर्स रेडियेटिंग 741.35 किलोवाट के शुरू हो गए थे। जो कि 46% भारतीय जनसंख्या को, 31% देश की एरिया को कवर करते थे। कुल वार्षिक ट्रांसमीशन के घंटे बढ़ाकर 100,000 कर दिए गए। वहीं द्वितीय पंचवर्षीय योजना (1956-61) में 80 करोड़ रुपए

रेडियो के लिए दिए गए और उसी वर्ष भोपाल, राँची स्टेशन व चंडीगढ़ में Auxilary Studio खोला गया।

1957 के पहले शिलांग में ट्राईबल भाषा के कार्यक्रम का प्रसारण शुरू किया गया। 1959 जुलाई में AIR ने अपने 30 वर्ष पूरे किए। 15 अगस्त, 1857 में भारतीय स्वतंत्रता आन्दोलन के समय रेडियो ने बड़े पैमाने पर अपनी भूमिका अदा की।

3 अक्तूबर, 1957 में बाम्बे स्टेशन का शुभारम्भ हुआ। अलग-अलग कार्यक्रमों से सुशोभित विविध भारती (100 KW) शार्ट वेव ट्रांसमीटर्स, जो आज भी मुम्बई में स्थित है। जिस पर मनोरंजन के कार्यक्रम, विशेषकर फिल्म संगीत, हल्के-फुल्के अन्य कार्यक्रम, जिसने उसके प्रसारण की लोकप्रियता में चार चाँद लगाया और इस प्रकार से रेडियो में एक नई क्रान्ति की लहर संचारित हुई और वह थी '**Commercial Service**' की शुरुआत। 7 जुलाई, 1957 को दिल्ली में '**Programme Exchange Unit**' बनाया गया, साथ ही उसे अभिलेखागार (Sound Archives)[1] की जिम्मेदारी सौंपी गई। 3 अक्तूबर 1957 को '**ऑल इंडिया रेडियो**' का नाम '**आकाशवाणी**' हुआ। अभी हाल में, जून 2003 में '**आकाशवाणी**' ने अपना 60 वर्ष पूरा किया और '**हीरक जयंती**' मनाया।[2] आज आकाशवाणी विश्व में सबसे बडा लोक प्रसारक है। अपने 215 केन्द्रों एवं 338 ट्रांस-मीटर्स के माध्यम से देश की 99% जनसंख्या को अपनी सेवा प्रसारित करता है। "बहुजन हिताय बहुजन सुखाय।"

रेडियो ग्रामीण मंच (रूरल फोरम) : आकाशवाणी ने लोकसंगीत व लोकसंस्कृति से जुड़ने के लिए सर्वप्रथम '**रूरल फोरम**' बनाया जिसमें भारतीय संस्कृति को संरक्षित करने के लिए, जहाँ इतनी भाषाएँ हैं, उसके अलग-अलग राज्य व उनकी भाषाएँ, त्यौहार हेतु रेडियो ने ग्रामीण मंच बनाकर सराहनीय कदम उठाया। उसमें भी विशेषकर '**लोकसंगीत**', जैसे बरगीत, बीहूँ (असम), बाउल, कीर्तन (बंगाल), रसाकथिया (उड़ीसा), बुराकथा (आन्ध्रा), यक्षगान (कर्नाटक), तमाशा (महाराष्ट्र), सूफियाना संगीत (कश्मीर), नौटंकी (उ.प्र.), मैथिली, मगही (बिहार) भोजपुरी (पूर्वी उ.प्र.) व (पश्चिम बिहार), तथा राजस्थानी (जयपुर)। वहाँ के लोगों के दिलों पर राज करने हेतु उसी अंचल की भाषाओं में गाँव के लोगों

1 This is All India Radio, written by U. L. Baruah and Historyof Broadcasting in India, P. N. Thangamani.

को ही लिया। उनके द्वारा ही कार्यक्रम में उनकी संस्कृति का प्रचार-प्रसार किया। उस समय नई प्रतिभाओं की खोज के लिए प्रयत्न (Talent Hunts) किए, जो आज '**दृश्य माध्यम**' (Visual Medium) में 'Reality Show' के माध्यम से नए प्रयोग के रूप में प्रस्तुत किए जा रहे हैं।

रेडियो ने संस्कृति के अलावा '**प्रादेशिक भाषा**' में '**समाचार**' भी प्रसारित किया। लोकभाषाओं में नाटक जो बहुत प्रचलित रहा, जैसे : आकाशवाणी, पटना द्वारा प्रसारित नाटक '**लोहा सिंह**'। जिसके किरदार आज भी लोगों के मानस पटल पर बने हुए हैं और '**खदेरन की मदर**' तथा उसका लोकसंगीत।

25 जनवरी, 1958 में वार्षिक '**लोकोत्सव**' '**Songs of Nation Builders**' से शुरू किया गया। इस शीर्षक के अन्तर्गत लोक कलाकार अपने गायन व नृत्य से भारत के विभिन्न प्रान्तों में हो रही प्रगति को दर्शाते थे। जो कि अपने आप में, कम-से-कम भारत के विकास क्रम को दर्शाने में सक्षम था।

सन्तों, गुरुओं और पर्वों की भूमि भारत को '**आकाशवाणी**' ने एक नया मूल्य दिया। लोगों की भावनाओं को जोड़ने का अतुलनीय काम किया, अनेक कायक्रमों के माध्यम से अच्छे-अच्छे '**संगीत-रूपक**' बनाकर उनकी संस्कृति व '**गीतों**' को जीवन्तता प्रदान किया। इस तरह के कार्यक्रम निर्माण हेतु '**आकाशवाणी**' उस क्षेत्र के शोध-कर्ता, साहित्यकार, गायक-गायिका, लेखक व संगीतज्ञ की सेवाएँ लेता था, ताकि कहीं पर भी कुछ गलत न जा सके। जैसे : उर्स, ख्वाजा मोहिनुद्दीन चिश्ती (अजमेर), जन्माष्टमी (मथुरा), रामनवमी (अयोध्या), शब्द-कीर्तन, ननकाना साहिब (पाकिस्तान), क्रिसमस चर्च (नई दिल्ली)।[1]

लोगों में राष्ट्रीय संचेतना जाग्रत करने की दिशा में रेडियो ने एक महत्त्वपूर्ण भूमिका निभाई। संस्कृति के आदान-प्रदान के द्वारा, सूचना के माध्यम से तथा संगीत के राष्ट्रीय कार्यक्रमों द्वारा चाहे वे शास्त्रीय संगीत हो, सुगम संगीत या लोकसंगीत। इसे मूर्तरूप प्रदान करने के लिए रेडियो ने '**राष्ट्रीय कार्यक्रम चैनल**' छठी योजना के तहत 1980-85 में प्रारम्भ किया।

कार्यक्रम के प्रसारण व उनके समय का निर्धारण कुछ इस प्रकार निर्धारित किया गया :

1. This is All India Radio, written by U. L. Baruah Page, No. 141

(1) बृहस्पतिवार रात 9.30 : नेशनल प्रोग्राम और फोक म्यूजिक और रीजनल म्यूजिक।

(2) 20 जुलाई, 1952 : संगीत के अखिल भारतीय कार्यक्रम का प्रसारण आरम्भ।

(3) 23 अक्तूबर, 1954 : प्रथम रेडियो संगीत सम्मेलन का आयोजन किया गया।

(4) 26 मई, 1957 : प्रथम सुगम संगीत समारोह का आयोजन।

(5) 15 अगस्त, 1956 : रूपकों के अखिल भारतीय कार्यक्रम का प्रसारण प्रारंभ।

(6) 25 जनवरी, 1956 : प्रथम अखिल भारतीय सर्वभाषा कवि सम्मेलन आयोजित।

(7) 14 जुलाई, 1956 : नाटकों के अखिल भारतीय कार्यक्रम का प्रसारण प्रारम्भ।[1]

भारत में प्राचीन (शिक्षा की भाषा) तुलु में **'मंगलोर'** से 75 मिनट्स का अलग से प्रसारण किया जाता है। **जो आज अपने आप में संस्कृति का एक सशक्त परिचायक है।**

अत्यधिक जनसंख्या को ध्यान में रखते हुए रेडियो ने **'लोकल स्टेशन'** 30 स्थानों पर 1KW और 29 स्थानों पर VHF/FM ट्रांसमीटर्स से प्रसारण प्रारम्भ किया, ताकि ज्यादा-से-ज्यादा संख्या में लोगों की भागीदारी अपनी आंचलिक भाषा व संस्कृति के प्रति हो सके।

इस तथ्यों के आधार पर अगर हम यह कहें कि **'भारतीय लोकसंस्कृति'** पर जिस तरह से रेडियो **'आकाशवाणी'** ने सभी भाषाओं को विशेषकर **'लोकगीत'** व **'लोकसाहित्य'** के माध्यम से सभी को एकसूत्र में पिरोया है, तथा उसे संरक्षण दिया है, तो कतई गलत नहीं होगा।

भोजपुरी लोकसंगीत और आकाशवाणी :

'आकाशवाणी' और **'लोकसंगीत'** दोनों का आपस में बहुत गहरा सम्बन्ध है, विशेषकर भारत के संस्कृति को पूरे देश में फैलाने हेतु। **'माईक'** से **'माटी'** तक की यात्रा **'आकाशवाणी'** ने तय की है।

1. हीरक जयंती पर जारी, ('साक्षी' स्मारिका से उद्धृत)

खेतों व खलिहानों की मधुर धुनों को तथा उनके जीवन को एक भाषा-शैली देकर, जनमानस के समक्ष एक उदाहरण प्रस्तुत किया। क्योंकि अगर सही मायने में लोगों से जुड़ना है तो, उसका मूल मंत्र है उनकी **'संस्कृति'** व **'लोक'** से जुड़ना। आकाशवाणी ने इसे बखूबी अपने माध्यम से साकार किया। लोकसंगीत द्वारा **'बहुजन हिताय बहुजन सुखाय'** के उद्देश्य को लेकर रेडियो ने जो अपनी यात्रा प्रारम्भ की, उसमें वह अपने अनेक कार्यक्रमों के माध्यम से सफल रहा। इस लक्ष्य को प्राप्त करने के लिए उन्होंने उसके ही विशेषज्ञ रखे, ताकि वह लोकजीवन से भली-भाँति तरीके से जुड़ सकें। उन्हीं की भाषा व शैली को उसी रूप में जिसमें उसकी आत्मीयता (मौलिकता) न खोए, इसी रूप में लोगों तक उसे कार्यक्रम के माध्यम से परोसा, जिसमें वह लोगों के जीवन में रच-बस गया। और लोगों की आवश्यकता रेडियो बन गया।

आकाशवाणी के कार्यक्रमों ने गाँवों में सामुदायिक मंच का गठन किया। **'रूरल फोरम'** बनाकर जिसके अन्तर्गत **'ग्रामीण भाइयों'** का कार्यक्रम **'चौपाल'** तथा उसमें लोकसंगीत बिरहा आदि प्रस्तुत किया जाता था। **'ग्रामीण भाइयों'** व **'चौपाल'** के जो प्रस्तुतकर्ता होते थे, वह लोगों में उसी **'किरदार'** के रूप में जैसे **'युगानी काका'** रवीन्द्र श्रीवास्तव (गोरखपुर आकाशवाणी), **'हरि भईया'** (श्री हरिराम द्विवेदी) (वाराणसी आकाशवाणी), आज भी अपने नाम से ज्यादा इन्हीं किरदार के उपनाम से जाने-माने जाते हैं।

लोकगीतों के कार्यक्रम, **'बहनों के लिए'**, **'लोकरंजनी'**, **'चौबारा'**, **'गजरा'**, **'लोकमाधुरी'**, **'ब्रजमाधुरी'** तथा **'लोकगीत'** कार्यक्रम के अन्तर्गत प्रसारित किए जाते थे। विविधतापूर्ण संस्कृति से भरे देश भारत में जहाँ कि अलग-अलग मिट्टी के लोग, उनकी अलग गायकी, अलग त्यौहार, और अलग पर्व हैं, ऐसे में एक-दूसरे को आकाशवाणी ने इन कार्यक्रमों के द्वारा शिक्षित किया। एक-दूसरे की संस्कृति को एक गाँव से शहर व महानगर तक पहुँचाया। गाँव से लेकर शहर तक आकाशवाणी ने जन-जन तक संदेशवाहक का कार्य किया। यही नहीं, रेडियो ने समय-समय पर रेडियो संगीत रूपक तैयार किया है; जैसे—होली, जन्माष्टमी, वैशाखी, ऋतुओं व संस्कारों इत्यादि पर इसके निर्माण हेतु उसी क्षेत्र के लोगों को ही विशेषकर आमंत्रित किया जाता था। आकाशवाणी ने गाँव की संस्कृति को शहर के लोगों में **'संगीत आयोजन'** के द्वारा **'लोकोत्सव'** कार्यक्रम

करके, आमंत्रित श्रोताओं के समक्ष इन कार्यक्रमों को प्रारम्भ करके प्रचार-प्रसार किया। इसके लिए **'एफ.आर.ओ.'** अधिकारी नियुक्त किए गए, जो गाँवों में जाते थे और वहाँ पर उनके मूल रूप उसी शैली के गीतों को उनके स्वाभाविक रूप में रिकार्ड करते थे, और इस प्रयास में आकाशवाणी लोक-मानस से जुड़ा और आकाशवाणी अभिलेखागार में इसीलिए इनका भंडार है।

आकाशवाणी पटना ने, जहाँ स्वर्गीय **श्रीमती विन्ध्यवासिनी देवी** जैसी लोकसंगीत की प्रस्तुतकर्ती व लोकगायिका दिया, जिन्हें अनेक राष्ट्रीय सम्मान से सम्मानित होने का गौरव भी प्राप्त हुआ। **'भोजपुरी लोकसंगीत'** को **'विन्ध्यवासिनी जी'** का एक अमूल्य व अतुल्यनीय योगदान है, लोकगीत के संकलन व उनकी मूल धुनें आदि। **कुमुद अखौरी, डॉ. शारदा सिन्हा, डॉ. शान्ति जैन** भोजपुरी लोकगीत की आकाशवाणी द्वारा लोकसंगीत की एक धारा हैं।

उत्तर प्रदेश में, **श्रीमती आभा रानी वर्मा, मुहम्मद खलील और साथी, कैलाश यादव, हीरा-बुल्लु, बालेश्वर राय और साथी, कमला श्रीवास्तव, उर्मिला श्रीवास्तव, मैनावती देवी, श्रीकांत वर्मा, और रीना टंडन,** ये सभी लोककलाकार (भोजपुरी) आकाशवाणी की ही देन हैं, जो आज भी लोगों में लोकप्रिय हैं।

पहले आकाशवाणी में **'लोकसंगीत'** का कोई स्वर-परीक्षण नहीं होता था। कारण था, उनके मूल स्वरूप को नहीं छेड़ना। पर कुछ समय के अन्तराल के बाद सन् 1960 से 70 में लोकसंगीत का **'स्वर-परीक्षण'** आरम्भ हुआ, उसमें LAC को अधिकार था कि वह कलाकार की योग्यता के अनुरूप उन्हें B-High ग्रेड तक दे सकते थे। उसमें आगे के लिए कलाकार को **'A'** ग्रेड के लिए तथा Top Class के लिए **'Central Audtion Board'** Delhi के यहाँ से गुजरना होता है। आज भी यही मान्य है। **'ए'** श्रेणी व **'टॉप श्रेणी'** के कलाकार को ही **'NP of Folk Music/Regional Music'** में आमंत्रित किया जाता था। आज भी यही मान्य है। लोकसंगीत को बढ़ावा देने के लिए **'स्वर-परीक्षण'** की फीस नहीं रखी गई थी।

हिन्दी व खड़ी बोली के साथ-साथ प्रादेशिक भाषा को भी बराबर का दर्जा दिया गया। इसके पीछे कारण था, लोगों की आस्था व उन श्रोताओं के विश्वास को जीतना। यही नहीं, **'लोक'** को बढ़ावा देने हेतु पारम्परिक नाट्यशैलियों, नृत्यनाटिकाओं और गीत नाट्यशैलियों

का संग्रह करवाया गया। बाद में उसे प्रसारण योग्य निर्माण करके प्रसारित किया गया।

'भिखारी ठाकुर' व **'महेन्द्र मिश्र'** तथा **'रघुबीर सहाय'** द्वारा रचे गीतों व नाटकों को आकाशवाणी ने अपने माध्यम से उनके पारम्परिक स्वरूप में ही लोगों तक पहुँचाया। जो लोकसंस्कृति व भोजपुरी लोकसंगीत की दिशा में सफल व सराहनीय प्रयास रहा।[1] (आकाशवाणी के पूर्व निदेशक **डॉ. मदन मोहन सिन्हा, 'मनुज'** से लखनऊ स्थित आवास पर बातचीत के आधार पर) लोकसंगीत पर **'मनुज'** जी ने बहुत काम किया है, विशेषकर भोजपुरी लोकगीतों के प्रचार-प्रसार व संकलन में।

पर आज के तत्त्वावधान में आकाशवाणी व्यवसायीकरण के कारण अपने इन आदर्शों से हट गया है। आकाशवाणी में डायरेक्टर प्रोग्राम के पद पर **'दिल्ली आकाशवाणी महानिदेशालय'** में कार्यरत **डॉ. हरिचरण वर्मा** (तात्कालिक) ने, रेडियो की इस स्थिति पर चिन्ता व्यक्त करते हुए बताया कि 2005-2006 से आकाशवाणी पुन: NP of Folk Music आरम्भ कर रहा है, जिसकी शुरुआत भी हो चुकी है। आदिवासी लोकसंगीत के लिए आज भी कोई फीस स्वर-परीक्षण हेतु नहीं है।[2] **डॉ. वर्मा** ने यह भी बताया कि हमारे कुछ लोगों की कमी या संरक्षण विधा की जानकारी नहीं होने के कारण भी लोकसंगीत का ह्रास हुआ है।

भोजपुरी लोकसंगीत के संरक्षण के प्रति आकाशवाणी की भूमिका :

3 अप्रैल 1954 में आकाशवाणी अभिलेखागार की सोच एवं भविष्य को मूर्तरूप **'डायरेक्टोरेट ऑफ ट्रांस्क्रीप्शन और प्रोग्राम एक्सचेंज सर्विस'** (DTPES) बनाकर दिया गया। जिसके अन्तर्गत **'रिकार्ड प्रोसेसिंग प्लॉन्ट'** लगाया गया, जिसके माध्यम से विशेषकर **'सुगम संगीत'** में प्रस्तुत कार्यक्रम **'प्रसार-गीत'** की प्रतियाँ संरक्षण हेतु बनाकर रखी गई। परन्तु ऐसा करने के पूर्व **'सुगम संगीत की**

1. दि. 17/2/2004 को सुबह 11.00 बजे लखनऊ में, उनके निवास पर किए गए साक्षात्कार के आधार पर।
2. दि. 4/4/2006 को दोपहर 2.00 बजे, आकाशवाणी महानिदेशालय, दिल्ली में की गई बातचीत के आधार पर।

ईकाई' जो अलग-अलग स्टेशनों पर कार्य करती थी, अपने द्वारा निर्मित कार्यक्रमों को सर्वप्रथम (DTPES) में अनुमोदन हेतु भेजते थे कि इन्हें हमें **'संरक्षण हेतु'** रखना है। संरक्षण के लिए वो रखे जाएँगे या नहीं, इसका निर्धारण **'आकाशवाणी महानिदेशालय'** का संगीत (DEPES) विभाग करता था। उसके बाद ही उसकी प्रतियाँ बनती थी और अन्य स्टेशनों पर प्रसारण हेतु भेजी जाती थी।

इसके अलावा **'प्रोग्राम एक्सचेंज ईकाई'**, **'नेशनल प्रोग्राम ऑफ म्यूजिक'** कार्यक्रम की प्रतियाँ बनाकर उन्हें 20 केन्द्रों को, जो संरक्षण की दृष्टि से महत्त्वपूर्ण थी को भेजता था। DTPES सभी **'महत्त्वपूर्ण प्रसारण'** को जो संरक्षण की दृष्टि से अभिलेखागार के उपयुक्त प्रतीत होते थे, की रिकार्डिंग को मँगवाता था तथा उन्हें संरक्षण हेतु अभिलेखागार में रखता था। जिनमें मुख्य हैं, हमारे देश की पहचान की हस्तियों के द्वारा दिए गए भाषण, संगीतज्ञों की आवाजें व उनके द्वारा बजाए गए वाद्य यंत्र, जिन्हें विशेष तकनीक के माध्यम से संरक्षित किया गया है, में रेडियो की भूमिका अतिमहत्त्वपूर्ण है।

'आकाशवाणी अभिलेखागार' आज भी **'आकाशवाणी महानिदेशालय'** दिल्ली में स्थित है। जहाँ **'महात्मा गांधी'** से लेकर **गौहर जान, पियारा कव्वाल, गौहर बाई, आगा फैझ, भैय्या साहब पटियालावाले, विन्ध्यवासिनी देवी** तक कि रिकार्डिंग संरक्षित है। 1984 तक लाइब्रेरी में 50,000 टेप्स **'अभिलेखागार'** में थे। अब तो उनकी संख्या अधिक हो गई होगी। क्योंकि 1981 में ही NLF Committee ने इसे बढ़ाने का प्रस्ताव सुझाया था।[1] इस प्रस्ताव के कारण **'आकाशवाणी अभिलेखागार'** का काम बढ़ा और आज **'AIR Central Archive'** अन्तर्राष्ट्रीय ब्रॉडकास्टिंग नेटवर्क को दुनिया में सबसे बड़ा और प्रामाणिक अभिलेखागार के नाम से जाना जाता है। जो विश्व के पटल पर भारत की सबसे बड़ी भागीदारी है। जिसके अन्तर्गत विविध भाषाओं और संस्कृतियों की आवाजों का संग्रह संरक्षित है। जहाँ **'आकाशवाणी'** ने अपनी 76 वर्ष की यात्रा तय की है। और संरक्षण के कार्य को 1960 में ज्यादा प्राथमिकता प्रदान की गई। उसे देखते हुए अभिलेखागार में जहाँ 10,000 घंटों से ज्यादा की रिकार्डिंग संग्रहित हैं, अपने आप में एक गौरव की बात है।

---

1. This is All India Radio, written by U. L. Baruah, Page No. 224

स्वतंत्रता के उपरान्त आकाशवाणी ने शास्त्रीय संगीत व लोकसंगीत को संरक्षित करने में अपनी विशेष भूमिका निभाई। जिनमें भोजपुरी लोकसंगीत की रिकार्डिंग 4 से 5 घंटे की संग्रहित है। कलाकार हैं—**विन्ध्यवासिनी देवी, राम कैलाश यादव एंड पार्टी, अमृतलाल एंड पार्टी, चन्द्रशेखर, रेवा गोन, कुमुद अखौरी, सतराज सिंह, रागेश, विष्णुप्रसाद सिन्हा व विद्यावती सिन्हा एंड पार्टी।**

श्रीमती करुणा श्रीवास्तव, (DDG Archive), AIR Directorate, दिल्ली ने बताया कि "**आकाशवाणी ने यह तय किया है कि अपने संग्रहित Folk को दुनिया के सामने लाएँ, ताकि ज्यादा-से-ज्यादा लोग हमारे लोक कलाकारों व उनके संगीत के बारे में जान सकें।**"[1] आकाशवाणी संग्रहालय से पहला C.D. उसके हीरक जयंती पर सन् 2003 में जारी किया था। इस शृंखला के क्रम में आगे भी कई कलाकारों की C.D. को आकाशवाणी संग्रहालय समय-समय पर जारी करता रहता है। अभी तक आकाशवाणी संग्रहालय ने शास्त्रीय गायक व वादक कलाकारों की 25 C.D. जारी कर चुका है।

आकाशवाणी अभिलेखागार की विशेष बात है कि वहाँ पर जो भी लोकसंगीत संरक्षित है वह मौलिक है, जो अन्य कहीं नहीं मिलेंगे। जैसे **चैती, बारहमासा, विवाह गीत, चौमासा, जँतसार, झूमर** आदि।

आज भी तकनीक के अनुरूप '**आकाशवाणी अभिलेखागार**' में संरक्षण का काम चल रहा है—एक है '**Digitization**' और दूसरा, '**Wave**'। हाल ही में अन्तर्राष्ट्रीय स्तर के 14 No. Classification Code के माध्यम से संरक्षण का कार्य शुरू किया गया है। United Nations Development Programmes के सौजन्य से आकाशवाणी अभिलेखागार में Refer Listing Unit लगाई गई है। जिसके चलते जल्द ही सम्भवत: सारी सूचनाएँ (संग्रह से सम्बन्धित) Mouse Click पर उपलब्ध होंगी। आकाशवाणी अभिलेखागार में भोजपुरी लोकसंगीत की रिकार्डिंग कम घंटे की ही उपलब्ध है। इस पर जब मैंने **करुणाजी**[2] से बात की तो उन्होंने कहा कि "हमने सभी स्टेशन को कहा है कि वह शीघ्र-से-शीघ्र अपने स्टेशन पर उपलब्ध Folk की रिकार्डिंग

1. दि. 5/4/2006 को शाम 4.30 बजे आकाशवाणी महानिदेशालय, दिल्ली को दिए गए साक्षात्कार से।
2. दि. 21/03/2006 को आकाशवाणी, पटना से प्राप्त जानकारी के आधार पर।

भेजे, ताकि हम उसे नई तकनीक के अन्तर्गत संरक्षित कर सकें। क्योंकि दूसरे स्टेशनों पर यह सुविधा उपलब्ध नहीं है।"

आकाशवाणी पटना में **'भोजपुरी लोकसंगीत'** की रिकार्डिंग ज्यादा संरक्षित है (186 घंटे 30 मिनट की), कलाकार है—**श्रीमती विन्ध्यवासिनी देवी, कुमुद अखौरी, राजा सलेख, रामकिशन पासवान, सुक्कु, सरेज व साथी, पद्मावती देवी, सुखजन देवी, रामस्वरूप, शारदा सिन्हा एवं डॉ. शान्ति जैन** आदि। गीतों के प्रकार हैं—**चैती, चौमासा, संचारी गीत, विवाह गीत, ऋतु गीत, घाटो चैता, जँतसार, बारहमासा, झूमर, मंडप गीत**। आजकल Commercial Service के कारण **'लोकसंगीत'** का प्रसारण **'आकाशवाणी पटना'** से नहीं के बराबर है। कलाकारों की रिकार्डिंग भी इसीलिए नहीं होती है।

परन्तु Software Prog. के तहत आकाशवाणी आजकल **'संस्कार गीतों'** की शृंखला 13 एपिसोड की **'संगीत-रूपक'** के द्वारा तैयार कर रहा है। जो एक **'लोकसंगीत'** संरक्षण की दिशा में सराहनीय प्रयास है। आकाशवाणी लखनऊ में मैंने शोध के दौरान पाया कि वहाँ पर **'लोकसंगीत भोजपुरी'** का प्रसारण महीने के पहले और तीसरे बृहस्पतिवार को शाम 4.30 से 4.45 तक होता है। सन् 2002-03 में चलाए गए Software Plan के तहत आकाशवाणी लखनऊ पर भी संस्कृति को संरक्षित रखने हेतु **'संस्कार गीतों'** की रिकार्डिंग की जा रही है। इसके साथ ही **'शास्त्रीय संगीत'** के संगीत सम्मेलन जैसे ही **'लोकसंगीत'** के सम्मेलन की भी शुरुआत की गई है; जो इस दिशा में एक महत्त्वपूर्ण कदम है। आकाशवाणी लखनऊ में भी वहाँ के स्थानीय कलाकारों के स्वरों में **'भोजपुरी लोकसंगीत'** 5 से 6 घंटे का संग्रहित है।[1] (श्री पृथ्वीराज चौव्हाण A.S.D. से बातचीत के आधार पर) पहले आकाशवाणी आमंत्रित श्रोताओं के समक्ष लोकसंगीत के समारोह करता था, परन्तु Commercial के चलते तथा बजट की कमी के कारण यह समारोह कुछ वर्षों से बन्द हो गए हैं। जो **'लोकसंगीत'** व रसिक श्रोताओं की दृष्टि से खेदपूर्ण है।

इलाहाबाद आकाशवाणी पर **'भोजपुरी लोकसंगीत'** का प्रसारण सुबह 9.05 से 9.15 तक बुधवार और शनिवार को प्रसारित होता है। दिन में 2.10 से 2.20 तक नित्य प्रतिदिन दोपहर में और शाम 5.00 बजे **'धरती के गीत'** कार्यक्रम में तथा **'पंचायत घर'** में 6.15

---

1. दि. 9/3/2006 को आकाशवाणी लखनऊ में सुबह 11.00 पर की गई बातचीत के आधार पर।

पर 10 मिनट का प्रसारित होता है। महीने के पहले, तीसरे और पाँचवें मंगलवार को रात में 9.30 पर भी लोकगीत प्रसारित किए जाते हैं।

इसके अलावा आकाशवाणी, इलाहाबाद केन्द्र विविध भारती पर बृहस्पतिवार को 30 मिनट के प्रसारण हेतु 11.00 बजे से 11.30 तक लोकसंगीत देता है।

केन्द्र निदेशक **श्री यादवजी** ने खेद व्यक्त करते हुए बताया कि पहले हमारे यहाँ प्रादेशिक संगीत प्रसारित हुआ करते थे, Prog. Exchange के तहत हम इसे दूसरे Station पर भी भेजते थे, पर अब Commercial के चलते हमारे पास समय ही नहीं है कि हम ऐसा कुछ प्रसारित कर सकें।[1] फरवरी 2006 में आमंत्रित श्रोताओं के समक्ष आकाशवाणी, इलाहाबाद ने लोक और प्रादेशिक गीतों व सुगम संगीत का आयोजन किया था। जिसका प्रसारण 1 घंटे का अलग-अलग दिनों में किया।

आकाशवाणी, इलाहाबाद ने हाल ही में Software Programme के तहत '**संस्कार गीतों**' पर 12 एपिसोड का निर्माण किया है। इसी Plan के अन्तर्गत '**चट मँगनी पट ब्याह**', '**विवाह मन का रीझना और सींजना**' तथा '**मौसम के गीतों**' पर आधारित शृंखला का निर्माण किया है। अपनी संस्कृति व परम्परा को बनाए रखने हेतु यह एक अमूल्य देन है।

आकाशवाणी, बनारस तथा गोरखपुर पूर्वांचल के दोनों केन्द्र Commercial के कारण उनके यहाँ से भी '**लोकसंगीत**' का प्रसारण प्रभावित है। पहले जितनी Frequency से वहाँ प्रसारण नहीं होते है, इसलिए रिकार्डिंग भी कम होती है। गोरखपुर केन्द्र के निर्देशक **श्री अरविन्द त्रिपाठी** ने इस पर चिन्ता व्यक्त करते हुए कहा कि "**अब तो लोकसंगीत को सिर्फ हाशिये के लोगों ने ही जीवित रखा है।**"[2]

गोरखपुर केन्द्र पर भोजपुरी लोकसंगीत की कई विधाएँ संरक्षित हैं, जैसे **चमरूआ, गीत इन्द्रायनी, धोबिया गीत, लहरा, कहरवा, डोमकच, चंगेरा, पवरिया, सोईठी, फगुआ गीत** आदि। कुल 500 से 600 गीतों का संग्रह है। Software Plan के तहत गोरखपुर केन्द्र पर भी संस्कार गीतों पर शृंखला निर्माण का कार्य चल रहा है। आकाशवाणी, गोरखपुर पर भोजपुरी लोकसंगीत का प्रसारण कार्यक्रम '**ग्रामीण भाइयों**' तक को मिलाकर कुल 45 मिनट का होता है।

---

1. दि. 6/3/2006 को आकाशवाणी इलाहाबाद से प्राप्त जानकारी के आधार पर।
2. दि. 15/03/2006 तथा 17/03/2006 को आकाशवाणी बनारस, गोरखपुर से प्राप्त जानकारी के आधार पर।

यही स्थिति आकाशवाणी, वाराणसी की भी है। वहाँ पर भी बजट की कमी व व्यावसायिकता के चलते प्रसारण की अवधि कम है। बजट के आभाव के चलते आमंत्रित श्रोताओं के समक्ष **'लोकसंगीत'** के समारोह का आयोजन नहीं कर पाता है, जो कि कला एवं कलाकार व श्रोताओं के लिए ह्रास है। क्योंकि **'लोकसंगीत समारोह'** से लोकसंगीत का प्रचार व प्रसार होता था, जो आजकल नहीं हो पा रहा है। इसलिए आकाशवाणी ने अपने Heritage को संरक्षणता एवं अक्षुणता प्रदान करने हेतु जो Software Plan शुरू किया है, वह निशिचत रूप से आनेवाले दिनों में मील का पत्थर साबित होगा। उनके स्थानीय कलाकारों के स्वरों में 400 से 500 तक की संख्या में संरक्षित हैं।

कुल मिलाकर रेडियो ने भोजपुरी लोकसंगीत के मौलिक स्वरूप को आज भी जीवन्त रखा है। पहले आकाशवाणी से लोकसंगीत के कार्यक्रम में Electronic Instruments का प्रयोग निषिद्ध था, पर अब यह परम्परा भी कहीं-कहीं पर टूटती नजर आई। पहले आकाशवाणी के अधिकारी **'लोकसंगीत'** को संग्रह करने हेतु गाँवों में जाते थे, अब वह भी कम हो गया है। आकाशवाणी पर कलाकार जब लोकगीत प्रस्तुत करने हेतु जाता था तो उसे लोकगीत की Script देनी होती थी। उसके साथ यह भी बताना होता था कि यह पारम्परिक है या किसी का लिखा हुआ। मेरे स्वयं अनुभव के अनुसार, परन्तु अब यह परम्परा भी टूटती नजर आई। लोकगीतों के संग्रह में यह एक बड़ी कड़ी थी जबकि, आकाशवाणी के कितने लोकसंगीत के प्रोड्यूसर ने इस तरह के संग्रह से उनका संकलन कर उससे नाम कमाया, जिनमें से स्व. **श्रीमती विन्ध्यवासिनी, मदन मोहन सिन्हा 'मनुज', हरिराम द्विवेदी, कैलाश गौतम, ब्रजभूषण शर्मा** आदि प्रमुख नाम हैं।[1]

श्री हरिचरण वर्मा जी के अनुसार, पहले लोकसंगीत के 500 कलाकार हुआ करते थे परन्तु अब 39,000 कलाकार हैं (Different Folk Style Artiste)। Director - Programme Music **श्री हरिचरण वर्मा,** जो आकाशवाणी महानिदेशालय में कार्यरत हैं ने बताया कि 1960-70 के समय बाजार में अश्लील गीत (लोकसंगीत) बिकने लगे जो लोगों में लोकप्रिय भी हुए, ठीक वैसे ही जैसे फैशन, पर आकाशवाणी ने उस समय उसका विरोध किया और लोकसंगीत समारोह जगह-जगह करके जन-मानस को उसके मौलिक स्वरूप से परिचय कराया।

---

1. आकाशवाणी महानिदेशालय, दिल्ली में दि. 5/4/2006 को की गई बातचीत के आधार पर।

वर्माजी के कथनानुसार आकाशवाणी अपनी परम्पराओं से आज भी जुड़ा है। अभी हाल ही में लोकसंगीत व पिछड़ी जनजाति के लोकगीतों को संरक्षित करने हेतु आकाशवाणी ने 20 Collection Centre बनाए हैं। जहाँ इन्हें संरक्षण दिया जा रहा है। उन केन्द्रों के नाम हैं : आईजोल, कालीकट, कुदापह, धारवाड़, डिब्रूगढ़, इम्फाल, इन्दौर, नागपुर, जयपुर, कोहिमा, पटना, रायपुर, राजकोट, रत्नागिरी, रोहतक, शिमला, श्रीनगर, त्रिची, उदयपुर व विजयवाड़ा। ये केन्द्र अपने यहाँ से एक Team को उन जगहों पर रिकार्डिंग हेतु भेजेंगे, जहाँ लोकसंगीत के गायक हैं। उन्हें वे ढूँढ़ेंगे और उनके स्वरों मे गानों को संरक्षण हेतु रिकार्ड करेंगे, जिनमें कुछ अन्तर्राष्ट्रीय ख्यातिप्राप्त उस क्षेत्र के कलाकार हैं, जिन्हें लोग जानते भी नहीं हैं।

भविष्य में आकाशवाणी की योजना शास्त्रीय संगीत व लोकसंगीत समारोह आमंत्रित श्रोताओं के समक्ष आयोजित करने की है, जिससे हमारी विरासत युवाओं में लोकप्रिय हो सके।

परन्तु हमने शोध के दौरान यह महसूस किया कि बढ़ते हुए बाजारीकरण व उपभोक्तावादी संस्कृति के चलते **'आकाशवाणी'** के श्रोता पहले जैसे नहीं रहे, क्योंकि आज प्रसार माध्यम के पहले की अपेक्षाकृत ढेर सारे विकल्प हैं। अब F.M. का युग है, रेडियो मिर्ची म्याँउ, रेडियो सिटी आदि। जिस पर सुबह से शाम तक फिल्म संगीत बजता रहता है। इसलिए वह श्रोताओं में लोकप्रिय है। F.M. के रेडियो भी आज कम दाम में बाजार में उपलब्ध हैं, इसलिए भी हर कोई उसकी ओर आकर्षित है। इस तरह से इस परिवेश में आकाशवाणी ने भी अपने कार्यक्रमों के प्रसारण में बदलाव किया, व्यावसायिकता को प्राथमिकता दिया, जिसके कारण अपना गाँव, संगीत सब पिछड़ गया। व्यावसायिकता के कारण आज आकाशवाणी केन्द्रों पर **'लोकसंगीत'** प्रसारण हेतु समय अवधि कहीं है, तो कहीं बहुत कम और कहीं वह भी नहीं। अतएव कुल मिलाकर स्थिति चिन्ताजनक है।

दूरदर्शन की भूमिका को जानने से पूर्व उसके उद्‌गम व ऐतिहासिक पक्ष पर एक दृष्टि डालना आवश्यक प्रतीत होता है।

दूरदर्शन का प्रादुर्भाव : कुछ समय पूर्व मानव सभ्यता के इतिहास को, लोक प्रसार के इतिहास के रूप में अध्ययन करनेवाले **मार्शल मैक्लूहान** ने **'अंडरस्टैंडिंग मीडिया'** में लिखा था कि **'माध्यम ही संदेश है।'** जो प्रायः आज सत्य प्रतीत होता है। क्योंकि

आज का यह युग '**माध्यम और संदेश**' के द्वारा एकमेव हो जाने का युग है। '**संदेश**' में ही '**संस्कृति**' है। आज ऐसा नहीं है कि संस्कृतिधर्मी संस्कृति करते समय यह सोचें कि उसे संदेश क्या देना है? कैसे देना है? संस्कृति कर्म में ही संदेश है। मार्शल मैक्लूहान ने निष्कर्ष निकाला कि "अब हम '**भूमंडलीय गाँव**' में रहते हैं। यह धरती भूमंडलीय गाँव है (Global Village)। एक नया वातावरण तैयार हो गया है। अब राष्ट्र, राज्यों और गाँवों की सीमाएँ टूट गई हैं।" मार्शल मैक्लूहान ने सन् साठ के आस-पास एक प्रयोग किया, नई भाषा के लिए छात्रों के चार वर्ग बनाए गए। एक वर्ग को टी.वी. से बताया गया, दूसरे को रेडियो से तथा तीसरे को लेक्चर से और चौथे को किताब से। फिर अध्यापक ने एक ही ढंग से चारों वर्गों को समझाया, प्रश्नोत्तर किया। फिर आधे घंटे तक सूचना सामग्री का हर वर्ग ने स्वतंत्र ढंग से निरीक्षण-परीक्षण किया। फिर उनसे लिखित में प्रश्न पूछे गए; परिणाम परीक्षकों के लिए भी आश्चर्यजनक थे। टी.वी. से पढ़नेवाले विद्यार्थी सर्वोत्तम अंक हासिल कर परीक्षा में उत्तीर्ण हुए थे।[1]

इससे यह निष्कर्ष निकला कि टी.वी. अब तक के तमाम प्रसार माध्यमों से ज्यादा मानव ज्ञानेन्द्रियों को सक्रिय, उत्तेजित और प्रभावी बनाता है। इसलिए वह हमारे समूची संस्कृति का पर्याय बन, आज हम सबके सामने है। उसने हमारी जीवन शैली को एक नई दिशा देकर समाज में अलग तरह का परिवेश निर्माण कर डाला है। आज हमारी रुचियाँ, जागना, सोना सभी कुछ उसके द्वारा प्रभावित हो चुका है। हमारे ज्ञानार्जन के साथ-साथ, धनार्जन का भी साधन, माध्यम बन चुका है। जीवन का शायद ही कोई क्षेत्र उससे अछूता हो।

ऐसे दृश्य-श्रव्य माध्यम की शुरुआत भारत में 15 सितम्बर, 1959 को हुई थी। आज से 50 वर्ष पूर्व शुरू हुआ यह माध्यम, आज भारत का सबसे बड़ा और प्रभावी माध्यम बन हमारे स्वरूप व नक्शे को ही बदल देने में अपनी अहम् भूमिका निभा रहा है। अपने 46 वर्षों में भारत में लगभग आठ करोड़ टेलीविजन सेट्स हैं, इसमें से तकरीबन चार करोड़ सिर्फ '**दूरदर्शन**' के '**भूप्रेषित**' प्रसारण (Terristrial Transmission) पर निर्भर हैं और दूसरे केबिल कनेक्शनवाले क्षेत्र। देश की 70 से 75 फीसदी आबादी इसे देख

1. दूरदर्शन विकास से बाजार तक, सुधीश पचौरी, पृ. सं. 28
2. दूरदर्शन पत्रिका दृष्टि-सृष्टि, श्री नवीन कुमार, (महानिदेशक दूरदर्शन)

सकती है। देखनेवाली आबादी की अनुमानित संख्या पचास करोड़ है। और भारत में दूरदर्शन के 1400 से अधिक ट्रांसमीटर्स हैं।[2]

दूरदर्शन का विकास हमारे सामाजिक व आर्थिक विकास से जुड़ा रहा है। शुरुआत में इसे सिर्फ देखा गया था। **पी.सी. जोशी कमेटी** की रिपोर्ट (1985) इस बात को दर्शाती है कि दूरदर्शन की समूची भूमिका और परिकल्पना सामाजिक विकास में योगदान करनेवाले माध्यम के रूप में की गई थी।

दूरदर्शन के मैनुअल के अनुसार इसका उद्देश्य निम्नलिखित है—

(1) सामाजिक परिवर्तन में भूमिका निभाना।

(2) राष्ट्रीय एकता को प्रोत्साहित करना।

(3) लोगों के मत में वैज्ञानिक चेतना जगाना।

(4) जनसंख्या नियंत्रण एवं परिवार कल्याण के साधन के रूप में परिवार नियोजन का संदेश प्रसारित करना।

(5) आवश्यक सूचना तथा जानकारी उपलब्ध कराकर कृषि उत्पादन की ओर प्रोत्साहित करना।

(6) वातावरण के संरक्षण और पर्यावरण-सन्तुलन बनाए रखने में सहायता देना तथा प्रोत्साहन देना।

(7) महिलाओं, बच्चों तथा गरीब वर्गों के कल्याणसहित विभिन्न सामाजिक कल्याण उपायों की आवश्यकता पर बल देना।

(8) खेल-कूद में दिलचस्पी बढ़ाना।

(9) देश की कला और सांस्कृतिक धरोहर के प्रति जागरूकता पैदा करना।

इन उद्देश्यों का उन योजनाओं से मेल बैठता है जो, आजादी के बाद बनाई गई। दूरदर्शन भी पंचवर्षीय योजनाओं का एक अंग था। भारत के विकास में सबसे प्रमुख बाधा जहाँ एक तरफ गरीबी थीं वहीं दूसरी ओर अशिक्षा-अज्ञान। जिन्हें सिर्फ शिक्षा द्वारा ही दूर किया जा सकता था। जिसके लिए विचारकों को टी.वी. एक उपयुक्त माध्यम प्रतीत पड़ा। टी.वी. समाज का विकास करेगा, ऐसा मानकर योजनाओं में धीरे-धीरे टी.वी. के संजाल को फैलाने की योजना बनने लगी।

1959 से 71 तक दूरदर्शन का विकास धीमा रहा। यहाँ तक कि विदेशी सहयोग से लगाए गए प्रयोगात्मक केन्द्र एवं जारी प्रसारण को सरकार ने इस लायक नहीं समझा कि बजट में उनके लिए विशेष प्रावधान रखे। कारण था, **दूरदर्शन को रेडियो का एक प्रयोग मानना।**

वह दिल्ली के 40 कि.मी. के परिवृत्त में प्रसारित कर सकता था। 1972 में '**बम्बई**' दूरदर्शन केन्द्र की स्थापना हुई। अत: 13 वर्षों तक दूरदर्शन का फैलाव शुरू ही नहीं हुआ। 26 जनवरी, 1973 को तीसरा केन्द्र '**कश्मीर**' में स्थापित किया गया।

इस तरह हम यह कह सकते हैं कि पहला चरण नमूने के तौर पर था। बहुत कम लोग उसे देखते थे। 1969 में यूनेस्को के विशेषज्ञ **दिविंग्स** ने भारत में टी.वी. के काम की संभावनाओं का अध्ययन करके अपनी रिपोर्ट प्रस्तुत की, उसमें कुछ सिफारिशें थी कि टी.वी. का विकास भारत के विकास के लिए आवश्यक है। 1973 में अमेरीका ने जब **सिन्कॉन** शृंखला के दौरान उपग्रह छोड़े तो **नासा** के सहयोग से भारत में '**साइट**' (उपग्रह शैक्षिक दूरदर्शन) प्रयोग शुरू हुआ।

1959 से 1976 तक का समय दूरदर्शन का एक सीमित विकास का क्रम रहा। ज्यादातर तकनीक विदेशी थी, मशीनें विदेशी, टी.वी. सेट विदेशी। इनमें सबसे बड़ी बात यह थी कि वे सारे अनुदान में मिले थे।

1 अगस्त, 1953 से 31 जुलाई, 1976 तक **नासा** ने अपनी उपग्रह सुविधाएँ अनुबंध के अनुसार हटा ली तो भारत सरकार ने '**साइट**' की उपयोगिता समझकर, उस प्रयोग को पुन: जारी रखने की योजना बनाई। जिसमें यह निर्णय लिया गया कि छह दूरदर्शन प्रेषक (ट्रांसमीटर्स) स्थापित किए जाएँगे। वे छह क्षेत्र इस प्रकार चुने गए :

(1) जयपुर (राजस्थान)
(2) रायपुर (मध्यप्रदेश)
(3) गुलबर्गा (कर्नाटक)
(4) संभलपुर (उड़ीसा)
(5) हैदराबाद (आंध्र)
(6) मुजफ्फरपुर (बिहार)[1]

1 अप्रैल, 1976 से टी.वी. का अस्तित्व अलग हो गया। इसका नाम '**दूरदर्शन**' रखा गया। इसके लिए महानिदेशालय की स्थापना की गई, जिसका कार्यालय मंडी हाऊस, दिल्ली बनाया गया (जो आज भी है)। जिसका काम समूचे संजाल को संचालित करना है। यह सब '**चंदा कमेटी**' की सिफारिशों के बाद हुआ।

---

1. दूरदर्शन विकास से बाजार तक, सुधीश पचौरी, पृ. सं. 3

अलग ढाँचा होने के बाद दूरदर्शन के तेज विस्तार की पूरी गुँजाइश थी, लेकिन आपात्काल होने के नाते, अभिव्यक्ति अवरुद्ध रही और लोगों के लिए दूरदर्शन एक सरकारी विभाग मात्र बन गया। अगस्त, 1977 में जब दूसरी सरकार बनी तो उसने जन-संचार के क्षेत्र में आंतरिक आपात्काल में की गई ज्यादतियों पर एक श्वेतपत्र जारी किया। उसमें कांग्रेस की नेता (तत्कालीन प्रधानमंत्री **श्रीमती इन्दिरा गांधी**) के बयानों और आदेशों को सँजोकर रखा गया, जिसमें **इन्दिराजी** ने कहा था कि **"वे इन माध्यमों की 'सीख' की कतई परवाह नहीं करती।"** उन्होंने बार-बार कहा कि **"यह सरकारी माध्यम है और उसे वैसा ही रहना है।"** आकाशवाणी की आचार-संहिता जो दूरदर्शन पर भी लागू होती थी, उन्होंने समाप्त करा दी थी।

17 अगस्त, 1977 को जनता पार्टी की सरकार ने अपनी प्रतिज्ञा को मद्देनजर रखते हुए सूचना एवं प्रसारण मंत्रालय के आदेश से आकाशवाणी और दूरदर्शन को स्वायत्तता देने के सवाल पर विचार-विमर्श हेतु 11 सदस्यीय एक कार्य-समूह (Working Group) **श्री वी. जी. वर्गीस** की अध्यक्षता में बनाया। इस कार्य-समूह ने अपनी रिपोर्ट **'आकाश भारती'** के नाम से (फरवरी 1978) प्रस्तुत की और सिफारिशों में कहा कि : (रिपोर्ट के कुछ मुख्य अंश)[1]

दूरदर्शन से सम्बन्धित निम्नलिखित हैं :

(1) आकाशवाणी और दूरदर्शन एक स्वायत्त राष्ट्रीय न्यास (Trust) के तहत कार्य करेंगे। यह राष्ट्रीय प्रसारण ट्रस्ट होगा जिसका नाम **'आकाश भारती'** होगा।

(2) आकाशवाणी और दूरदर्शन जन-माध्यम है और उन्हें जन-हित की सेवा करनी चाहिए। इन दोनों माध्यमों को राष्ट्रीय संचार नीति और राष्ट्रीय दर्शन के अनुरूप कार्य करने चाहिए।

(3) यह आकाश भारती नाम (संगठन) राष्ट्रीय स्तर पर संसद को जवाबदेह होगा और व्यावहारिक तमाम विधानों के लिए केन्द्र के अधीन होगा।

(4) इनमें प्रसारित कार्यक्रमों का झुकाव जो पहले से महानगरीय पक्षधरता के कायल है, को ग्रामीणोन्मुख तथा छोटे शहरों की ओर किया जाना चाहिए। शहरी एलीट की जगह उन्हें

1. दूरदर्शन विकास से बाजार तक, सुधीश पचौरी, पृ. सं. 33

ग्रामीणों और गरीबों की ओर झुकना चाहिए। इसके लिए संरचनात्मक बदलाव लाए जाने चाहिए।

(5) जनता की विविध जरूरतों के अनुकूल तेज निर्णय लेने में सक्षम होना चाहिए।

(6) राज्यों के प्रसारण न्यास अथवा निगमों की जगह राष्ट्रीय न्यास ही एकमात्र न्यास होगा जो स्वयं एक विकेन्द्रित संरचनावाला होगा और स्थानीय जरूरतों को ध्यान में रखेगा।

(7) कार्यक्रम और इंजीनियर स्टॉफ एक-दूसरे से मिलकर काम करेंगे। वे संदेश तथा माध्यम दोनों के वैसे ही प्रतिनिधि होंगे, जैसे कि अब हैं।

(8) आकाशवाणी और दूरदर्शन अलग-अलग नहीं होंगे, इनका नया अन्तर्गठन होगा।

एशियाड के दौरान सरकार के दो महत्त्वपूर्ण निर्णयों ने टी.वी. के क्षेत्र में देश में क्रांति पैदा कर दी। एक, विदेश से रंगीन टी.वी. और वी.सी.आर. लाने पर कर में मुक्ति और दूसरा, टी.वी. सेटों पर लाइसेंस की अनिवार्यता समाप्त कर देना। स्व. राजीव गांधी के समय में इलेक्ट्रॉनिक क्षेत्र में बहुत प्रगति हुई, जिसका परिणाम था 1989 के आते-आते भारत में जरूरत से ज्यादा काले-सफेद और रंगीन टी.वी. का निर्माण होना। 17 सितम्बर, 1984 में दिल्ली का स्थानीय चैनल शुरू हुआ, जो शुरू के दिनों में दो घंटे के कार्यक्रम का प्रसारण करता था, बाद में कलकत्ता, मद्रास, बम्बई महानगरों में भी चैनल शुरू हुआ।

जनवरी, 1975 में दूरदर्शन के इतिहास में एक नए अध्याय, '**विज्ञापन सेवा**' की शुरुआत हुई थी। 1983-84 में प्रायोजित कार्यक्रमों की शुरुआत हुई। इस तरह से दूरदर्शन 1976 से व्यावसायिक रास्ते पर चल पड़ा। बच्चों में विज्ञापन लोकप्रिय होने लगे। विज्ञापन और उपभोक्तावादी संस्कृति की शुरुआत का यह एक नया सम्बन्ध बना। 1976 में दूरदर्शन की आय 77 लाख थी और 1985-86 तक यह आय बढ़कर 62 करोड़ से ज्यादा हुई और आज यानी 2006 में 1200 करोड़ हो गई है।

टी.वी. के तेज फैलाव/विस्तार को ध्यान में रखते हुए तथा उसकी सम्भावनाओं को देखते हुए 1982 में सूचना एवं प्रसारण मंत्रालय ने उसके सॉफ्टवेयर की परिकल्पना की। 1985 में '**भारतीय**

टी.वी. के लिए भारतीय व्यक्तित्व' शीर्षक से प्रकाशित रिपोर्ट दूरदर्शन के इतिहास में एक नई पहल के रूप में उभरी, जिसमें पहली बार '**सामग्री**' पर विचार किया गया। कार्यक्रम कैसे हो? टी.वी. किसका है? किसके लिए है? देश के सामाजिक-आर्थिक परिवर्तन की दिशा में वह किस प्रकार सहायक बन सकता है? जनता की जरूरतों और कार्यक्रमों में कैसा सम्बन्ध हो? वह विकासशील समाज का सूचना संवाहक, शिक्षक और मनोरंजनकर्ता कैसे बने? इन सवालों का हल ढूँढने के लिए प्रोफेसर **पी.सी. जोशी** के नेतृत्व में एक आठ सदस्यीय कमेटी बिठाई गई। बाद में इसमें पाँच और सदस्यों को शामिल किया गया। **जोशी कमेटी** के नाम से रिपोर्ट आई, जिसमें दूरदर्शन के व्यापक और बुनियादी प्रश्नों पर गहराई से विचार किया गया था। समूह ने बदलते भारत की जरूरतों को विचार में रखते हुए टी.वी. की संरचनात्मकता में कैसे रचनात्मकता प्रदान की जाए, को दर्शाया था। जनप्रसार क्रान्ति के प्रति हमारा भारतीय दृष्टिकोण क्या हो? उसके भारतीय संस्कार कैसे हों? परिवार नियोजन और मानव संसाधन विकास किस प्रकार संयोजित किया जाए? मनोरंजन का स्वरूप क्या हो? आदि-आदि तमाम प्रश्नों पर कमेटी ने व्यापक दृष्टिकोण रखते हुए अपनी राय अभिव्यक्त की थी। परन्तु 1985 में जब ये सिफारिशें आ रही थीं, तब दूरदर्शन में उपभोक्ता क्रान्ति के बीज बोए जा रहे थे। एक तरफ भारतीय संस्कृति का जामा पहनाने की प्रयत्नशील रिपोर्ट तो दूसरी ओर सूचना एवं प्रसारण मंत्रालय दूरदर्शन को प्रायोजकों और विज्ञापनों का स्थल बनाने का प्रयास, जो आज भी सर्वोपरि बनकर है।

सन् 1976 से 1989 तक का समय दूरदर्शन का मध्यमवर्ग में लोकप्रियता का युग रहा। रंगीन टी.वी. सेट्स की अनिवार्यता बढ़ गई। यह दूरदर्शन का दूसरा चरण था। बदलते हुए सामाजिक-आर्थिक परिदृश्य की यह एक क्रान्ति थी, जो अचानक नहीं थी। बल्कि इन्दिरा गांधीजी के समय से भूमंडलीकरण से धीरे-धीरे शुरू हो चुकी थी और एशियाड इसका प्रमाण था। राजीव गांधी का युग आर्थिक नीतियों के बदलाव का युग रहा, जिसमें भारत की अर्थव्यवस्था को सीधे-सीधे विश्व से जोड़ा जा रहा था। विदेशी कम्पनियाँ, भारत में तकनीक के क्षेत्र में धीरे-धीरे घुस रही थी। दूरदर्शन इस बदलाव का प्रथम दरवाजा बना, जो स्वाभाविक था। मनोरंजन की दौड़ में

भारतीयता गुम होने लगी। तकनीक और ग्लैमर आदर्श रूप में स्वीकृत किए जाने लगे। दूरदर्शन प्रायोजकों और विज्ञापनों का अखाड़ा बन गया और धीरे-धीरे प्रायोजककर्ताओं की नीतियों से चलने लगा।

इसी ऐतिहासिक बिन्दु पर एक निर्णायक घटना हुई **'खाड़ी-युद्ध'**, जिसके साथ-साथ टी.वी. ने भारत के सार्वभौम आकाश को बिना बताए भेद डाला और देखते-देखते भारत में डिश एंटेना एवं सेटेलाईट टी.वी. की शुरुआत हो गई। इसका श्रेय **'सीएनएन'** नामक एक बहुराष्ट्रीय टी.वी. कंपनी को जाता है।

सेटेलाईट तकनीक आ चुकी थी, तो केबल टी.वी. का दौर शुरू हुआ। आकाश के रास्ते हमारे घरों में घुसना। शुरू में सरकार को लगा कि हम इसे रोकने में कामयाब हो जाएँगे। परन्तु 1991 में मद्रास के हाईकोर्ट के फैसले से उसे निराशा हाथ लगी, वह यह कि हम **'केबल टी.वी.'** को रोक नहीं सकते। जो **'केबल टी.वी.'** की जीत थी और **'दूरदर्शन'** की हार। दूरदर्शन के दर्शक बँट गए।

1991 में सरकार के मंत्री ने 1990 में पारित **'प्रसार भारती'** को लागू करके एक और नए अध्याय को जोड़ दिया। दूरदर्शन को एक स्वायत्त निगम बनाकर, जो कोई बहुत क्रांतिकारी कानून नहीं है। प्रसार भारती पर नई सरकार अमल नहीं कर सकी। एक साल निकल गया। तब सरकार ने जल्दी-जल्दी दो कमेटियाँ **'महालिक कमेटी'** और **'वरदान कमेटी'** बनाई।

एस. सी. महालिक कमेटी का मुख्य काम था विज्ञापनों की दरों की व्यवस्था करना, जो **'स्टार टी.वी.'** की चुनौती के समकक्ष आकर्षक हो। दूसरी कमेटी **के.ए. वरदान,** जिसका प्रमुख काम था सेटेलाईट प्रसारणों की चुनौती का जवाब खोजना। परन्तु यह दोनों कमेटियाँ सेटेलाईट को पूरी तरह समझने में उतनी सक्षम नहीं साबित हुई। इसलिए एक तीसरी कमेटी का गठन किया गया, जिसके अध्यक्ष **पी. एम. देवधर** बने। उसमें **निखिल चक्रवर्ती, मृणाल पांडे, हबीब तनवीर** आदि सदस्य थे। जिसका काम दूसरे चैनल को निजी कार्यक्रमों के लिए खोलने की नीति और नियम तय करना था। यानी कैसे निजीकरण के मार्ग को धीरे-धीरे खोला जा सके तथा चार महानगरों को एक साथ जोड़कर महानगरीय **'मेट्रो चैनल'** (Metro Channel) के स्वरूप के बारे में नीति निर्धारित की जाये। 26 जनवरी, 1993 में **'मेट्रो चैनल'** प्रारम्भ हो गया। मंत्रालय के

अधिकारियों ने घोषणा करके चैनल की शुरुआत तो कर दी पर **'प्रसारण सामग्री'** के बारे में सोचा ही नहीं। घोषणा की रक्षा करनी थी, इसलिए **'फिल्मी सामग्री'** से काम चलाना पड़ा। चैनल शुद्ध रूप से **'फिल्मी'** हो गया और निराश **देवधर कमेटी** को इस्तीफा देना पड़ा।[1]

उसके बाद के चरण में दूरदर्शन में बहुत बदलाव आए, अनेक चैनल शुरू किए गए राष्ट्रीय प्रसारण के अलावा **'डी.डी. भारती', 'डी.डी. न्यूज', 'डी.डी. स्पोर्ट्स'** तथा कई सारे प्रादेशिक व क्षेत्रीय चैनल, सभी पर विज्ञापन और आय बढ़ाने की होड़। आज दूरदर्शन देखते-ही-देखते अपने आदर्शों से दूर, बाजार बनकर तेजी से उभरा है। यह भी आज हमारी संस्कृति के ह्रास का एक मुख्य कारण प्रतीत होता है।

भोजपुरी लोकसंगीत और दूरदर्शन : भारत जो गाँवों में बसता है, रमता है अपनी विविधतापूर्ण संस्कृति के साथ, त्यौहारों-पर्वों, भाषाओं, बोलियों के जन-जीवन में, वैसे भी अगर सही मायने में **'सत्यं शिवम् सुन्दरम'** के उद्देश्य को चरितार्थ करते हुए लोगों तक पहुँचना है तो **'लोक'** को नकारा नहीं जा सकता। यही कारण था कि दूरदर्शन, जिसे **'Agent of change'** कहते हैं, ने **'लोक'** को प्राथमिकता दी और उनके अन्दर जन-जागरण लाने हेतु कार्यक्रम **'कृषि-दर्शन'** की शुरुआत, 30 मिनट की समय अवधि के प्रसारण के साथ 26 जनवरी, 1967 में दिल्ली से सप्ताह में तीन बार प्रसारित की। बाद में पाँच दिन और। अब सप्ताह में दो दिन कहीं-कहीं प्रादेशिक चैनलों पर रोज शाम के 5.30 P.M. to 6.00 P.M.। विकास की तकनीक वैज्ञानिक तरीको को कृषि के क्षेत्र में कैसे अपनाया जाए, परिवार कल्याण की जानकारी, जीवन में स्वच्छता-शिक्षा, कितनी आवश्यक है और साथ में मनोरंजन हेतु वहाँ की बोली के लोकगीत 5 से 7 मिनट्स के दिखाए जाते हैं।

सेटेलाईट के युग में आज दूरदर्शन के सभी भाषाओं व बोलियों में क्षेत्रीय चैनल हैं। जो रोज शाम को (कृषि दर्शन) का प्रसारण करते हैं। इसमें कहीं-कहीं पर विज्ञापन भी प्रसारित करते हैं। भोजपुरी लोकसंगीत के चैनल हैं—लखनऊ (27 नवंबर, 1975), वाराणसी (बनारस), गोरखपुर, मऊ, इलाहाबाद, पटना तथा

---

1. दूरदर्शन विकास से बाजार तक और Television In India, पचौरी, पृ. सं. 28, Changes ad challenges, by Gopal Saxsena.

मुजफ्फरपुर। जिसमें वाराणसी में, सन् 1998 में उद्घाटन पश्चात दूरदर्शन का प्रसारण प्रारम्भ हुआ। सन् 2000 में, 5.30 P.M. to 7.00 P.M. गोरखपुर, सन् 1984 में मऊ, सन् 1989 में पटना, सन् 13 अक्तूबर, 1990 को मुजफ्फरपुर में एक घंटे के क्षेत्रीय प्रसारण व 15 मिनट के समाचार की शुरुआत हुई। दिसम्बर, 1994 में 30 मिनट के कार्यक्रम से प्रारम्भ किए गए इन केन्द्रों में आज भी 30 मिनट की अवधि का **'नैरोकास्टिंग टेलीकास्ट'** होता है। 6.00 P.M. to 6.30 P.M., जिसमें लोक-जीवन की झलक होती है। इसके लिए ENG/EFP Equipment यंत्र दिए गए हैं। लोकभाषा को प्रचार-प्रसार में लाने हेतु उसमें समाचार भी कहीं-कहीं उसी भाषा में पढ़े जाते हैं।

किन्हीं विशेष त्यौहार व पर्वों पर वहाँ के 'लोकसंगीत' का सजीव प्रसारण भी होता है। **'होली'**, **'जन्माष्टमी'**, **'रामनवमी'**, **'वर्षा ऋतु'** पर विशेष संगीत रूपक का निर्माण किया जाता है। जिसकी अवधि 25 से 30 मिनट की होती है।

दूरदर्शन की Chief Producer/Director तत्कालीन **श्रीमती कमलिनी दत्त**, जो आज दूरदर्शन के अभिलेखागार की प्रमुख हैं ने बताया कि पहले 1978 में **'N.P. Folk Music'** 30 से 60 मिनट का हुआ करता था, राष्ट्रीय प्रसारण में धीरे-धीरे **'Fixed Point Chart'** के चलते 1983 में बन्द हो गया।

अपने शोध के दौरान जब मैं दूरदर्शन केन्द्रों पर गई तो मुझे जो देखने को मिला वह **'लोकसंगीत'** के लिए कुल मिलाकर दयनीय रहा। दूरदर्शन 'लखनऊ' केन्द्र पर लोकसंगीत सप्ताह में एक बार शाम 4.00 बजे 15 मिनट का प्रसारित होता है। दूरदर्शन, बनारस में शाम 5.00 बजे 15 मिनट, गोरखपुर, मऊ, पटना व मुजफ्फरपुर की भी यही स्थिति है। कारण है प्रायोजित कार्यक्रम और सबके सामने आय जुटाने व बढ़ाने की विवशता।

जो धीरे-धीरे अपने मूल्यों व प्रकृति से दूर होते नजर आ रहे हैं। इतने सारे दबावों में **'लोकसेवा प्रसार'** माध्यम अपनी जिम्मेदारियों का निर्वहन कैसे कर पाएगा? यह बात विचारणीय लगती है। संगीत की (विशेषकर भोजपुरी) लोकगीत की **श्रीमती विन्ध्यवासिनी देवी** जो राष्ट्रीय सम्मान से अलंकृत थी का निधन 18 अप्रैल, 2006 को हो गया। हो सकता है दूरदर्शन उनके द्वारा गाए भोजपुरी गीतों का निकट भविष्य में शायद अपने अभिलेखागार से C.D. जारी करे। परन्तु अत्यन्त दुखद बात यह है कि उन पर वृत्तचित्र का निर्माण

दूरदर्शन ने नहीं किया। ऐसे न जाने कितने कलाकार भोजपुरी लोकसंगीत के हैं, जिन पर दूरदर्शन की दृष्टि नहीं है। जैसे **डॉ. शारदा सिन्हा, डॉ. कमला श्रीवास्तव, डॉ. शान्ति जैन, उर्मिला श्रीवास्तव, राम कैलाश यादव, बालेश्वर, आभारानी वर्मा** आदि। कहने का तात्पर्य यह है कि प्रायोजित कार्यक्रमों के कारण '**लोकसंगीत**' पर उतना ध्यान नहीं दिया गया जितना शास्त्रीय संगीत, सुगम संगीत पर। इनमें से किसी के '**ग्रेट मास्टर्स**' नहीं बनाए गए हैं।

इस तरह से हम यह कह सकते हैं कि दूरदर्शन पर '**भोजपुरी लोकसंगीत**' कोई अपना विशेष धरातल नहीं निर्माण कर सका है।

भोजपुरी लोकसंगीत के संरक्षण एवं भविष्य के प्रति दूरदर्शन की भूमिका एवं भविष्य : दूरदर्शन भारत का '**लोकसेवा प्रसार**' का एक सशक्त माध्यम है, विशेषकर **शिक्षा, सूचना** और **मनोरंजन** के क्षेत्र में, जो आज भी उसका उद्देश्य है। अन्य सेटेलाइट चैनल आज जो बाजार में हैं, से अलग अपनी भूमिका निभाता हुआ। '**प्रसार भारती**' जिसके अन्तर्गत दूरदर्शन कार्यरत है और संसद की ओर से जो उसे मैंडेट मिला है वह है **सूचना, शिक्षा व मनोरंजन।**

दूरदर्शन प्रसारण सेवा तीन स्तरों पर काम करती है। पहला, राष्ट्रीय स्तर, दूसरा, क्षेत्रीय स्तर और तीसरा, स्थानीय स्तर। यह सभी निःशुल्क प्रसारण यानी '**फ्री-टू-एअर**' चैनल है जबकि अन्य सशुल्क चैनल। '**बाजार का दबाव और लोकसेवा प्रसारक की भूमिका निभाता**' दूरदर्शन अपने आप में बहुत ही रोचक और प्रासंगिक विषय है। परन्तु आज भी वह सामाजिक व आर्थिक विकास की नीतियों को जन-सामान्य को दर्शाता तथा बताता है। स्वास्थ्य सुविधाएँ, सफाई-स्वच्छता अभियान, जन्म-मरण रजिस्ट्रेशन, मौसम व पर्यावरण तथा लोकसंगीत को लेकर साथ चल रहा है। यही कारण है कि इस दौर में भी भारत सरकार की स्थाई संचार समिति दूरदर्शन को जनजागरण एवं सांस्कृतिक, सामाजिक परिदृश्य को परिवर्तित करनेवाला एक महत्त्वपूर्ण माध्यम समझती है तो दूसरी ओर, योजना आयोग इसे आर्थिक रूप से स्वावलम्बी देखना चाहता है।

आधुनिक युग में प्रौद्योगिकी के विकास और भूमंडलीकरण की प्रक्रिया ने यद्यपि जन-संचार माध्यमों की प्रकृति और उनकी तकनीक को बहुत सार्वजनिक-सा बना दिया है, इसके लिए उन्हें किसी एक देश या समाज के दायरे में बाँधकर रखना मुश्किल लगता है। परन्तु किसी भी देश या समाज विशेष की देखरेख में संचालित होनेवाले

'**लोक-प्रसारण माध्यमों**' के सामाजिक सरोकार और उनके विशिष्ट कार्यभार उन्हें औरों से अलग तो करते ही हैं, साथ ही समाज के प्रति बढ़ती जबाबदेही उनकी भूमिका को राष्ट्रीय परिप्रेक्ष्य में महत्त्वपूर्ण बना देती है। समाजशास्त्री **प्रो. श्यामाचरण दूबे** के शब्दों में, "**भूख से पीड़ित वर्ग न अधिक प्रतीक्षा कर सकता है न त्याग।**" परिणामस्वरूप 20वीं शताब्दी के प्रारम्भ से ही साम्राज्यवाद और उपनिवेशवाद के विरुद्ध सारे विश्व में जो विरोध का वातावरण बना, क्रान्तियाँ हुईं और जिस तरह लोकतंत्र के प्रति विश्व-समुदाय का रुझान और समर्थन बढ़ा; उसने एक नए सामाजिक और राजनीतिक पर्यावरण की नींव रखी।

इस प्रकार, अगर हम दूरदर्शन के उद्‌गम पर नजर डालें तो हमें आसानी से यह पता चल सकता है कि दूरदर्शन के निर्माण में जिन लोगों ने अहम् भूमिका निभाई, उन्हें इस माध्यम की उतनी जानकारी नहीं थी। कुल मिलाकर बहुत ही दुल-मुल परिस्थिति में दूरदर्शन का निर्माण व उसकी विस्तार यात्रा रही। दूरदर्शन के वरिष्ठ पदों पर भी जो लोग रहे, उन्हें भी इसके लिए कोई उतना सरोकार नहीं रहा कि इस सशक्त '**लोक जनसंचार माध्यम**' का रख-रखाव, उसकी सामग्री को कैसे संरक्षित किया जाए, ताकि आनेवाली पीढ़ी उसके बारे में जान सके कि हमारी लोकसंगीत व संस्कृति का पहले स्वरूप क्या था?

प्रत्येक दस-बारह वर्षों में तकनीकी बदलाव का सामना दूरदर्शन को करना पड़ा और उस बदलते हुए दौर में उसकी सामग्री को कैसे व्यवस्थित रूप से रखा जाए, इसकी तरफ किसी का ध्यान नहीं गया। जिसका परिणाम रहा, **अत्यन्त दुर्लभ कला एवं कलाकारों की रिकार्डिंग का आज हमारे बीच न होना। विज्ञान** के इस जादू को काश हम समय रहते समझे होते तो हमें आज दुख न होता।

आकाशवाणी की धारा पर दूरदर्शन ने भी टेप-लायब्रेरी की सोच को अपनाया और एक दूसरे दरवाजे (संरक्षण) को खोला और बाद में जगह-जगह पर लायब्रेरियन की भर्ती की गई। उन्होंने बड़े-बड़े रजिस्टर में '**Ampexes Tapes**' की Details को लिखा और इन टेपों के लिए एअरकंडीशन कमरों का निर्माण किया गया। जहाँ यह सम्भव नहीं था, वहाँ डेजर्ट कूलर तथा अन्य इलेक्ट्रॉनिक उपकरणों की व्यवस्था की गई। दूरदर्शन में 1970 तक प्रायः प्रोड्यूसर टेप अपनी व्यक्तिगत जिम्मेदारी समझकर खोने तथा प्रोग्राम मिट जाने

के भय से अपने पास रखते थे और उनके जाने के बाद कुछ पता ही नहीं चल पाता था कि कौन से टेप में क्या है? और उसकी कितनी महत्ता है? यह बात अब भी मैंने दूरदर्शन **'लखनऊ'** में अपने शोध के दौरान देखा। जो संरक्षण की दृष्टिकोण से उचित नहीं लगा।

उसके बाद धीरे-धीरे जागरूकता बढ़ी और केन्द्र निर्देशकों ने इस पर ध्यान देकर टेप तथा कार्यक्रम की **'Detail Cue-Sheet'** देने की अनिवार्यता तथा टेप को लायब्रेरी में रखना सख्ती से लागू किया। इसको क्रियान्वित होते-होते तक भी जैसा कि हमने पहले कहा, बहुत से टेपों और उनमें निहित कार्यक्रमों का नुकसान हो चुका था।

सन् 1980 दूरदर्शन के संरक्षण के इतिहास में एक महत्त्वपूर्ण अध्याय लेकर आया। वह था एशियन गेम्स तथा बी एंड डब्ल्यू की जगह कलर-2 व एम्पेक्स टेप्स की जगह यू-मेटिक टेप्स ने ली। इसके प्रसारण के लिए कई O.B. Vans तथा सीधे प्रसारण हेतु नई मशीनों को खरीदा जाना, इन सब तकनीकी उपकरणों का लगना, आना व उनका संचालन दूरदर्शन के वरिष्ठ अधिकारी श्री शिव वर्मा के निरीक्षण में चल रहा था। परिणामस्वरूप कुछ प्रोड्यूसर को Ampexes Tapes को U-Matic पर Dubbing हेतु भी लगाया गया।

सन् 1981 में दूरदर्शन ने कमीशंड कार्यक्रमों का निर्माण किया, जिसने दूरदर्शन की पकड़ को दर्शकों से जोड़ने में अपनी अहम् भूमिका निभाई। जिनमें प्रमुख हैं, **'हम लोग' निर्देशक पी. कुमार वासुदेव, 'डिस्कवरी ऑफ इंडिया' निर्देशक श्याम बेनेगल, 'बुनियाद' निर्देशक रमेश सिप्पी,** धारावाहिक **'रामायण' निर्देशक रामानन्द सागर,** तथा **'महाभारत' निर्देशक, बी.आर.चोपड़ा, 'नुक्कड़' निर्देशक कुन्दन शाह और अजीज़ मिर्ज़ा।** विज्ञान की फन्तासी को दर्शाता भारत का प्रथम धारावाहिक **'स्पेस सिटी सिगमा'** निर्देशक **अशोक तलवार** जिसमें मुख्य खलनायक **'ज़ख्वाकू'** की भूमिका मेरे अनुज **शैलेन्द्र श्रीवास्तव** ने निभाई थी। लोक की पृष्ठभुमि पर आधारित **आर.के. नारायणन् का 'मालगुडी डेज', उपन्यासकार फणीश्वरनाथ रेणु का 'मैला आँचल',** जिसके शीर्षक गीत को मैंने एवं मेरी छोटी बहन **स्व. चन्द्रेश श्रीवास्तव** ने अपने सुरों से सजाया था। जिसकी धुन **'बटोहिया'** लोकगीत पर आधारित थी। 1990 में मॉर्निंग ट्रांसमीशन के कमीशंड और प्रायोजित कार्यक्रम के ढेरों टेप्स हो

गए, उनके रखने की समस्या और उसी समय डी.डी. न्यूज के लोगों को भी लगा कि देश की राजनीतिक गतिविधियों तथा अन्य महत्त्वपूर्ण घटनाओं को कैसे संरक्षित किया जाए, जिसका होना अत्यन्त महत्त्वपूर्ण है। इन सवालों के साथ ही समस्या उत्पन्न हुई स्टॉक तथा A/C Rooms की। अन्ततोगत्वा इन समस्याओं से जूझते हुए दूरदर्शन ने सरकारी संगठन में '**अभिलेखागार**' की सोच पैदा की और इस '**अभिलेखागार**' को मूर्त रूप देने हेतु प्रथम सोपान पर जामा पहनाने के लिए योग्य प्रतिभाशाली अधिकारी की सेवा हेतु दूरदर्शन ने जिम्मेदारी भूतपूर्व अधिकारी श्रीमती अभिता पॉल को सौंपी, जिनकी कड़ी मेहनत व लगन से एक **'Created Formate'** में Archive का काम शुरू हुआ।

उसके बाद ही **श्री बशारत अहमद** ने निदेशक दिल्ली दूरदर्शन के पद पर कार्यभार सँभाला, जिनका योगदान दूरदर्शन के Archive के क्षेत्र में एक अद्वितीय मायने रखता है। वह यह कि जब उन्होंने देश-विदेश के टेपों की दुर्दशा को अचानक एक दिन अपने कमरे से बाहर घूमते वक्त देखा तो उनकी आँखें भर आईं, क्योंकि वो खुद सही मायने में एक प्रतिभाशाली योग्य प्रोड्यूसर हैं। उसी दिन उन्होंने तय किया कि '**अभिलेखागार**' के कार्य को तत्परतापूर्वक करना है। इसके लिए उन्होंने कुछ लोगों को काम पर लगाया, जिन्होंने टेप्स (2 Inches) को धूल से उठाकर उनके कवर को हटाकर उसके Funges को व्यक्तिगत तौर पर साफ किया। उनके नाम हैं **विरधी, महिन्द्र, सरोज शर्मा, सुषमा माथुर, राजपाल, अर्चना हंस** और **यशपाल शर्मा**। इन टेपों को सुरक्षित स्थान देने हेतु **बशारत जी** ने एयर कन्डीशन्ड कमरे दिलवाएँ, टेपों की नम्बरिंग करवाई तथा उनको रैक्स पर रखवाया। एक वर्ष के अन्तराल में ही कुछ सेवानिवृत्त प्रोफेशनल, जो दूरदर्शन में काम कर चुके थे को जिनमें Ex. DDG **Smt Meera Manjubar** व **Engg. Shri Mathur** (सन् 1995) दोनों ने उन कार्यक्रमों को उनकी गुणवत्ता व भविष्य में उनके प्रयोगात्मक दृष्टिकोण को मद्देनजर रखते हुए देखा, उनकी उपादेयता के अनुरूप एक रजिस्टर बनाया, जिनमें 2000 टेप्स पुराने Legacy के मिले। इस तरह से आज दूरदर्शन अभिलेखागार में 22000 टेप्स हैं। जिन्हें आज की तकनीक के अनुसार C.D. पर Transfer किया जा रहा है तथा साथ ही अन्य दूसरे टेप्स को भी देखा जा रहा है।

इसके बाद इस कार्य को आगे बढ़ाने में दूसरा नाम **श्री खंडेलवाल जी** का, जिन्होंने इसे सुव्यवस्थित ढंग से चलाने हेतु ढाँचा तैयार किया, उसके अनुरूप लोगों को काम पर लगाया, अलग से एक Cell का निर्माण किया, एक अलग फोन तथा अधिकारी नियुक्त किया आदि।

तत्पश्चात् **श्रीमती कमलिनी दत्त** (C.P.)तत्कालीन को अभिलेखागार का स्वतंत्र कार्यभार दिया गया। कमलिनी जी दूरदर्शन के नृत्य, संगीत व उसकी तकनीकी प्रणाली की विदुषी, प्रतिभाशाली, प्रोफेशनल निर्मात्री तथा अधिकारी हैं। उनकी देख-रेख में दूरदर्शन अभिलेखागार आज पल्लवित तथा प्रसारित हो रहा है। दूरदर्शन '**अभिलेखागार**' ने आज कितने C.D., V.C.D. बाज़ार में निकाले हैं, जो हमारे कला और संस्कृति की धरोहर को दर्शाते हैं। पहला V.C.D. 9 जनवरी, 2003 को प्रधानमंत्री **श्री अटलबिहारी बाजपेयी** ने पहले NRI MEET पर जारी किया था। उसके बाद यह सिलसिला अब भी जारी है, समय-समय पर हम अपने अभिलेखागार से उस्तादों, कलाकारों की C.D., V.C.D. को जारी करते रहते हैं, ताकि ज्यादा-से-ज्यादा लोग हमारी '**परम्परा**' के बारे में जान सकें। साथ ही देश ही नहीं, अपितु विदेश में भी रहनेवाले भारत की संस्कृति व कला को जान सकें। बदलते तकनीक के साथ इस क्षेत्र में भी कार्य हो रहा है, जो अपने आप में संरक्षण के प्रति एक सराहनीय कदम है।

परन्तु अगर हम अध्ययन के आधार पर यह कहें तो कतई गलत नहीं होगा कि बदलते तकनीक के साथ दूरदर्शन उस गति से बदला, पर संरक्षण की ओर किसी का ध्यान नहीं रहा, विशेषकर उन उच्च पदों पर आसीन अधिकारियों का जिनके द्वारा हमारी नीतियों व कार्य प्रणाली का निर्धारण होता है। Ampex के बाद हम 10 से 15 वर्षों में U-Matic पर गए, फिर U-Matic से Beta पर और पुनः पाँच वर्षों में Beta से DG Beta व DVC पर। आनेवाले दौर में और भी नई तकनीक का आना तय है।

जबकि '**Radio**' को इस तकनीकी बदलाव से उतना नहीं जूझना पड़ा, जितना '**दूरदर्शन**' को बढ़ते हुए बाजारीकरण व तकनीकी बदलाव से। जब तक हम तालमेल बिठाकर नहीं चलेंगे तो हमें पीछे ही रहना पड़ेगा। अन्यथा संरक्षण के दृष्टिकोण से भी हम पीछे रह जाएँगे।

शोध हेतु जब मैंने **कमलिनी** जी (C.P. DD Archive) दिल्ली से साक्षात्कार किया तो उन्होंने खेद व्यक्त करते हुए कहा कि "**शैलेश तुम तो जानती हो हमलोग किन परिस्थितियों में काम करते हैं। इसलिए जो कुछ भी है उसे हम संरक्षण दे रहे हैं, तथा भोजपुरी लोकगीतों के जो DDK हैं, उनसे हमने कलाकारों के कार्यक्रम मँगवाएँ हैं, उन्हें हम संरक्षित कर रहे हैं, जैसे DDK Patna, DDK Banaras, DDK Mau, DDK Allahabad, DDK Gorakhpur, DDK Lucknow; जिनमें कुछ केन्द्रों ने भेजा है। बहुत ही रोचक व सुन्दर कार्यक्रम आए हैं कुछ, हम उनके भी C.D. व V.C.D. निकालेंगे।**"

दूरदर्शन '**अभिलेखागार**' में '**भोजपुरी लोकगीतों**' के जिन कलाकारों के टेप्स मुझे मिले उनमें, **कमला श्रीवास्तव, श्रीमती शारदा सिन्हा, श्रीमती विन्ध्यवासिनी देवी** के थे, जिनकी समय अवधि लगभग 3 से 4 घंटे होगी।

इस तरह से '**लोकसंगीत**' विशेषकर भोजपुरी लोकसंगीत को लेकर कुछ दूरदर्शन केन्द्र हैं जो कार्य कर रहे हैं, जिनमें '**लखनऊ दूरदर्शन**' ने '**आल्हा उत्सव**' का आयोजन सन् 2005 में आमंत्रित श्रोताओं के समक्ष किया तथा 2005 में ही '**कजरी दंगल**' आमंत्रित श्रोताओं के समक्ष। जो इस दिशा में अपनी लोकसंस्कृति के प्रचार-प्रसार में सराहनीय प्रयास है। दूरदर्शन लखनऊ केन्द्र से लोकसंगीत का प्रसारण महीने के पहले व तीसरे गुरुवार को 4.30 बजे से 4.45 बजे तक होता है। लखनऊ केन्द्र पर 5 से 6 घंटे का लोकसंगीत संरक्षित है। जिसमें '**लोकरंग**', '**गंगा गीत**', '**नकटा**', '**खेमटा**', '**नौटंकी**', '**फागुन के गीत**', '**कोठे ऊपर कोठरी**' आदि है।

अन्य केन्द्रों जैसे दूरदर्शन '**वाराणसी**' महीने में दो दिन गुरुवार को 5.30 बजे से 5.45 बजे तक 15 मिनट का लोकसंगीत (भोजपुरी) प्रसारित करता है और '**किसान भाइयों**' का कार्यक्रम जो प्रतिदिन है, में 5 मिनट '**लोकसंगीत**', शाम 6.00 बजे से 6.30 बजे तक नैरोकास्टिंग। इसके अलावा '**वाराणसी**' केन्द्र पर कुछ स्थानीय कलाकारों के लोकसंगीत, विवाह गीत, ऋतु गीत आदि कार्यक्रम निष्पादक (संगीत) **डॉ. श्रीनिवासन** के अनुसार 4 से 5 घंटे के आस-पास संरक्षित हैं।

दूरदर्शन '**इलाहाबाद**', जिसका शिलान्यास 7 जुलाई, 1990 में हुआ और उसका उद्घाटन 11 अगस्त, 1998 में, अपने

केन्द्र से अवधी व भोजपुरी लोकसंगीत सोमवार से शुक्रवार को 15 मिनट तथा इसके अलावा नैरोकास्टिंग कार्यक्रम के तहत सायं 6.00 बजे से 6.30 तक कार्यक्रम प्रसारित करता है—निष्पादक **डॉ. तजिन्दर वार्सनेय** के अनुसार। दूरदर्शन **'गोरखपुर'** केन्द्र का प्रारम्भ एल.पी.टी. ट्रांसमीटर्स के साथ 30 अगस्त, 1984 में हुआ, जो शुरू में 10 कि.मी. का था, बाद में सितम्बर, 1984 में एच.पी.टी. बना। कुछ कार्यक्रमों का प्रसारण इन्सेट के द्वारा शुरू हुआ। पुनः दि. 14 नवम्बर, 1984 में Studio बना और कार्यक्रम निर्माण व स्वतंत्र प्रसारण का सिलसिला शुरू हुआ। भोजपुरी लोकसंगीत का कार्यक्रम **'लोकसंस्कृति'** पहले और तीसरे सोमवार को सायं 6.00 से 6.15 मिनट तक तथा दूसरे, चौथे और पाँचवें गुरुवार के सायं 6.00 से 6.15 तक **'लोकरंग'**, इसके अलावा नैरोकास्टिंग कार्यक्रम का टेलीकास्ट सायं 6.00 से 6.30 तक भोजपुरी भाषा में किया जाता है। गोरखपुर केन्द्र का प्रसारण समय सायं 5.30 से शाम 7.00 बजे तक है। ऐसा केन्द्र निदेशक **श्री रिजवी साहब** ने बताया।

दूरदर्शन केन्द्र **'मऊ'** (पूर्वांचल स्थित), जो वहाँ के सांसद स्व. **श्री कल्पनाथ राय** की देन है। मऊ में 16 नवम्बर, 1989 में एल.पी.टी. से प्रसारण शुरू हो गया था। बाद में 16 नवम्बर, 1995 में एच.पी.टी. बना। उसके बाद 30 अगस्त, 1997 में Studio का निर्माण कार्य सम्पन्न हुआ, कार्यक्रमों का निर्माण व रिकार्डिंग शुरू हुई। पहले प्रारम्भ में सायं 5.30 से सायं 6.00 तक ट्रांसमीशन होता था। शुरू में **'लोकसंगीत'** का कार्यक्रम सप्ताह में दो दिन मंगलवार और बुधवार को प्रसारित होता था। पर जब सन् 2002 में निदेशक **श्री ब्रजभूषण शर्मा** ने कार्यभार सँभाला तो उन्होंने दो दिन से बढ़ाकर तीन दिन प्रसारण का समय किया, मंगलवार, बुधवार और बृहस्पतिवार 15 मिनट (लोकसंगीत का कार्यक्रम) तथा **'नैरोकास्टिंग'** कार्यक्रम का प्रसारण शाम 6.00 बजे से 6.30 तक।

बिहार में पटना केन्द्र की स्थापना एल.पी.टी. के ट्रांसमीटर द्वारा पहले ही हो चुकी थी। जैसा कि दूरदर्शन की ऐतिहासिक पृष्ठभूमि में हमने पाया। जिसके द्वारा डी.डी.-1 के कार्यक्रम का प्रसारण होता था। 13 अक्तूबर, 1990 को अन्तरिम व्यवस्था के अन्तर्गत पटना से एक घंटे का क्षेत्रीय प्रसारण 15 मिनट के समाचार के साथ आरम्भ किया गया। उसके पश्चात् 15 मार्च, 1996 को पटना में

Studio का उद्घाटन हुआ और कार्यक्रमों की शुरुआत हुई। वर्तमान समय में दूरदर्शन **'पटना'** सायं 4.00 बजे से रात के 8.00 बजे तक प्रसारण (क्षेत्रीय प्रसारण) करता है। जिसमें समाचार व प्रायोजित कार्यक्रम भी हैं। जिसमें **'भोजपुरी लोकसंगीत'** का कार्यक्रम **'माटी की गूँज'** सन् 1991 में सायं 6.30 पर 30 मिनट का प्रसारित होता था, जो लोगों में बहुत लोकप्रिय हुआ, साथ ही स्थानीय प्रतिभाओं को घर-घर पहुँचाने का श्रेय भी इस मंच को मिला। सन् 2000 तक यह कार्यक्रम चला, उसके पश्चात् प्रायोजित कार्यक्रम के कारण इसके समय में परिवर्तन करना पड़ा और फिर इसकी समय और अवधि कम होती गई। अभी वर्तमान समय में **'लोकसंगीत'** प्रत्येक शनिवार को सायं 4.30 से 5.00 बजे तक प्रसारित होता है। ये बातें कार्यक्रम निष्पादक **डॉ. पी. के. सिंह** (संगीत व प्रायोजित कार्यक्रम) ने बताया।

पटना दूरदर्शन केन्द्र पर जिन कलाकारों की भोजपुरी लोकसंगीत की रिकार्डिंग संरक्षित है उनमें प्रमुख नाम हैं—**श्रीमती विन्ध्यवासिनी देवी** (2½ घंटे), **डॉ. शान्ति जैन** (30 मिनट), **सन्तराज सिंह रागेश** (1 घंटे), **अजीतकुमार 'अकेला'** (2 घंटे), **ब्रजकिशोर दूबे** (1 घंटे), **मनोरंजन ओझा** (30 मिनट) एवं **विजया भारती झा** (30 मिनट)। नैरोकास्टिंग कार्यक्रम इस केन्द्र से भी 30 मिनट प्रसारित होता है।

सन् 1994 दिसम्बर में 30 मिनट के स्थानीय प्रसारण के साथ दूरदर्शन केन्द्र, मुजफ्फरपुर का शुभारम्भ हुआ। वर्तमान समय में वहाँ से 1½ घंटे का प्रसारण होता है, जिसमें **'भोजपुरी लोकसंगीत'** (30 मिनट) व **'नैरोकास्टिंग कार्यक्रम'** 30 मिनट का प्रसारित किया जाता है।

इस तरह से अध्ययन के आधार पर हम यह कह सकते हैं कि अपनी संस्कृति विशेषकर **'लोक'** को बनाए रखने हेतु दूरदर्शन ने **'क्षेत्रीय केन्द्रों'** की स्थापना की ताकि लोग अपनी संस्कृति से जुड़े रहें। स्थानीय लोगों को भी बराबर की हिस्सेदारी कार्यक्रमों के माध्यम से मिल सके और उनकी मौलिकता नष्ट न हो। क्योंकि भारतीय मनीषियों ने **'वेद'** और **'लोक'** दोनों को ही प्रमाण माना है। जो (गंधर्व) स्वर, ताल और पद का समन्वित रूप है। जिसका मूल **'सामवेद'** में निहित है। भरत के अनुसार, **'लोक'** अनेक देशों में विभक्त हैं। उसके वेश, भाषा, आचार विभिन्न हैं।

इन्हीं मूलभूत उद्देश्यों को लेकर दूरदर्शन ने अपना विस्तार क्षेत्रीयता की ओर किया। जैसा कि हमने पहले भी कहा है कि बढ़ते हुए बाज़ारीकरण में तथा अन्य '**सेटेलाइट चैनलों**' की होड़ में इस 'लोक प्रसार' माध्यम के सामने बहुत सारी अड़चनें हैं। परन्तु फिर भी अपनी संस्कृति के संरक्षण के प्रति दूरदर्शन की प्रतिबद्धता को नकारा नहीं जा सकता है।

परन्तु हमारा समाज विकासशील है। अभी भी यहाँ निरक्षरता है, गरीबी है, पिछड़ापन है। आज भी बिजली के संकट से हम जूझ रहे हैं। इतने सारे चैनल जो सेटेलाइट-क्रान्ति की देन है, को हम भारतवासी पूरी तरह से देख नहीं पाते हैं। इस दौर में इतने सारे चैनल हमारे देश के लिए क्या वाकई आवश्यक हैं? यह प्रश्न अपने आप में एक मायने रखता है। आज हम अपनी भारतीयता से जो दूर हो रहे हैं, उनका एक मूल कारण '**सूचना-क्रांति**' है, जिसने आज हमें निर्णायक दौर में पहुँचा दिया है।

जहाँ पहले हम सामाजिक संस्थान तथा परिवार, मुहल्ला, जाति, गोत्र, धर्म, बाजार, शिक्षा संस्थान, काम करने की जगह, अखबार आदि से जुड़ते थे; वे हमारे चैनल हुआ करते थे। आज '**आकाशी चैनल**' के युग ने हमें इन सबसे दूर कर दिया है। जिसने एक चिन्ता और खतरे की आहटवाली स्थिति उत्पन्न कर दिया है, विशेषकर संस्कृति व मूल्यों के क्षेत्र में। ऐसी परिस्थिति में दूरदर्शन, जो विश्व का सबसे बड़ा नेटवर्क है, '**लोक जनप्रसार**' माध्यम की भूमिका कैसे निभा पाएगा? यह एक अहम् सवाल है। इस बात को दूरदर्शन मुंबई के निदेशक **श्री मुकेश शर्मा** ने अपने शब्दों में अभिव्यक्त करते हुए कहा कि "Airwave are public property, not a state monopoly. Yet despite the tremendous growth of Radio and TV in India, there have been very few strides towards using the airwaves for public service. There is need for new interventions to create public culture, there is immense need for public service broadcasting in India else we will lose our identity as Indians."

आधुनिक समाज का दर्पण दूरदर्शन जो समाज की यथास्थिति, उसके विकास से लोगों को परिचित कराता है। धीरे-धीरे '**बाज़ारीकरण**' के बढ़ते हुए प्रभाव के चलते मानवीय मूल्यों व सम्बन्धों से कटा हुआ मार्केट की शक्तियों की तरफ भागता हुआ दूरदर्शन, अपनी संस्कृति के संरक्षण के प्रति अपने दायित्व निभाने हेतु विचारणीय बनता जा रहा है।

दोनों प्रसार माध्यमों का तुलनात्मक अध्ययन :

आकाशवाणी और दूरदर्शन जो दोनों ही आज हमारे सूचना व प्रौद्योगिकी के सशक्त प्रसार के माध्यम हैं, ऐतिहासिक पृष्ठभूमि तथा उनकी कार्यप्रणाली व संरक्षण के प्रति उनकी प्रतिबद्धता पर दृष्टि डाला और पाया कि दोनों ने अपने-अपने कार्यक्रमों के द्वारा किस तरह से भोजपुरी लोकसंगीत को बढ़ावा दिया और उन्हें प्रचारित व प्रसारित किया तथा भविष्य में उन्हें संरक्षण देने हेतु क्या-क्या कदम उठाया और योजना निर्माण की ताकि आनेवाली पीढ़ी हमारी इस धरोहर की अन्तरात्मा को जान सके।

अध्ययनों से हमें यह पता चला कि '**आकाशवाणी**' सबसे पुराना माध्यम है, इस क्षेत्र में '**दूरदर्शन**' बाद में आया।

यही कारण है कि रेडियो ने इस क्षेत्र में बहुत काम किया, विशेषकर मौलिक भोजपुरी लोकगीतों को संग्रहित कर तथा उसको संरक्षणता प्रदान कर। यही मूल कारण है कि आज आकाशवाणी के '**अभिलेखागार**' तथा अन्य स्थानीय क्षेत्रीय केन्द्रों पर भोजपुरी लोकगीतों का अनूठा संग्रह है, जो हमारी धरोहर का परिचायक है।

क्योंकि आकाशवाणी में इसके लिए कार्यक्रम अधिकारी नियुक्त किए गए थे, जो दूर-दराज के गाँवों में माईक व रिकार्डिंग मशीन लेकर जाते थे और भोजपुरी लोकगीतों को उन्हीं के संवेग स्वरों से अपनी मशीनों में संग्रह हेतु रिकार्ड कर लाते थे। आकाशवाणी ने अपनी इस प्रक्रिया को वर्तमान में भी बखूबी जारी रखा हुआ है।

जबकि '**दूरदर्शन**' उसके बाद आया और उसकी कुछ अपनी तकनीकी समस्या रही, जिसके कारण वह वह नहीं कर सका जो आकाशवाणी ने किया। क्योंकि शुरू के दिनों में दूरदर्शन के पास बड़े-बड़े कैमरे थे, जो '**स्टुडियो**' के लिए बने थे। कार्यक्रम फिल्मों पर तैयार किए जाते थे, उन्हें बाहर लाकर काम करना सम्भव नहीं था। यह सिलसिला तकरीबन 20 वर्षों तक चला।

बाद में तकनीकी विकास के क्रम के अन्तर्गत जब दूसरे कैमरे आए तो और भी रिकार्डिंग का दौर शुरू हुआ, उसमें आकाशवाणी के चलते दूरदर्शन में यह फर्क था कि आकाशवाणी में आप उन गीतों को सुन सकते थे और दूरदर्शन में आप कलाकार को देख व सुन दोनों ही सकते थे।

परन्तु अगर आप इस विकास के क्रम पर ध्यान डालेंगे तो आप भी सहमत होंगे कि तब तक लोकगीत गाँव की माटी की सोंधी

सुगन्ध छोड़कर शहर के आवरण में लिप्त हो चुका था, क्योंकि दूरदर्शन के स्टुडियो में जब भोजपुरी लोकसंगीत का कलाकार रिकार्डिंग के लिए आया तो उसे दूरदर्शन की तकनीक के अनुरूप कपड़े, गहने व अन्य साजो-साज की आवश्यकता होती है, जिससे कार्यक्रम को रंजकता प्रदान की जाती हैं।

इससे दर्शकों को यह फायदा हुआ कि उन्हें भोजपुर क्षेत्र के पहनावे, संस्कृति, परिवेश व किस अवसर पर कैसे लोकगीत गाए जाते हैं, इसका सजीव चित्रण देखने व सुनने को मिला तथा भोजपुरी लोकगायक व गायिका कैसे आभूषण पहनते हैं आदि का भी।

आकाशवाणी ने आमंत्रित श्रोताओं के समक्ष **कश्मीर बार्डर से लेकर गोरखपुर के बरहजगंज तक भोजपुरी** लोकसंगीत का आयोजन किया, उसके माधुर्य व धुनों को देश के एक कोने से दूसरे कोने तक बिखेरा।

वहीं अगर हम देखें तो दूरदर्शन ने इस दिशा में कोई ऐसा प्रयास नहीं किया।

दूरदर्शन के पास जब छोटे कैमरे मैदान की गतिविधि को कैद करने हेतु आए तो उनकी प्राथमिकता समाचारों में रही, संस्कृति के नाम पर विशेषकर लोकसंगीत की ओर कम ध्यान गया, जिसे हम नहीं के बराबर कहें तो कोई अतिश्योक्ति नहीं होगी। दूरदर्शन पर लोकसंगीतों को कभी उतनी वरीयता कार्यक्रमों के निर्माण में नहीं दी गई, जितनी फिल्म संगीत तथा शास्त्रीय संगीत को।

आकाशवाणी पर भोजपुरी लोकसंगीत के सम्मेलन व अखिल भारतीय कार्यक्रम भी श्रोताओं तक निर्माण करके पहुँचाए गए, जबकि दूरदर्शन पर लोकसंगीत का अखिल भारतीय कार्यक्रम बहुत समय पहले 1978 से प्रसारित होता रहा। परन्तु बाद के दिनों, 1983 में उसकी प्रस्तुति अनियमित कर दी गई।

अभी इन दिनों आकाशवाणी भोजपुरी लोकगीतों को संरक्षणता प्रदान करने हेतु अपने '**सॉफ्टवेयर**' कार्यक्रम के दौरान '**संस्कार गीतों**' को लेकर उनकी शृंखलाएँ अलग-अलग दूरदर्शन केन्द्रों द्वारा निर्मित करा रहा है। वहीं दूरदर्शन पर आज भी इस तरह की योजनाओं का आभाव है।

आज हम देखें तो भोजपुरी लोकगीतों के बदलते स्वरूप का आकाशवाणी तथा दूरदर्शन दोनों माध्यमों पर असर दिखाई पड़ता है। यही कारण है कि आज रसिक श्रोताओं को मौलिक लोकगीत

कम सुनने व देखने को मिलते हैं। बढ़ते हुए फिल्म संगीत का असर इन गीतों व उसके साथ बजनेवाले वाद्य वृन्दों में बखूबी देखने को मिलता है, जो लोकधुनों की मौलिकता के विपरीत जाता है। जैसे— 'कजरारे, कजरारे', 'होरी खेले रघुबीरा', 'बीड़ी जलइले' आदि गाने।

उपसंहार

लोकगीतों का इतिहास हमें पीछे की कड़ी से जोड़ता है। अर्थात् संस्कारों व परम्पराओं से अवगत कराता है। लोकगीत चाहे किसी भी लोकभाषा, किसी भी देश या प्रान्त के हों, वह मूलत: जनता की आर्थिक तथा सामाजिक अवस्था पर प्रकाश डालते हैं। इतना ही नहीं, इसके अध्ययन से यह भी पता चलता है कि किस समय कौन-सी प्रथा प्रचलित थी, किन-किन लोक विश्वासों का बोलबाला था, कौन से साधन हुआ करते थे, कौन-सी नई चीजें बाजार में आई हैं, देश की राजनीतिक-सामाजिक व्यवस्था आदि-आदि। इन गीतों में मानवीय भावनाओं के साथ देश की धड़कन गूँजती हैं। क्योंकि जब कुछ नहीं था तब '**लोक**' था। इसीलिए भरत ने नाट्यशास्त्र में कहा है कि "**मैं जो कुछ इसमें नहीं लिख पाया हूँ, उसे आप 'लोक' में जानें।**" क्योंकि '**लोक**' परम्परा है '**श्रव्य**' के द्वारा एक से दूसरे तक पहुँचती है। एक '**लोकधुन**' की उम्र कम-से-कम 100 से 150 वर्ष की होती है। सच तो यह है कि लोकगीत मानव समाज की सांस्कृतिक परम्पराओं एवं प्रतिबिंबों के जीते-जागते चित्र हैं। जिस समाज या क्षेत्र विशेष के लोकगीत होते हैं, उस समाज या क्षेत्र का पूरा चित्र उसमें उभर आता है, अंकित हो जाता है। उस समय विशेष की संस्कृति, सभ्यता, रीति-रिवाज, पारस्परिक सम्बन्ध आदि सभी कुछ उसमें अपनी अभिव्यक्ति पा लेते हैं। यही कारण है कि लोकगीत अति स्वाभाविक होते हैं। पारिवारिक जीवन के चित्रों का तो क्या कहना? परिवार के भाई-बहन, पति-पत्नी, माता-पिता एवं संतति के सम्बन्ध आदि आपस में कड़वे हों या मीठे, उसकी सहज अनुभूति हमें लोकगीतों में सुनने-देखने को मिलती है। सौतिया डाह, सास-पतोहू के झगड़े, ननद-भावज की लड़ाई वगैरह। शोध के समय मुझे एक ऐसा '**लोकगीत**' बिहार में सुनने को मिला जिसमें देश, समय, परिस्थिति सबका वर्णन है—

कलकत्तवा में सईया मोरा बारे ललटेन
कहाँ से आए साहब दरोगा
कहाँ से आई मेम
कहाँ से आए बारे बलमुवा
बारह बजे का टेम
कलकत्तवा ....
पूरब से आए साहब दरोगा
पश्चिम से आई मेम
बहरे से आए बारे बलमुवा
बारह बजे का टेम
कलकत्तवा ....

प्रस्तुत लोकगीत में नायक **'कलकत्ता शहर'** में **'लालटेन'** जलाने की नौकरी करने गया है और वहाँ से साथ में **'मेम'** (पश्चिमी बाला) तथा दरोगा को साथ लेकर रात के बारह बजे घर पर आया है। नायिका परेशान है कि क्या करूँ? कैसे करूँ? उनकी खातिरदारी में यह सब भूलकर कि साथ में नायक **"मेम"** भी लाया है। अर्थात् उस समय भी नायक रोजी-रोटी के चक्कर में Lamp Post जलाने हेतु 'कलकत्ता' जाता था।

अध्ययनों के आधार पर हम चाहें तो यह कह सकते हैं कि देश, काल और परिस्थिति में विविधता के कारण भाषा-भेद चाहे जो हो, परन्तु मनुष्य की मूल भावनाओं में अन्तर नहीं होता। **'बेटी की विदाई'** चाहे वह किसी भी देश, शहर की हो, आज भी हृदयविदारक होती है। कारण है मानव की अनुभूति और संवेदना, जो सर्वत्र एक-सी होती है। लोकगीतों के माध्यम से हम वहाँ का रहन-सहन, खान-पान, कार्य-प्रसाधन, कृषि-व्यापार एवं बोलचाल के व्यावहारिक शब्दों का ज्ञान प्राप्त कर सकते हैं। इस अर्थ में भाषा-शिक्षण की दृष्टि से शब्द-ज्ञान के संवर्धन में ये लोकगीत चलते-फिरते सजीव शब्द-कोश का काम करते हैं। बनारस की एक कजरी है, जिसमें बाजार में उस समय साइकिल प्रचलन में है और नायिका नायक से कहती है :

पिया मेहंदी लिआद, मोतीझील से
जाके सायकिल से ना
पिया ....
रस्ता रोकी दरवान

ओके देखब हम जान
तोहके लड़के छोड़ाइब हम वकील से
जाके सायकिल से ना।
पिया ....

वास्तव में लोकसाहित्य के आधार पर भारतीय संस्कृति का मूल्यांकन आवश्यक है। इसके बिना हमारा सम्पूर्ण सांस्कृतिक-अध्ययन अपूर्ण और निर्जीव है। क्योंकि हमारी संस्कृति की आत्मा लोक में ही बसती है। '**लोक**' हमारे जीवन का महासमुद्र है, उसमें भूत, भविष्य, वर्तमान सभी कुछ संचित रहता है। लोक ही राष्ट्र का स्वरूप है। लोक के गहन ज्ञान और सम्पूर्ण अध्ययन में सब शास्त्रों का समावेश है। अर्वाचीन मानव के लिए लोक सर्वोच्च प्रजापति है। लोक, लोक की धात्री सर्वभूत माता पृथ्वी और लोक का व्यक्त रूप-मानव, यही हमारे नए जीवन का अध्यात्मशास्त्र है।[1]

परिवर्तन जो अवश्यम्भावी है, यही मुख्य कारण है जो आज हम हर क्षेत्र में इसके स्वरूप को महसूस कर रहे हैं, चाहे वह संस्कृति, लोकगीत, शिक्षा, संचार व प्रसार प्रणाली, वन्य जीव, मानव जीवन तथा उसके मूल्य आदर्श व संवेदनाएँ हों। जीवन का कोई भी पहलू इससे अछूता नहीं है।

लोगों से किए गए साक्षात्कार व बड़े-बुजुर्गों से की गई बातचीत, उनके अनुभवों को ध्यान में रखते हुए, जिसका सौभाग्य मुझे शोध के कारण मिला के आधार पर हमने पाया कि जैसे-जैसे आवागमन के साधन बढ़े, लोग (गाँवों के) शहरों से जुड़े और शहरों के लोग महानगरों से। जहाँ पहले '**खेती**' मुख्य व्यवसाय होता था, वह '**नौकरी**' में बदल गया है। आज गाँव-के-गाँव मैंने देखा, खाली पड़े हैं, लोगों के घरों में ताले हैं, और सब लोग कहीं बाहर रहते हैं, रोजी-रोटी कमाते हैं, कुछ ऐसे हैं जो शहरों से धनार्जन करके गाँवों को भेजते है, वहाँ घर-परिवार के अन्य लोग हैं जो खेती को सँभालते हैं। कारण आज यह भी है कि खेती भी पहले जैसी अब नहीं रह गई है, उसमें लागत ज्यादा लगती है और ऊपर से मेहनत तथा मानसून के तेवर पर उसका फल मिलना-न-मिलना निर्भर है। वहीं नौकरी जिसमें बँधी हुई एक आमदनी निश्चित है। पड़ोसी को आगे बढ़ता देख उससे ईर्ष्या, द्वेष ने सभी को उपभोक्तावादी संस्कृति की ओर ढकेल दिया है। जिससे सामाजिक ढाँचे में परिवर्तन

1. सम्मेलन पत्रिका (लोक संस्कृति विशेषांक)—सं. रामनाथ सुमन, पृ. 65

आया। लोग '**बहुजन हिताय बहुजन सुखाय**' के मूल्यों को पीछे छोड़ चले। इससे संयुक्त परिवार की नींव हिली और व्यक्ति व्यक्तिवादिता की ओर उन्मुख हो उठा। हाल में किए गए सर्वेक्षण से पता चला है कि आज के बच्चों को '**परिवार**' के शीर्षक पर पेंटिंग बनाने की प्रतियोगिता का आयोजन किया गया तो हर बच्चे ने अपनी पेंटिंग में '**Mummy, Papa and My Room**' की पेंटिंग बनाई। कारण साफ है कि आज एकल परिवार की प्रथा ने अन्य दूसरे रिश्तों को अलग छोड़ दिया है। शहरों तथा महानगरों की भाषा में, आज रिश्तों से भरा-पूरा धर-परिवार पिछड़े इलाके, गाँवों में ही देखने-सुनने को मिलते हैं।

लोकगीत कैसे बदल गए?

समाज में आए इस परिवर्तन से भाषाएँ टूटी, परिवार टूटे, और छूट गया लोकसंगीत-लोकगीत। पहले लोग एकसाथ रहते थे, कम उम्र के अन्तराल में शादी, बच्चे, परिवार बसता था। एक ओर जहाँ मायें बच्चे जनती थीं वहीं दूसरी ओर बहू भी। आपस में प्रेम, ईर्ष्या, कड़वाहट होती थी, जो लोकगीतों के माध्यम से शब्द स्वर का साथ पाकर मुखरित हो उठती थी। जो आज इस परिवर्तनशील युग में सबकुछ खो गया है। भाषा, रिश्ते, संवेदनाएँ वगैरह जिससे मौलिक लोकगीत अब कम सुनने को मिलते हैं।

क्योंकि अब तो महिलाएँ घूँघट से निकलकर नौकरी करने लगी हैं, इसलिए संस्कार, रीति-रिवाज भी छूट रहे हैं। सद्संस्कारों का अभाव है। आज भौतिक सम्पदा के शेयर बाज़ार में तेजी आ रही है। वैज्ञानिक सम्पदा का अम्बार, वैभव सम्पदा के होते हुए भी व्यक्ति खालीपन का अनुभव कर रहा है।

शहरों तथा महानगरों ने गाँव को अपनी ओर आकर्षित कर लोगों में शिक्षा व भौतिकता की ओर सबका ध्यान आकृष्ट किया है। इसमें अहम् भूमिका लोक जनप्रसार माध्यम की, रेडियो-दूरदर्शन की है। जिसमें यह दिखाया जाता है कि गाँव में आप दुखी हैं, शहरों में सब सुखी। गाँव के लोकगीत को रेडियो के Studio ने उसकी Rusticness को तकनीक का नया जामा पहनाकर तथा आकर्षक बनाकर नई पहचान दी, इसलिए गाँव अपने मौलिक अल्हड़पन को छोड़ तथाकथित सुसभ्य हो गया। प्राइवेट रिकार्डिंग कम्पनियों ने इसे

और सँवारकर उसके मौलिक स्वरूप को चोट पहुँचाया, उन्होंने लोकगीतों के नाम पर अश्लीलता को बेचना शुरू किया। लखनऊ में **'निशा चतुर्वेदी'** ने बताया कि **"आज भोजपुरी में व्याप्त अश्लीलता ने पंजाबी को भी पीछे छोड़ दिया है, क्योंकि शुरू-शुरू में शादी-ब्याह के गीत सन् 60 में बहुत बिकते थे, सन् 70 आते-आते यह बन्द हो गए। बनारस की 'काशी ग्रामोफोन कम्पनी' सन्** 73 में बन्द हुई। उसका कारण उसके द्वारा 'दादा कोंडके' (द्विअर्थीय) स्टाईल के गीतों का रिकार्ड बनाना व बेचना था। लोगों ने कड़े शब्दों में उसका विरोध किया और कहा कि आप हमारे **'काशी की संस्कृति'** को बदनाम नहीं कर सकते हैं। परन्तु आज बाजार में भोजपुरी फिल्मों की धूम है, विशेषकर द्विअर्थीय। हालत यह है कि अब तो **'बारात हो या वारदात, अब कोई खिड़कियाँ नहीं खुलतीं'**, जो अपने आप में चिन्ताजनक स्थिति है।

सेटेलाईट चैनल ने हमारी संस्कृति को प्रदूषित कर दिया है। जो हमारे स्तम्भ पर एक तरह का हमला है। बाजारीकरण के युग में जहाँ हर चीज बिक रही है, वहाँ भला लोकसंगीत कैसे पीछे रह सकता है? पाश्चात्यता ने जहाँ हमारी युवा पीढ़ी को लुभाया है, वहीं लोकगीतों ने जन-समुदाय को। इसके लिए आवश्यकता है हमारे लोकसंगीत को संरक्षित करने की तथा इन्हें युवा पीढ़ी को सिखाने की। क्योंकि हमारे यहाँ ऐसी (लोकसंगीत) सिखाने की कोई व्यवस्था स्कूलों, कॉलेजों में नहीं है। आज जो प्राकृतिक पिरामिड का असंतुलन है, उसके लिए भी हम सभी ही जिम्मेदार हैं, जैसे बढ़ते व बसते हुए लोग नदी-नाले, तालाबों व वनों का कटना। कुछ वन्य-प्राणियों की प्रजातियाँ हमारे यहाँ से खत्म हो रही हैं, जैसे **काला हिरन, गिद्ध, बाघ, भालू, हाथी**। इसी तरह से हमारे कुछ लोकसंगीत की विधाएँ, जैसे **लोरी, जँतसार, संझा-पराती, छठी-बरही, नामकरण, मूँडन, सरिया, कर्णछेदन** आदि संस्कार गीत प्रायः लुप्त हो चुके हैं। 'जीवन' जो 'जी' और 'वन' से जुड़कर बना है आज अपने अर्थ को भूलता जा रहा है। जिसका परिणाम है प्राकृतिक आपदा।

प्रगतिशील होना कोई गलत बात नहीं है, पर अपनी मान्यताओं और परम्पराओं को छोड़कर नहीं, जो हमारी भारतीयता की पहचान तथा **'आत्मा'** हैं। हम विश्व में इन्हीं विविधताओं और परम्पराओं के लिए ही जाने व पूजे जाते हैं और अगर हम इन्हें पीछे छोड़ देंगे तो हमारी मूल पहचान कहीं गुम हो जाएगी। अगर हमने इस

ओर ध्यान नहीं दिया तो वह दिन हमसे दूर नहीं होगा कि हम अपनी पहचान को लेकर एक प्रश्नवाचक सवाल के रूप में कगार पर खुद को खड़ा पाएँगे, ऐसी सम्भावना मुझे प्रतीत होती है, जिसके लिए सही दिशा में उचित कदम उठाए जाएँ तो भविष्य के लिए उचित होगा।

अतएव जो हमारी मान्यताओं और परम्पराओं का इतिहास लोक-साहित्य में सुरक्षित है, हमें उनका मूल्यांकन करना होगा, उन्हें प्रकाश में ला संरक्षित करना होगा, तभी हम अपनी संस्कृति की आत्मा को पहचान सकेंगे। प्राचीन सांस्कृतिक परम्पराओं का अभ्यास करना, उनके अनुरूप आचरण करना और भविष्य निर्माण के लिए उन्हें मूर्तिमान करना यही भारतीय युग-धर्म का मुख्य प्रयोजन है।

जहाँ हमें एक ओर नवीनता का आदर करना है, वहीं दूसरी ओर प्राचीन मान्यताओं-संस्कारों के प्रति श्रद्धालु होना है। दोनों के उच्च मूल्यों में समन्वय स्थापित करके ही हमें आगे बढ़ना चाहिए। जहाँ तक हम अपने सनातन आदर्शों एवं मूल्यों के प्रति जागरूक रहेंगे, वहाँ तक हमारे देश और हमारी संस्कृति का भविष्य उज्ज्वल होता जाएगा। जिसमें **आकाशवाणी और दूरदर्शन** अहम भूमिका निभा सकते हैं।

परिशिष्ट

आधार ग्रन्थ सूची

1. हमारा ग्राम साहित्य, रामनरेश त्रिपाठी, भाग-1, हिन्दी मंदिर प्रयाग, 1940
2. भोजपुरी के कवि और काव्य, दुर्गाशंकर प्रसाद सिंह
3. भोजपुरी ग्राम गीत, डॉ. कृष्णदेव उपाध्याय, भाग 1 तथा 2
4. भोजपुरी भाषा और साहित्य, डॉ. उदयनारायण तिवारी
5. भोजपुरी लोकगाथा, डॉ. सत्यव्रत सिन्हा
6. धरती गाती है, देवेन्द्र सत्यार्थी
7. धीरे बहो गंगा, देवेन्द्र सत्यार्थी
8. बेला फूले आधी रात, देवेन्द्र सत्यार्थी
9. कविता कौमुदी, रामनरेश त्रिपाठी, नवनीत प्रकाशन लि., बम्बई
10. ऋग्वेदीय ऐतरेय ब्राह्मण, अनुवादक—गंगा प्रसाद उपाध्याय
11. जनकवि भिखारी ठाकुर, महेश्वर प्रसाद
12. भारतीय संस्कृति का इतिहास, चतुरसेन शास्त्री
13. भोजपुरी लोकगीतों के विविध रूप, डॉ. श्रीधर मिश्रा
14. भोजपुरी लोकगीतों में करूण रस, दुर्गाशंकर प्रसाद सिंह
15. भोजपुरी लोकसाहित्य, डॉ. कृष्णदेव उपाध्याय
16. मनुस्मृति
17. हिन्दी साहित्य का वृहद् इतिहास, सं. राजबली पांडेय, भाग 1
18. हिन्दू सभ्यता, डॉ. राधाकुमुद मुकर्जी, अनुवादक—डॉ. वासुदेवशरण अग्रवाल
19. समाजशास्त्र के मूलतत्त्व, सत्यव्रत विद्यालंकार, सरस्वती सदन, मसूरी
20. लोककथा कोश, सं. नलिन त्रिलोचन शर्मा
21. मिथिला सांस्कृतिक परम्परा में लोकगीत, डॉ. मोहनानन्द झा, जानकी प्रकाशन, अशोक राजपथ, चौहट्टा, पटना-4
22. भारतीय समाज व संस्कृति, शम्भू रत्न त्रिपाठी, किताब महल, इलाहाबाद
23. लोकरंग, डी. पी. सिन्हा, प्रकाशन 3090 हिन्दी संस्थान
24. लोकायतन, डॉ. वासुदेव शरण अग्रवाल
25. भारतीय लोकसाहित्य, डॉ. श्याम परमार, राजकमल पब्लिकेशन लिमिटेड, दिल्ली, 1954
26. लोकगीतों का विकासात्मक अध्ययन, डॉ. कुलदीप
27. लोकगीतों की सांस्कृतिक पृष्ठभूमि, डॉ. विद्या चौहान, प्रगति प्रकाशन, आगरा

28. नैतिक शिक्षा और बाल विकास, डॉ. उर्वशी सूरती, प्रभात प्रकाशन, चावड़ी बाजार, दिल्ली संस्करण, 1974
29. भारतीय समाज का ऐतिहासिक विश्लेषण, डॉ. भगवत शरण उपाध्याय, जनवाणी प्रेस एंड प्राइवेट लिमिटेड, वाराणसी
30. भारतीय समाज व संस्कृति, शम्भू रतन त्रिपाठी, किताब महल, इलाहाबाद
31. भारतीय लोकसाहित्य, श्याम परमार, राजकमल पब्लिकेशन लिमिटेड, दिल्ली, 1954
32. लोकगीतों में समाज, पूर्णिमा श्रीवास्तव, मंगल प्रकाशन, जयपुर, प्रथम संस्करण, 1975
33. लोकगीतों की सामाजिक व्याख्या, श्रीकृष्ण दास—साहित्य भवन, लिमिटेड एडीशन, 1956
34. संस्कृति के चार अध्याय, डॉ. रामधारी सिंह दिनकर, राजपाल एंड सन्स, कश्मीरी गेट, दिल्ली
35. हिन्दू संस्कार, डॉ. राजबली पांडेय, चौखम्बा विद्या भवन, वाराणसी, तृतीय संस्करण, 1978
36. हिन्दू सभ्यता, डॉ. राधा कुमुद मुकर्जी
37. यतस्य पुराण
38. भोजपुरी लोकगीतों का सांस्कृतिक अध्ययन, डॉ. रविशंकर उपाध्याय
39. भोजपुरी लोकसाहित्य, सांस्कृतिक अध्ययन, डॉ. श्रीधर मिश्रा, हिन्दुस्तानी एकेडेमी, इलाहाबाद, 1971
40. भोजपुरी लोकसाहित्य, कृष्णदेव उपाध्याय, विश्वविद्यालय प्रकाशन, वाराणसी
41. भोजपुरी संस्कार-गीत, सम्पादक : हंसकुमार तिवारी, राधावल्लभ शर्मा, बिहार राष्ट्रभाषा-परिषद, पटना-4
42. लोकसंस्कृति की रूपरेखा, डॉ. कृष्णदेव उपाध्याय
43. लोकगीतों का विकासात्मक अध्ययन, डॉ. कुलदीप
44. ऋग्वेद
45. बुन्देलखंडी लोकगीत, श्री किरन सहाय चतुर्वेदी
46. आधी रात, देवेन्द्र सत्यार्थी
47. भारतीय सामाजिक संस्थाए, रवीन्द्रनाथ मुखर्जी
48. राम कथा, रेव एंड फादर कामिल बुल्के
49. विद्यापति पदावली, डॉ. शुभांकर कपूर
50. साहित्य परिचय, प्रौढ शिक्षा विशेषांक, पुस्तक मंदिर, आगरा संस्करण
51. काव्य के रूप, डॉ. गुलाब राय
52. भारूचि, वीर मित्रोदय संस्कार प्रकाशन, भाग-1
53. मैथिली साहित्यिक रूपरेखा, चेतना समिति पटना, प्रथम संस्करण, 1974
54. अभिनव शिक्षाशास्त्र, श्री सत्यनारायण लाल, नवीन संस्करण, 1970
55. मिथिला का इतिहास, कामेश्वर सिंह संस्कृत विश्वविद्यालय, दरभंगा प्रकाशन, बिहार

56. प्राचीन भारत का सामाजिक इतिहास, डॉ. जयशंकर मिश्र
57. दूरदर्शन विकास से बाजार तक, सुधीश पचौरी, प्रवीण प्रकाशन, महरौली, नई दिल्ली-30
58. आधुनिक भारत में सामाजिक परिवर्तन, डॉ. जे. डी. जैन, एस. चाँद एंड कम्पनी लिमिटेड, रामनगर, नई दिल्ली, प्रथम संस्करण, 1977

हिन्दी पत्रिकाएँ

1. सम्मेलन पत्रिका (लोकसंस्कृति विशेषांक), सं. रामनाथ सुमन
2. सम्मेलन पत्रिका (कला अंक), सं. रामप्रताप त्रिपाठी
3. नवभारत टाइम्स, मुंबई संस्करण
4. साक्षी, हीरक जयंती स्मारिका, आकाशवाणी
5. अमर उजाला, पत्रिका रूपायन (3050)

अंग्रेजी पुस्तकें तथा पत्रिकाएँ

1. लिंग्विस्टिक सर्च ऑफ इंडिया, जी. ए. ग्रियर्सन
2. ज.रा.ए.सो.
3. फोल लोर, सं. शंकर सेन गुप्ता
4. शाहाबाद गजेटियर, एल. एस. एम. वी. माने
5. बिहार पीजेंट लाइफ, जी. ए. ग्रियर्सन
6. फोक कल्चर एंड पीजेंट सोसायटी इन इंडिया, इन्दिरा बरूआ
7. लिस्ट ऑफ लंग्वेजेस लोवर प्रोविन्सेज, कलकत्ता, 1998
8. प्रोसिडिंग्ज एंड ट्रांजीक्शन्स ऑफ दि सिक्सटींथ इंडियन ओरियंटल कांफ्रेंस, पटना
9. सम आस्पेक्ट्स ऑफ मैरेज इन भोजपुरी फोक लोर, सत्यदेव ओझा
10. टेलीविजन इन इंडिया चेन्जेस एंड चैलेन्जेस, गोपाल सक्सेना
11. फोक सांग्स ऑफ इंडिया, हेम बरूआ
12. दिस इज ऑल इंडिया रेडियो, यू. एल. बरूआ
13. हिस्ट्री ऑफ ब्रॉडकास्टिंग इन इंडिया, पी. सी. चैटर्जी
14. हिस्ट्री ऑफ ब्रॉडकास्टिंग इन इंडिया, पी. एन. थंगायनी
15. सोशल हिस्ट्री ऑफ तमिल, के. के. पिल्लै
16. ज.रा.ए.मी. 1885 ई.

●●●

भोजपुरी क्षेत्र का मानचित्र

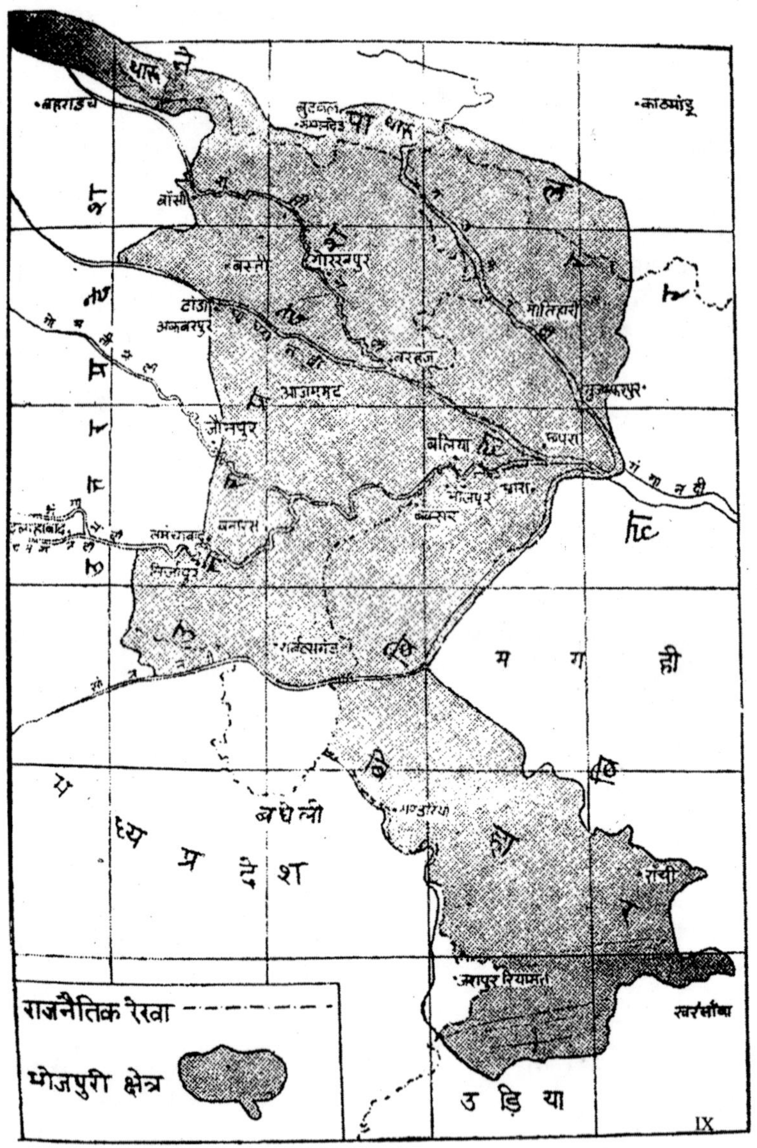